AVIATION FIRST AID THEORY

항공응급업무론

김윤숙 홍영식 공저

양 성 원

머리말

2019년 항공여객은 2018년 대비 5% 증가한 1억 2,337만 명으로 역대 최고치(연 단위)를 기록했다(국토교통부, 2020). 이렇듯 해외여행을 하는 승객 수의 증가와 다양한 연령대로 인해 항공기내 응급환자 또한 늘어나는 추세이다.

항공기내에서 응급환자가 발생한 경우는 전체 기내 응급상황 발생 건수의 78.5%를 차지했다. 응급조치가 필요해 항공기가 회항하거나 승객이 내린 사례도 점점 증가하고 있다. 환자 발생 시 적절한 의학적 조언이 더욱 중요하게 고려되어 항공의료 업무는 항공사 운영에 중요한 요소가 되고 있다.

따라서 객실승무원들이 비록 전문 의료인이 아니지만 응급환자 발생 시 신속하고 정확하게 판단하여 응급환자의 상태가 너 심각해지지 않도록 상호 협력적으로 조치할 필요성이 점차 대두되고 있다. 기내의 특수한 환경으로 인해 건강 상태가 양호한 승객에게도 이상 징후가 나타날 수 있다. 이때 응급환자가 위급한 상황으로 진행되지 않도록 신속하고 정확하게 조치를 취할 수 있어야 한다. 적시에 적절한 의학적 조치를 취할 수 있는 의학적 지식으로 조금이나마 도움을 주기 위해 이론과 사례를 통해 쉽게 이해할 수 있도록 집필하였다.

본서의 구성면에서는 "I can do it"을 통해 스스로 할 수 있는 자신감과 실행 능력을 심어 주려고 하였으며, 질환별로는 기내에서 실재적으로 발생했던 사례들을 통해 이해를 도우려고 하였다.

Part 1에서는 항공객실의무에 대한 이해를 돕기 위한 항공객실의무의 역사와 발전을 시작으로, 왜 정상인도 기내에서는 이상을 일으킬 수 있는지 알 수 있도록 항공기 내 · 외부 환경을 배울 수 있게 하였다. Part 2에서는 응급환자 발생 시 대처할 수 있는 절차와 사용되는 응급장비에 대해 보다 쉽게 이해할 수 있도록 그림과 함께 자세한 설명을 더하였다. Part 3에서는 각종 질환에 대한 증상과 응급처치법을 기내에 탑재된 응급장비를 사용하여 대처할 수 있도록 이해를 도왔기에 현재 비행하는 객실승무원에게도 도움이 되리라 본다. Part 4에서는 승객뿐만 아니라 항공객실승무원으로서의 건강관리도 매우 중요하기에 해외 체류 시, 비행 시, 평상 시 건강관리에 대해 언급해 두었다.

본서가 예비승무원인 학생들이 객실승무원의 전문가다운 모습으로 발전할 수 있길 바라며, 또한 현재 객실승무원에게도 다소 도움이 되길 바란다.

끝으로 코로나-19로 인한 항공 산업의 침체가 속히 회복되길 바라며, 원고 작업에 도움을 주신 양성원 도서출판 대표님과 직원들에게 깊은 감사를 드린다.

2021년 3월

저자 씀

차 례

PART 2 항공객실 응급환자 대처

PART 3 상황별 응급처치

PART

1

항공객실의무 개요

학습목표

1. 항공의료 후송의 역사와 항공의료 후송의 발전을 학습하고 미래에 항공의료 후송은 어떻게 발전해 갈 것인지를 생각해 본다.
2. 항공기 내 · 외부의 특수한 환경을 충분히 인지할 수 있다.
3. 항공사 의료지원 서비스에 대해 설명할 수 있으며, 실행할 수 있다.

Chapter 01

항공의료 후송의 역사와 발전[1)]

1. 항공의료 후송의 역사

1784년 3월 몽골피에 형제가 열기구를 시연해 보이고 난 후 몽펠리에(Montpelier)의 의료진들은 비행을 통해 환자들에게 도움을 줄 수 있다는 생각을 하게 되었다. 허약한 환자들도 비행을 견뎌 낼 수 있으며, 높은 고도의 깨끗한 공기가 환자에게 도움을 줄 수 있다고 생각했다. 그러나 그 당시 열기구를 이용한 후송은 실제로 실용화되지는 못하였지만, 86년이 지난 1870년 보불(Franco-Prussian) 전쟁 당시 프로이센군이 파리를 포위했을 때 파리에서 67개의 열기구를 이용하여 160여 명의 부상병을 성 밖으로 후송하였다는 것이 기록으로 남겨져 있다.

1) 출처: Aeromedical Transportation by T. Martin

▲ 1783년, 조제프 미셸 몽골피에(Joseph-Michel Montgolfier, 1740~1810)와 자크 에티엔 몽골피에(Jacques-Etienne Montgolfier, 1745~1799) 형제의 열기구

▲ 1918년, Curtiss JN-4D 'Jenny' 미국 최초의 에어 앰뷸런스
(탑승인원 2명, 최고 속도 120.7km/h, 길이 약 8.3m, 무게 871kg)

▲ **환자들이 동체 안에 수납되어 이송**

항공의료 후송에서 최초의 도약은 1909년 미 육군 군의관 조지 고스먼(George Gossman) 대위와 해안포 군단(Coast Artillery Corps)의 알버트 로데스(Albert Rhodes) 중위가 환자 후송 항공기를 설계하였다. 이 항공기는 비록 환자가 조종사 옆 날개 위에 별다른 보호 수단 없이 누워 있어야만 했지만 성공적으로 날았다.

그 후 제1차 세계대전[2] 중 1915년 11월에 프랑스 원정군이 모든 환자들과 병자들을 지상으로 후송하기 불가능하여 항공기로 이송하려는 발상을 하게 되었다. 열악한 조건의 전투기뿐이었음에도 불구하고 세르비아로부터 13명의 부상자를 80마일[3] 떨어진 병원으로 후송하는 데 성공했다. 개조되지 않은 상태의 항공기를 활용하여 환자 후송을 하였지만, 이 이후로 급격히 항공후송은 발전하게 된다. 이때 영국에서도 1917년 투르크의 카멜 군의 병사가 발목에 총상을 입은 상태로 육로로 후송하였

2) 1914년 7월 28일 오스트리아가 세르비아에 대한 선전포고를 하면서 시작되었으며, 1918년 11월 11일 독일의 항복으로 끝난 세계적 규모의 전쟁. 이 전쟁은 영국·프랑스·러시아 등의 협상국(연합국)과 독일·오스트리아의 동맹국이 양 진영의 중심이 되어 싸운 전쟁이다(출처: 두산백과).

3) 80마일은 128.7km. 부산에서 대구까지가 대략 122km 정도이다.

으면 3일 걸렸을 거리를 에어 앰뷸런스(Air Ambulance)를 이용하여 45분 만에 호송하기도 했다. 영국 공군(RAF)은 1919년 소말리아에서 3명의 환자들이 드 하빌랜드 DH9 기체에 매달린 들것에 실려 175마일을 날아가기도 했다. 미국 또한 1918년 들것 환자를 후송하기 위해 항공기를 개조하여 항공후송에 활용하였다.

1920년 초에는 민간기술자 2명이 들것 환자와 의료진의 탑승이 가능하도록 드 하빌랜드 DH-4H 항공기를 개조하여 사고구조에 사용하였고, 미 의학 연구소와 비행의관 학교의 연구 지도하에 커티스 이글(Curtis Eagle)을 개조하여 6명의 보행환자를 탑승케 하였으며, 4명의 들것 환자와 2명의 보행환자를 함께 후송할 수 있는 능력을 갖추게 되었다.

이 이후 1922년에는 프랑스 육군의 항공기 6대로 모로코에서 바르바리족과 리피앙족과의 전선에서 부상자 2,200명을 후송하였다. 이 이후 전쟁 부상자를 다루는데 항공기가 매우 중요한 수단으로 인식되면서 수송에 대한 관심이 점차 높아지게 되었다.

제2차 세계대전[4]에서는 간호사들이 부상병이나 환자를 항공기에 탑승하여 돌보게 되면서 항공 간호의 태동이 본격적으로 시작되었다. 1939년에 젊은 간호사였던 메그 멕케이(Mag MacKay)가 클론커리(Cloncurry)에서 불리아(Buría)까지, 백신과 수술 장비를 갖추어 비행을 한 이래, 항공 간호사의 개념이 확실히 정립되었다. 메그 멕케이는 항공의료서비스(FDS: Flying Doctor Service)로 운영된 항공의료조직의 간호사였으며, 항공의료서비스 조직은 14년에 걸쳐 10개소의 숙박시설과 병원을 개설했으며, 모두 면허가 있는 간호 인력을 채용하여 배치하였다. 제2차 세계대전이 끝날 무렵에는 군 항공 간호사의 개념도 정립되었으며, 항공의료서비스는 아마도 최초로 항공 간호 인력을 훈련하고 배치한 항공의료 조직이 될 것이다.

항공기는 지상 및 해상 후송 임무를 보조하는 형태였지만, 제2차 세계대전 말에는 90%의 연합군 전상자들을 후송하는 데 이용되었다. 큰 항공기들이 개발되면서 환자들을 비행 중 치료할 공간도 충분해졌다. 1942년, 미군은 의료 호송 업무라는 특수한 목적에 따라 항공 승무원들을 훈련시키기 시작했으며, 최초의 전담 부대인

---

4) 1939년부터 1945년까지 유럽, 아시아, 북아프리카, 태평양 등지에서 독일, 이탈리아, 일본을 중심으로 한 추축국과 영국, 프랑스, 미국, 소련 등을 중심으로 한 연합국 사이에 벌어진 세계 규모의 전쟁이다. 지금까지의 인류 역사에서 가장 큰 인명과 재산 피해를 낳은 전쟁이다(출처: 두산백과).

제38 항공 앰뷸런스대가 발족되었다. 더글러스사의 C-47 스카이트레인이나 C-54 스카이마스터 같은 수송기를 사용해서, 전쟁 마지막 3년 동안 거의 120만 명이 넘는 환자들을 미국 본토로 후송했다. 장거리 항공후송으로 주사, 수혈, 체액 혹은 공기 흡입, 기도 유지 등의 처치까지 할 수 있게 되었다.

▲ **장거리 항공후송**

2. 항공후송의 발전

국익을 위한 분쟁들과 소규모 전쟁이 지속되면서 군대가 항공후송의 성장과 발달을 주도하게 되었고, 좁은 장소에서도 이 · 착륙을 할 수 있는 헬리콥터 후송 또한 시작되었다. 헬리콥터는 제2차 세계대전 후반기 미얀마[구, 버마(Burma)] 전역에서 수색 및 구조 임무와 전상자 후송 임무에 처음 사용되었다.

항공후송의 발전

연도	국가	부상자 수	내용
1915년	프랑스	13명의 부상자	80마일 환자 후송
1917년	영국	발목에 총상을 입은 카멜 군 병사	3일 걸렸을 거리를 45분 만에 호송
1918년	미국	들것 환자	항공기를 개조하여 항공후송에 활용
1919년	영국	3명의 환자	175마일 후송
1920년 초	미국	들것 환자와 의료진 탑승 가능	DH-4H 항공기를 개조하여 사고구조에 사용
1920년 초	미국	4명의 들것 환자와 2명의 보행환자를 함께 후송	Curtis Eagle을 개조
1922년	프랑스	부상자 2,200명을 후송	항공기 6대로 모로코에서 바르바리족과 리피앙족과의 전선에서 후송
1939년	제2차 세계대전 참전한 연합국	90%의 연합군 전상자들이 항공후송	간호사였던 메그 멕케이(Mag MacKay)가 클론커리(Cloncurry)에서 불리아(Buría)까지, 백신과 수술 장비를 갖추어 비행
1942년	미국	120만 명의 군인 환자들이 미국 본토로 후송	미군은 의료후송 업무라는 특수한 목적에 따라 항공 승무원들을 훈련 최초의 전담 부대 발족 (제38 항공 앰뷸런스)

기록상 헬기의 탐색/구조(SAR)부대 임무의 기원은 1945년이다. 이는 역사적인 사건으로, 시코르스키(Sikorsky) YR-4 헬리콥터는 미국 오하이오주 데이튼의 라이트 기지에서 분해되어, 미얀마의 마이키이나(Myikyina)로 지구 반 바퀴를 돌아가서 재조립되고, 정글과 해발 5,000ft(1,500m) 산맥을 날아 임무를 수행했다. 최초의 임무는 추락한 승무원을 구조하는 일이었다. 육군에 의해 구조된 승무원을 헬기를 이용해 미얀마로 수송하는 데는 수일이 걸렸다. 미얀마로 도착하고 얼마되지 않아, 미얀마의 마이키이나 북서쪽 160마일에 위치한 나가 구릉(Naga Hill)지대에 위치한 기상관측소에서 30구경 기관총 오발로 손에 관통상을 입은 병사의 소식이 전해졌다. 병사의 손은 빠르게 감염되었고, 현지에 그것을 치료할 경험 있는 의료 인력이 없었다. 그 병사가 관측소에서 치료를 받을 수 있는 장소로 걸어오는 데는 대략 10일 정도가 걸릴 것이었다. 그 산으로 군의관을 낙하시키는 방안도 고려되었지만 지상 여건이 불가능한 곳이었다.

그래서 1945년 1월 26일, 최초의 임무가 실행되었다. 헬리콥터에는 무전기가 없었고, 미군 조종사 피터슨(Peterson) 대위와 슈타이너(Stenir) 중위는 그 지역에 익숙하지 못한 관계로, 정글 항공 구조부대의 경비행기(L-5) 두 대가 호송하기로 했다. 헬리콥터는 나무에 닿을 정도의 고도에서 60노트[5] 정도로 날지만 경비행기(L-5기)는 30~40[6]노트 정도 더 빠르게 날 수 있다.

부상자는 21세의 뉴욕주 노스 토나완다 출신의 호워드 로스 이병(Private Howard Ross)이었으며, 그는 헬기 구조의 역사에 기념비적인 역할을 맡게 된 것이다. 그는 특별한 일없이 잘 회복되었다(Holmes, 2005).

이 임무 후, 피터슨 대위와 슈타이너 중위는 마이키이나로 복귀해서 헬기 작전 및 유지에 맞추어 정글 항공 구조부대를 조직하기 시작했으며, 최초의 헬기 탐색/구조(SAR) 부대 및 부상자 후송(casevac) 부대가 탄생했다.

후에, 제2차 세계대전이 종전된 직후에 영국도 말레이에서 헬기로 부상자 후송임무에 사용하였지만, 실제로 부상병들을 대규모로 후송하였던 것은 한국전쟁이다. 한국전쟁 당시 벨(Bell)-47기와 시코르스키(Sikorsky) S-51이 대대 응급 치료소에서

---

5) 60노트(kn) = 111.12km/h(대략 33층 높이)

6) 30노트(kn) = 55.56km/h(대략 17층 높이)

야전 병원으로 환자들을 후송하는 데 쓰였다. 환자들은 기체 바깥에 매여서, 강풍이나 로터[7] 후류[8]로 인한 손상을 방지하도록 덮개로 덮어졌다. 2만 명이 넘는 부상병들이 이러한 방식으로 후송되었다.

그러나 베트남 전쟁이야말로 부상병 치료의 개선 면에서 헬기 의료후송의 유용성을 입증한 결정적인 표본이라 할 것이다. 작전명 더스트오프(Dustoff)에서, 벨(Bell)사의 UH-1 이로코이즈(Iroquois) 휴이(Huey) 헬기 중대들을 이용해서 40만 명이 넘는 부상병들이 전쟁 기간 내내 병원으로 후송되었다. 최초로 부상자 후송(casevac)헬기들이 부상병들을 신속히 퇴출시키는 데 사용되었으며, 부상병들은 빠르게 근처의 전문 인력들의 치료를 받으러 이송되어, 후송된 부상병들 중 거의 98%가 목숨을 건졌다.

이 개념은 "떠내고 튄다(Scoop and Run)"라고 불렸고, 이러한 방식을 사용하여 부상자들의 사망률을 이전의 전쟁에 비해 크게 감소시킬 수 있었다.

▲ 베트남 전쟁에서 사용 된 Bell UH-1 Huey

7) 헬리콥터와 같은 수직으로 상승하는 데 필요한 양력을 발생시키는 회전날개(출처: 두산백과).

8) 정지 유체 속을 물체가 운동할 때 물체 뒤를 쫓는 것처럼 보이는 흐름(출처: 두산백과).

1952년에는 세계 최초로 루돌프 부시(Rudolf Bucher) 박사에 의해 스위스 항공 구조 협회(Swiss Air Rescue Association: Rega)가 설립되어 민간 헬리콥터 에어 서비스(Air Service)가 시작되었다. 이후 민간 항공후송의 성장은 대량화되었고, 기술발달과 유용성으로 더욱 빠르게 성장하였다. 현재 다수의 민간 의무지원 및 에어 앰뷸런스 전용 회사가 존재하고 있다.

오늘날, MRI를 제외한 거의 모든 장비들이 비행기에 실리고 있고, 심지어 중환자 치료실(ICU)까지도 실리게 되었다.

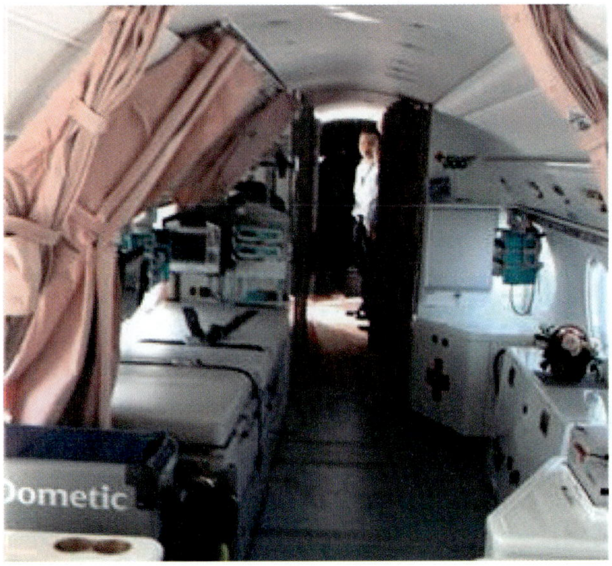

▲ 의료시스템을 갖추고 있는 에어 앰뷸런스 비지니스 제트기 내부

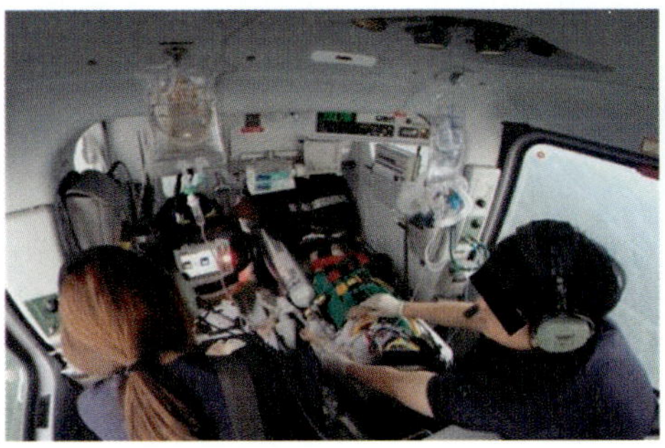

▲ 닥터 헬기 환자 후송

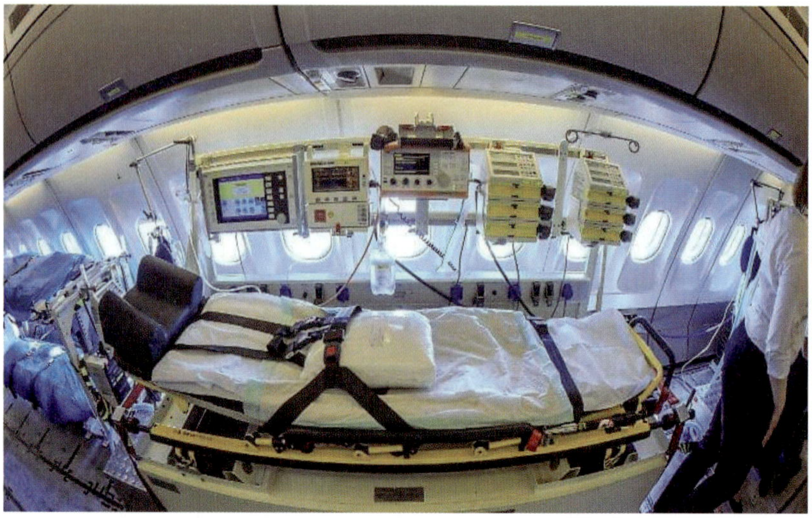

▲ 독일, 이탈리아와 프랑스의 환자수송을 위한 군의료 비행기 내부

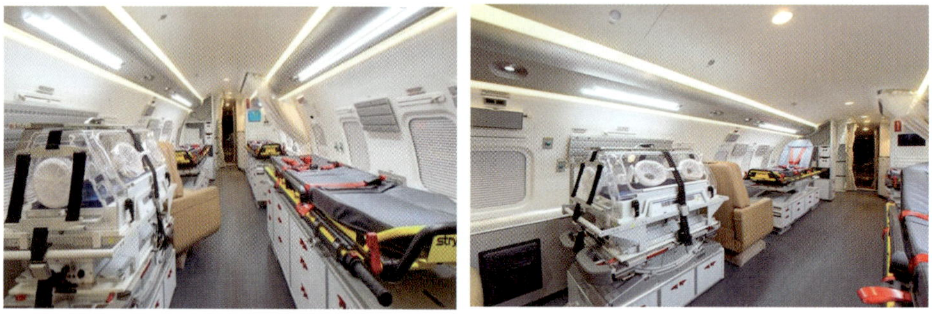

▲ 소아 환자를 위한 항공후송 장비

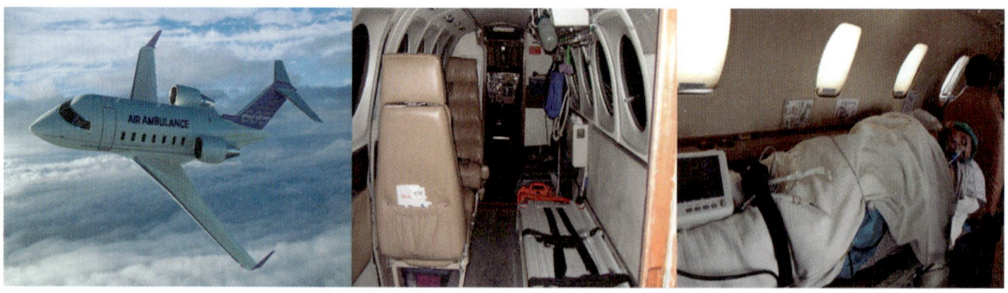

▲ 에어 앰뷸런스(Air Ambulance) 내 · 외부

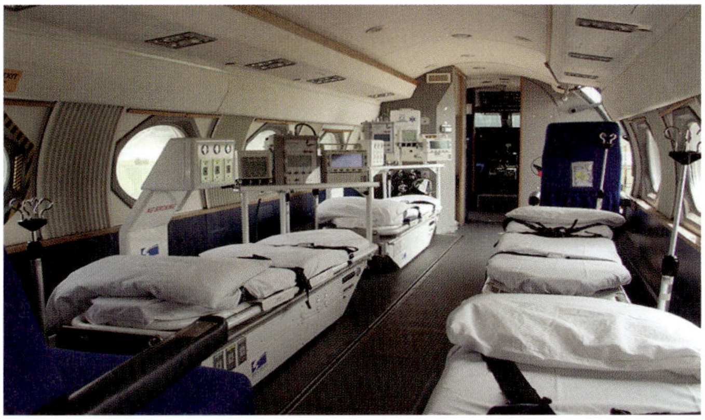

▲ 에어 앰뷸런스(Air Ambulance) HS-BHQ의 내부 모습

에어 앰뷸런스(Air Ambulance) 활약 사례

2011년 28일 오전. 삼호주얼리호가 소말리아 해적들에게 납치되어 6일 만에 석방된 사건으로 소말리아 해적 13명 중에서 8명을 사살하고 5명을 생포하던 과정에 삼호주얼리호 석해균 선장이 해적의 기관총에 4발을 맞았다. 석 선장을 치료하기 위해 오만(Oman)에 급파된 아주대병원 외상외과 이국종 교수가 '석 선장을 오만에 더 놔두면 사망한다'고 판단했다. 그래서 국제 의료지원 서비스 기업인 인터내셔널 SOS사가 운영하는 '에어 앰뷸런스'를 이용해 석 선장을 한국으로 이송하려 했다. 무려 40만 달러(4억4,800만 원 상당)나 드는 에어 앰뷸런스를 빌리는 것과 관련해 "내 돈이라도 낼 테니 꼭 임대해야 한다."고 주변사람들에게 말했다. 석 선장을 살리려면 촌각을 다퉈 한국으로 데려와야 한다는 생각 때문이었다. 하지만 외교부 관계자들이 망설였다. 그러자 이 교수가 에어 앰뷸런스를 개인적으로 빌려서라도 석 선장을 한국으로 옮기려 한다는 걸 안 임 실장은 바로 이명박 대통령에게 보고했고 이 대통령은 "모든 지원을 아끼지 말라"는 취지의 지시를 하였다. 에어 앰뷸런스는 이 교수의 이름으로 빌리되 비용에 대해선 외교부가 지급 보증을 서는 것으로 정리했다. 이로써 당일 오후 6시 정부 신속대응팀이 "석 선장을 29일 한국으로 이송한다"고 공식 발표하였다. 이 교수와 원 의원의 전화가 이뤄진 지 불과 반나절 만에 이송이 결정된 것이다. 이 과정을 잘 아는 청와대 고위 관계자는 "이 교수의 석 선장을 살리겠다는 열정이 국가를 움직였다"고 전했다.

인터내셔널 SOS사는 원격의료와 여행 시 안전을 보장하고 있으며, 세계 각지에 있는 수백만 명의 사람들에게 의학적 조언과 여행안전 지원을 제공하는 사업을 하고 있다.

Swiss Air Ambulance는 Challenger 604 3대를 보유하여 운용 중이다. 이번에 이용된 기체는 HB-JRB이다. HB-JRB의 내부 모습에는 환자용 침대 2개와 좌석 6개가 배치되어 있다.

국내 항공이송전문 회사, AMS코리아

항공이송팀은 2009년에 설립하여 전 세계 각국 어느 곳이든 민간항공기 전용기를 이용하여 환자를 원하는 곳으로 이송하는 국내항공이송전문업체이다. 항공이송 시 필요한 전문 의료장비를 다량 보유하고 있으며, 환자의 상태를 신속하게 파악하여 처리할 수 있는 업무 능력과 전문 의료진으로 구성되어 항공이송서비스를 제공하고 있다.

Chapter

02

항공객실의무의 이해

1. 항공객실승무원의 유래

최초의 항공객실승무원은 남자였다. 여객기의 수요가 증가하면서 승객들의 요구 또한 많아졌고, 오랜 비행시간에 식사나 음료들을 요구하게 되어 객실승무원이 탑승하게 되었다. 그러나 여성이 아닌 남성이 맡았던 이유는 그 시대 서양 문화의 고급 서비스는 주로 남성이 맡아왔기 때문이다. 그로 인해 초기의 승무원은 모두 남자였다.

세계 최초의 항공객실 수석 남승무원 하인리히 쿠비스(Chief Steward Heinrich Kubis)는 독일의 델라그(DELAG)[1] 비행선[2] 슈바벤(Schwaben)에서 1912년 3월부터 체펠린(Zeppelin) 비행선 승객에게 서비스를 시작했다. 쿠비스는 1888년 6월 16일에 태어났으며 런던의 칼튼(Carlton)과 파리의 리츠(Ritz) 같은 유럽의 가장 세련된

1) 세계 최초로 상업 운항을 시작한 항공사

2) 정력학적 부력을 이용하는 경항공기 일종으로서 기구와는 달리 자유롭게 항행할 수 있도록 추진장치와 조종장치를 가지고 있다(출처: 항공우주용어사전).

호텔에서 일을 했었고, 그러한 경험을 바탕으로 항공객실 내 손님들에게 식사 등을 서비스하는 업무를 충실히 맡아했다.

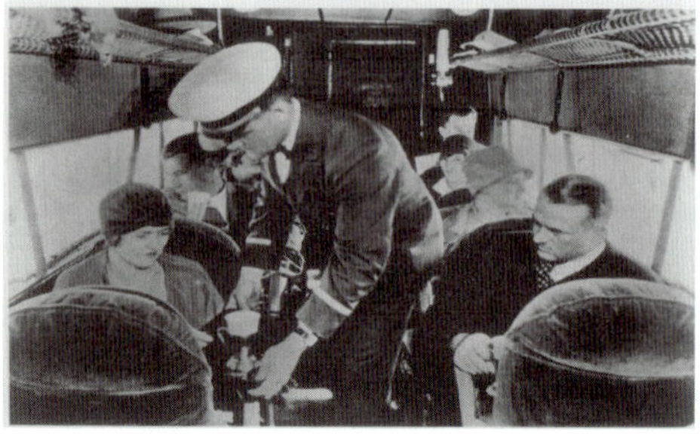

▲ 세계 최초의 항공객실승무원 하인리히 쿠비스(가운데 정장을 입고 서 있는 사람)

하지만 서비스만을 요구하는 사회는 1937년 5월 6일에 변화를 겪게 된다. 뒤셀도르프(Dusseldorf)에서 쿠비스가 탑승했던 힌덴부르크(Hindenburg) 비행선은 착륙하는 순간 대폭발을 일으키고 말았다. 이 대형 참사로 승객 중 35명이 사망했다. 원래 힌덴부르크 비행선은 불이 붙지 않는 불활성 기체 헬륨가스를 사용하도록 설계되어 있었으나 당시 최대의 헬륨가스 공급처인 미국과 독일의 관계가 악화되기 시작하던 중이었다. 헬륨을 생산할 수 있는 미국이 독일에 헬륨을 공급하지 않자 독일은 헬륨 대신 수소 기체를 사용하였고, 대형 참사는 비행선을 착륙시키는 과정에서 일어났다. 1937년 나치 독일의 비행선 힌덴부르크호의 참사는 수소가스를 사용한 것이 큰 원인이었다. 사고 당시 여객기 안은 아수라장이 되었지만, 쿠비스는 침착하게 마지막 남은 승객까지 모두 대피시킨 후 탈출했다. 이 사고를 계기로 쿠비스는 현재의 항공안전과 관련된 임무와 역할을 제시하게 된다.

▲ 힌덴부르크 비행선(Hindenburg airship)

▲ 제2차 세계대전 발발전 독일 힌덴부르크 대통령의 이름을 붙인 나치스의 자랑이었던 비행선 힌덴부르크 호의 화재 장면

그 후 1928년쯤 독일의 루프트한자(Lufthansa)에서도 항공객실 전담 남승무원을 탑승시켜 객실 서비스를 하였다. 수하물 운송과 비행 중 발생할 수 있는 기상악화, 기체이상의 위험 등에 대처하려면 체력이 강한 남자 승무원의 탑승을 당연시했다.

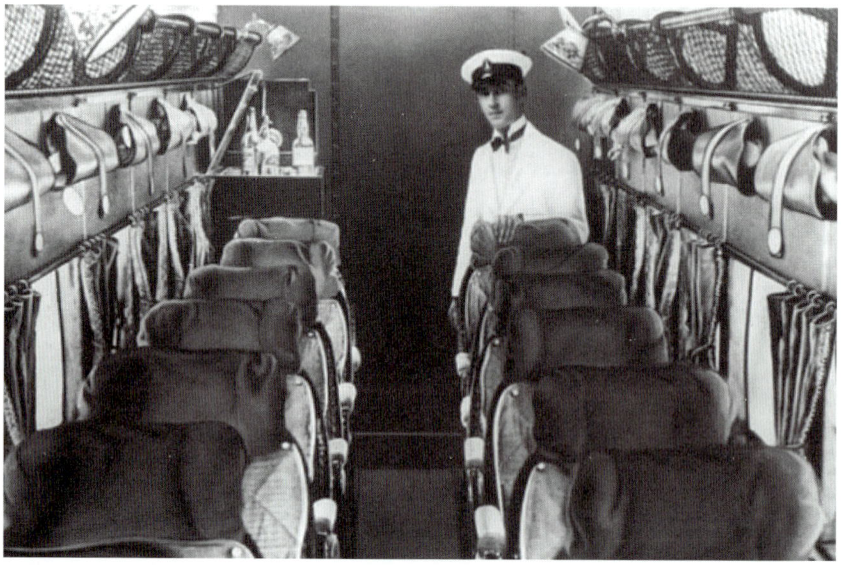

▲ 독일의 루프트한자(Lufthansa)의 항공객실 전담 남승무원

그 후 처음으로 여성의 객실승무원을 탑승시킨 것은 현재 유나이티드 항공의 전신인 보잉 항공수송회사(Boeing Air Transport Co.)가 1930년 간호자격증을 소지한 8명의 간호사를 채용하면서 시작되었다. 항공 사상 스튜어디스(Stewardess) 1호가 된 이 여성은 미국 아이오와(Iowa) 주 출신의 젊은 간호사 엘렌 처치(Ellen Church)였다. 그녀는 당초에 보잉(Boeing)사에 조종사로서 취업하길 희망했지만 제안이 거절당하자 '간호사가 승객들과 같이 탑승하면 그들의 비행 공포를 줄이는 데 큰 도움이 될 것이며, 멀미와 구토를 하는 승객들에게도 도움을 줄 수 있다.'는 아이디어를 제시하여 타협안으로 객실에 탑승하게 되었다. 보잉사는 객실 탑승을 1개월 조건부로 그녀를 탑승시켰다. 그러나 승객들은 상냥하고 친절한 앨런의 서비스에 호평을 보내게 되자 보잉사는 본격적으로 여승무원을 채용하는 제도를 도입하게 된다. 그리고 불과 2년이 되지 않아 미국 내 20여 개의 항공사가 모두 경쟁적으로 여성 객실승무원 제도를 실시하기 시작한다. 이러한 사실이 유럽에 전해지면서 에어프랑스

의 전신인 파아망(Paamang) 항공사가 국제선에 스튜어디스를 탑승시키게 된다. 1934년에는 스위스 항공이 그 이듬해에는 네덜란드의 KLM이 여승무원 탑승 제도를 도입한다. 1938년에는 유럽 최대 항공사인 루프트한자가 이 제도를 운용함으로써 유럽 전역에 여승무원들의 활약이 본격화된다.

그 당시 여승무원들의 호칭은 '에어 호스테스(Air Hostess)' 또는 '에어 걸(Air Gir)'이라고 불렸다. 자격 조건으로 간호사 자격을 소지하여야 하고, 성격이 원만하며, 교양이 있는 20~26세의 독신 여성으로 키는 162cm 이하에 몸무게 52파운드(51.189kg) 이하여야 했다. 지금과 신장의 기준이 다른 것은 당시 운항되던 프로펠러 항공기의 객실이 좁고 천장이 낮았기 때문이다. 또 지금과는 달리 스튜어디스가 탑승수속 업무까지 담당하여 승객의 탑승 여부를 일일이 대조해가며 몸무게와 수하물의 무게를 측량하고 탑승을 시켰다. 무게를 재는 일은 당시 안전 운항의 최우선 조건이기 때문이었다. 여승무원들의 보편적인 복장은 간호사에서 유래했기 때문에 하얀색 가운에 하얀색 모자였다. 세계대전을 거치면서 군복을 변형하여 여성 특유의 맵시를 살린 제복을 선보였고, 현재는 각 나라의 문화와 전통과 항공사들의 특성을 살린 실용적 유니폼을 입는 것이 보편적이다.

엘렌 처치는 유나이티드 항공의 스튜어디스로 근무하던 중 교통사고를 겪고 회사를 그만둔다. 이후 제2차 세계대전 중 간호부대(Army Nurse Crops)의 사령관으로서 비행에 복귀한다.

▲ **최초의 여승무원 엘렌 처치(Ellen Church)**

▲ 1930년대 여승무원들의 제복

우리나라 최초의 여자 승무원은? (경향신문 1982. 10. 30. 기사 중에서)

"우리나라에서는 1963년 4월 22일 대한항공이 공사체제로 있던 시절 한(韓)모양과 최(崔)모양 등 2명을 공개 채용한 것이 그 효시다. 그 후 1969년 대한항공으로 민영화되면서 20명을 공개 채용함으로써 스튜어디스 대량채용의 문이 열렸다."

국제민간항공기구(ICAO: International Civil Aviation Organization)

국제민간항공기구(ICAO)는 세계 항공업계의 정책과 질서를 총괄하는 기구로서 UN 산하 전문기구이며, 1944년 12월 7일 시카고 국제민간항공회의에서 국제민간항공협약(시카고협약)이 서명되었으며, 이후 잠정적으로 운영되다가 1947년 4월 4일 26개국이 동 협약을 비준함에 따라 정식 발족하였다. 사무국은 캐나다 몬트리올에 위치해 있다.

국제민간항공이 안전하고 질서 있게 발전할 수 있도록 도모하며, 국제항공운송업무가 기회균등주의를 기초로 하여 건전하고 경제적으로 운영하기 위해 설립하였다.

우리나라는 ICAO총회에서 2019년 이사국(Part Ⅲ) 선거에서 177개 국가 중 총 164표를 얻어 최다 득표수로 이사국에 선임되었다. 한국은 1952년에 가입하여 2001년 109표, 2004년 125표, 2007년 124표, 2010년 141표, 2013년 156표, 2016년 146표, 2019년 164표를 얻어 7연임 이사국으로 선임되었으며, 한국이 세계항공의 주역으로서 활약하고 있음을 알 수 있다.

국제항공운송협회(IATA: International Air Transport Association)

1945년 4월 19일 쿠바 수도 아바나에서 설립되었으며, 현재는 캐나다의 퀘백주 몬트리올에 있는 국제적인 무역 기구이다. 이 기구를 통해 항공료를 합의한다. 수많은 저가 항공사들은 이 IATA의 정회원이 아니다.

운임 계산을 위해 IATA는 전 세계를 세 곳으로 구분해 놓고 있다.

1. 남아메리카, 중앙아메리카, 북아메리카
2. 유럽, 중동과 아프리카, IATA 유럽(지질학적으로 유럽인 곳과 모로코, 알제리, 튀니지를 포함)
3. 아시아, 오스트레일리아, 뉴질랜드, 태평양 섬

IATA에서는 세 문자 IATA 공항 코드와 두 문자 IATA 항공사 코드를 할당하고, 전 세계적으로 사용한다. ICAO도 공항과 항공사 코드를 할당한다. IATA가 하는 일 중에는 위험물 분류에 대한 규정제한과 IATA 위험물 제한에 대한 매뉴얼을 출판하기도 한다.

대한항공은 국제항공운송협회(IATA)에 1989년 1월 1일에 정시 가입했다.

출처: 위키백과

2. 항공기 내 · 외부 환경

1) 항공기 외부 환경

(1) 대기

대기는 지구 중력에 의해 지구 표면을 둘러싸고 있는 기체이며 공기라고도 부른다. 지구를 둘러싸고 있는 기체는 질소(78.08%), 산소(20.95%), 아르곤(0.93%), 이산화탄소(0.035%)로 구성되어 있으며 그 외에 네온, 헬륨, 크립톤, 제논, 오존 등이 0.005%로 구성되어 있다. 중력에 의해 전체 대기의 90% 이상이 지구의 10km 이내에 존재하고 있다.

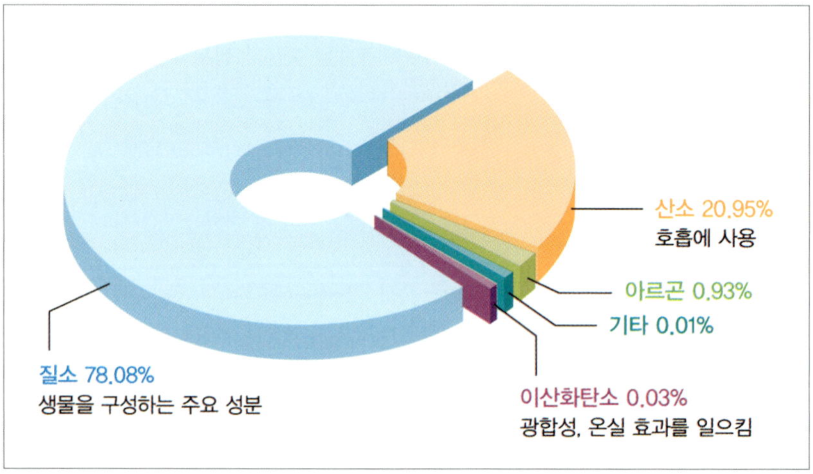

▲ 대기의 기체 분포 비율

(2) 대기권의 분류

대기권의 높이는 약 700~1,000km이며, 대기는 공기의 조성 및 태양복사선의 영향에 따라 압력과 온도, 그 외의 물리적인 성질로 인해 대류권(Troposphere), 성층권(Stratosphere), 중간권(Mesosphere), 열권(Thermosphere)으로 나뉜다.

① 대류권

대기의 최하층으로 대류권계면까지로 지표로부터 6~10km로 끊임없이 대류가 발생하는 구간이다. 대류권과 성층권의 경계면을 대류권계면(11km, 34,000ft)이라고 하는데 대류권계면 부근에는 약 100km/h 되는 편서풍인 제트기류(Jet Stream)가 존재하기에 항공기 순항에 이용하기도 한다. 그러나 강한 공기의 소용돌이가 발생할 수 있으므로 운항 시 세심한 주의를 요한다.

대류권 내에서는 대류현상에 의해서 구름이 발생하고 강수현상 등 모든 기상현상이 일어난다. 그러므로 대류권을 날씨권(Weathersphere)이라고도 한다. 고도의 상승에 따라 지표 복사열이 적게 도달하므로 기온이 저하(1,000ft/1.8℃)된다. 상층 공기는 하층공기보다 기온이 낮아 밀도가 커서 아래로 내려오려는 성질 때문에 대류현상이 일어난다. 대류과정에서 불규칙한 바람의 변화와 상승기류와 하강기류의 수직적인 공기의 흐름으로 인해 난기류(Turbulence)가 발생한다. 난기류란 공기의 흐름이 불규칙한 현상을 말한다.

항공객실승무원은 난기류를 기류변화에 따라 3단계로 나누어 그에 따른 적절한 대처를 하도록 교육을 받는다. 그 3단계는 가벼운 요동(Light Turbulence), 보통의 요동(Moderate Turbulence), 심각한 요동(Severe Turbulence)로 나뉘며, 그 단계별로 기내 표준 신호에 따라 대응지침을 숙지하고 철저히 주의를 기울여야 한다. 그러나 아주 맑은 날씨에도 육안으로 보이지 않는 난기류층(CAT: Clear Air Turbulence)을 만나기도 한다. 그 외에 정말 심각한 Air Pocket이라고 불리는 난기류 지역을 지나게 되면 기체가 요동을 치면서 순간적으로 급강하하는 경우가 생기는데, 심한 경우 하강 폭이 60m에 달하기도 한다.

국내선 항공기는 대류권 내 3km(9,843ft) 높이에서 운항하게 되므로, 날씨의 영향을 많이 받게 된다. 따라서 항공기 지연, 결항 등의 운항 차질이 발생하기도 한다.

요동(Turbulence)

요동은 기류변화에 의해 3단계로 나뉜다. 항공기 객실승무원은 단계별 대응 지침에 따라 행동을 인지하고 수행한다. 단계별 구분은 항공운항승무원인 조종사에 의한 기내 표준 신호에 따라 대응하게 된다. 다음은 비행 중 3단계 요동 시 기내 표준 신호에 따른 대응 절차이다.

(1) 가벼운 요동(Light Turbulence)

좌석벨트 신호(Fasten seat belt sign)가 1회 'ON' 되며, 한 번 '땡' 하고 울리게 된다. 승객 착석 및 화장실을 확인한다. 승객 좌석벨트 착용상태를 확인하고, 조심스럽게 서비스를 계속한다. 뜨거운 음료는 화상 승객이 발생치 않도록 각별히 주의한다. 서비스 중 Cart가 멈출 때는 고정하며 진행한다. 좌석벨트 착용 확인을 위한 조명을 밝게 조절하고 시야 확보를 위해 필요 시 커튼 개방을 실시한다.

(2) 보통의 요동(Moderate Turbulence)

좌석벨트 신호(Fasten seat belt sign)가 2회 'ON' 되며, 두 번 '땡, 땡' 울리게 된다. 이때 승무원은 서비스를 중단하고, Jump Seat에 착석하여 벨트를 착용한다. Jump Seat으로 가는 동안 승객 좌석벨트 착용상태를 육안으로 확인하나 승객 좌석벨트 확인을 무리하여 진행하지 않는다. 요동이 오래 지속되는 경우 Cart는 Galley compartment에 보관하도록 한다.

(3) 심각한 요동(Severe Turbulence)

좌석벨트 신호(Fasten seat belt sign)가 2회 'ON' 되며, 두 번 '땡, 땡' 울리게 된다. 서비스를 즉시 중단하고, Cart를 고정하고 Cart 상단의 뜨거운 음료(Hot Beverage)는 통로 바닥에 내려놓는다. 가능한 경우에는 Cart 내 빈 공간에 넣고, Jump Seat에 착석하여 벨트를 착용한다. 또는 가장 가까운 빈 좌석에 착석하고 Cart는 잡고 있도록 한다. 빈 좌석이 없을 시 팔걸이 등을 이용하여 몸을 고정하도록 한다.

※ Moderate/Severe 여부를 판단키 어려운 경우에는 Severe Turbulence 대응지침을 적용한다.

요동(Turbulence) 구분 및 행동 지침

	가벼운(Light)	보통(Moderate)	심각한(Severe)
기내 현상	• 컵에 따른 음료가 찰랑거림 • 좌석벨트 착용 상태에서 복부에 약간의 압박을 느낌 • 서비스 카트를 움직이기가 조금 어려움	• 컵에 따른 음료가 넘침 • 좌석벨트 착용 상태에서 복부에 압박을 느낌 • 기내 보행이 어려움 • 기내 시설을 잡지 않고서 있기가 어려움 • 서비스 카트를 움직이기가 어려움	• 물건들이 바닥으로 떨어지거나 고정되지 않은 물건이 튀어 오름 • 좌석벨트 착용 상태에서 복부에 강한 압박을 느낌 • 기내 보행 및 서비스가 불가능함
행동 지침			
신호	Fasten seat belt sign 1회	Fasten seat belt sign 2회	
기내 서비스	• 조심스럽게 서비스를 계속한다. • 뜨거운 음료 서비스 시 각별히 주의한다.	• 서비스를 즉시 중단하고, Galley로 들어와 카트 상단의 물건들을 고정한다. • 카트를 Compartment 원 위치에 보관하고 latching 한다(오래 지속 되는 경우).	• 서비스를 즉시 중단하고, Galley로 들어와 카트 상단의 물건들을 고정한다. • 카트를 Compartment 원 위치에 보관하고 latching 한다.
좌석 벨트	• 승객의 좌석벨트 착용 여부를 확인한다. • 화장실 내 승객 유무를 확인한다.	• Jump Seat으로 가면서 승객의 좌석벨트 착용 여부를 확인한다. • 화장실 내 승객 유무를 확인한다. • 점검이 완료 되면 Jump Seat에 착석하여 좌석벨트를 착용한다.	• Jump Seat으로 가면서 승객의 좌석벨트 착용 여부를 확인한다. • 화장실 내 승객 유무를 확인한다. • 점검이 완료 되면 Jump Seat에 착석하여 좌석벨트를 착용한다.
기내 방송	• 객실 사무장(또는 객실승무원)이 Turbulence 방송을 실시한다. • 필요 시 기장이 추가 방송을 한다.		
기내 조명	• 좌석벨트 착용 확인을 용이하도록 조명을 조절한다. (필요 시 night에서 Dim으로 조절) • 승객 수면 시 Galley 커튼을 열어 둔다.		

참고: 대한항공 매뉴얼 책자를 기반으로 재구성.

C.A.T(Clear Air Turbulence) 청천(晴天) 난기류

구름 한 점 없이 맑은 대기 중에 풍속이나 풍향의 급변으로 난기류가 형성되는데, 풍속이 강하고 변화가 큰 제트기류 부근에서 발생한다. 아주 맑은 날씨임에도 육안으로 보이지 않아 운항승무원이 좌석벨트 착용 신호(Fasten seat belt sign)를 'ON' 시키기 전에 급작스럽게 항공기가 흔들리는 경우가 있다. 이때 승무원은 서비스를 즉시 중단하고 뜨거운 음료가 든 Pot를 통로 바닥에 내려놓거나 카트내 빈 공간에 넣고 가장 가까운 빈 좌석에 앉는다. 빈 좌석이 없을 경우 바닥에 앉아 한손으로는 승객의 팔걸이를 끌어안고 다른 한 손으로는 카트를 잡고 있다가 항공기의 흔들림이 줄어들면 신속이 카트를 Galley로 이동시키고 고정한 뒤 Jump Seat에 착석하고 좌석벨트를 착용한다.

에어아시아 실종 적도상공은 '청천난류' 위험지역

2014년 12월 28일 인도네시아 에어아시아의 에어버스 A320-216 항공기가 인도네시아 수라바야에서 싱가포르로 가던 중 추락했다. 이 항공기에는 승무원 7명과 탑승객 155명 등 총 162명이 타고 있었다. 에어아시아 항공기가 실종된 곳으로 추정되는 곳은 적도 자바섬(Java Island) 부근으로 기상변화가 심해 사고 위험이 높은 곳이다.

인도네시아 당국은 기상악화를 항공기의 추락 원인으로 보고 있다. 에어아시아 실종기가 고도 3만2,000ft(약 9.7km)를 유지하던 중 구름을 피하기 위해 3만8,000ft로 비행하겠다고 관제당국에 요청했다고 한다. 이는 조종사가 적도 상공에서 발생하는 난기류를 피하기 위해 고도 상승을 시도했던 것으로 보고 있다. 적도 상공은 난기류가 심하게 발생하기 때문에 항공기가 심하게 흔들리고 급하강하기도 한다. 난기류 지역(Air Pocket)은 바람의 방향과 속도 변화가 심해 중심을 잡기가 어렵다. 그래서 조종사들은 적도 상공을 지날 때는 반드시 안전벨트 착용 신호를 주어 안내방송을 하게 한다.

난기류 중에서도 청천난류(Clear Air Turbulence)는 항공기에 장착된 기상레이더에 잡히지 않아 더 위험하다. 청천난류는 중위도(30~35도)와 9km 전후 고도에서 제트기류 주변에 형성되는 강한 하강기류에 의해 발생한다. 항공기 제작사들은 기상변화에 의한 사고를 미연에 방지하기 위해 청천난류를 예측할 수 있는 장비를 개발 중에 있다. 적도 상공에서 청천난류 위험성은 이미 오래 전부터 인식되어 왔지만 지금의 기술로는 예측이 어렵다. 기상이 좋지 않은 지역을 비행할 때는 미리 운항계획에서 배제하는 쪽으로 사전에 대응하고 있는 것이 지금으로서는 최선의 방법이다.

대만 원동항공 여객기 급강하 사고

2016년 11월 제주로 향하던 대만 원동항공소속 여객기가 제주 남쪽 상공에서 급강하하면서 승객과 승무원 등 19명이 부상을 당했다.

원동항공 FEA306편 여객기는 승객 129명을 태우고 대만 타이베이를 떠나 제주국제공항으로 들어오던 중 제주도 남쪽 130km 상공에서 급강하했다. 이 사고로 2명의 승객이 골반뼈와 목뼈가 골절되는 중상을 입어 제주 시내 병원에 입원했고 또 다른 승객 17명은 타박상을 입어 병원에서 치료를 받았다. 사고 순간 천정에 부딪히면서 크고 작은 부상을 입었고, 통로에 서 있었던 승무원 5명은 모두 부상을 당해 제주대병원에 입원했다.

비행기는 수직으로 너무 빨리 하강하였고, 승객들이 선반과 천정에 부딪히면서 부상을 입었다. 당시 일부 승객들은 기내식을 먹은 직후여서 안전벨트를 푼 상태였고, 갑작스런 항공기의 수직강하 때문에 기내는 비명과 울음소리로 아수라장이 됐다.

급강하하기 바로 전 "충돌을 피하기 위해 급강하한다."는 기내방송이 나왔다. 급강하 직후 기장은 제주공항 관제소에 "난기류로 환자가 발생했으니 착륙을 빨리 허락해 달라"고 통보했고 제주공항에 비상착륙했다.

이 사고의 원인 조사를 위해 이날 건설교통부 항공조사위원회는 조사팀 4명을 제주로 파견해 난기류에 의한 사고인지, 승객 등의 주장대로 충돌을 모면하기 위한 사고인지를 조사하고 있다.

또 대만 정부 항공안전감독관 2명도 이날 오후 7시 제주에 도착해 조사를 벌이고 있다.

건설교통부 관계자는"블랙박스를 수거해 분석하고 녹음테이프를 확인하는 등 조사결과가 끝나야 사고원인을 밝힐 수 있다"며 "현재로선 충돌을 피하기 위한 것인지 난기류 때문인지 확인 중"이라고 밝힌 사고이다.

러시아 아에로플로트 항공사 난기류 사고

2017년 5월 모스크바에서 방콕으로 향하던 러시아 아에로플로트 항공사 B777 여객기가 300명의 승객을 태우고 착륙을 위해 고도를 낮추는 상황에서 난기류를 만나 27명이 부상을 입었다. 승객들은 안전벨트 착용 신호가 켜진 상태가 아니었고 항공기는 기류에 휩쓸리면서 승객들이 좌석에서 통로(Aisle)로 튕겨져 나가 골절 등의 상해를 입었다. 비행기는 무사히 방콕에 도착했고 부상자들은 대기 중이던 응급차로 긴급 호송되었다.

난기류는 맑은 하늘에서 갑자기 나타나는 것으로 이런 난기류가 세계민간한공에서 매년 750회 정도씩 발생하고 있다.

② 성층권

성층권은 대류권과 중간권 사이의 대기층을 말하며, 대류권계면으로부터 50km까지의 대기층을 말한다. 성층권은 기온이 낮아 밀도가 크므로 대류현상이 일어나지 않는다. 따라서 기상현상이 없고, 기온은 대류권계면으로부터 성층권 하부까지 거의 같거나 약간 높아지는 정도이며, 공기의 저항이 적어 매우 안정된 상태를 유지하기에 비행에 유리한 환경을 가지고 있다. 대류권의 권계면까지는 약 34,000ft이다. 에베레스트 산(Mount Everest)의 높이가 약 29,028ft(8,848m)이다. 국제선 항공기는 34,000~49,000ft(지상 약 10~15km) 높이에서 운항한다.

하부 성층권(Lower Stratosphere)의 고도는 극지방의 경우 여름에 10km 정도로 겨울(6~8km)에 비해 높게 나타나며, 기온은 −58~−52℃이며 열대류가 없다. 상부 성층권(Upper Stratosphere)에서는 태양 자외선의 흡수와 열복사로 온도가 성층권 계면에서는 약 77℃까지 상승하며 오존권(Ozonosphere)을 형성한다. 성층권의 중간 부분인 고도 25~30km 부근이 오존(ozone)이 밀집한 오존층(ozone layer)이다. 오존층은 태양으로부터 오는 유해한 자외선을 차단하여 지구상의 생명체를 보호해주는 중요한 역할을 한다.

③ 중간권

중간권은 고도 50~80km 사이에 있는 대기층을 말하며, 기온이 중간권 최상부의 온도는 −90℃ 정도이며 때때로 −130℃까지 온도가 내려간다. 대류권과 마찬가지로 상층기온의 기온이 낮으므로 대류현상이 미약하게 나타나지만 수증기가 없기 때문에 기상현상은 일어나지 않는다. 이 지점에서는 유성과 야광운이 관측되며, 공기가 희박하여 공기를 이용하는 비행은 불가능하다.

④ 열권

열권은 고도 80km에서 1,000km 사이의 영역을 말하며, 공기가 희박하고 태양에너지를 직접 흡수하기 때문에 높이 올라갈수록 온도가 높아진다. 낮과 밤의 기온차가 크게 나타나며 밤에는 약 600℃, 낮에는 약 1,700℃까지 올라간다. 열권에서는 오로라(aurora)를 볼 수 있다. 고속의 전자들이 지구자기장에 이끌려 대기로 진입하면서 지구의 자극 부근에서 공기분자와 반응하여 빛을 내는 현상을 오로라라고 한다. 오로라는 고도 약 80~300km에서 나타난다. 국제우주정거장과 인공위성의 궤도로 이용된다.

2) 항공기 내부 환경

순항고도에서의 외부 환경은 생리적 한계영역으로, 항공기 내부는 이러한 환경으로부터 인체를 보호하기 위해, 여러 가지 장치를 설치하여 생존과 활동이 가능한 환경으로 설계하게 된다. 그러나 지상과는 일부 다른 환경으로 인해 갑작스러운 질환으로 응급상황이 발생할 수 있기에 객실승무원은 필수적인 응급처치를 실시할 수 있어야 한다.

항공기 내부 환경이 지상과 다른 점은 높은 고도로 올라갈수록 기압이 낮아진다는 것과 완전히 밀폐된 공간이므로 잦은 환기와 기체 내부의 부식을 방지하고 각종 전자기기와 수많은 배선의 오작동을 최소화하기 위해 기내는 매우 건조한 상태를 유지하게 된다.

(1) 항공기 객실 여압

사람의 신체는 지상의 기압인 1기압(1.013hPa/760mmHg)에 맞도록 되어 있다. 항공기가 이륙하여 높은 고도로 올라갈수록 기압이 낮아진다. 비행 전 항공기 내 기압은 1기압인 760mmHg에 맞추어져 있다. 하지만 비행 중에 항공기 내 기압은 0.8기압인 610mmHg 이하로 낮아진다. 특히 이륙할 때 급상승하므로 기압이 굉장히 낮아져 고막을 경계로 압력차가 생기면서 귀가 먹먹해지는 현상이 나타난다.

비행고도는 35,000~40,000ft로 대기압이 0.25기압 이하이나 객실은 여압 장치를 이용하여 0.8기압 정도로 가압을 하므로 객실 내에서 느끼는 고도는 7,000~8,000ft 정도이다. 항공기가 실제로 날고 있는 고도는 대기압이 낮아 산소가 희박하고 기온이 낮아 인간이 생존할 수 없으나 항공기 내부는 여압장치를 통해 기압변동으로 인한 불편함을 최소화한 0.8기압으로 조절한다.

객실승무원의 Service Know-how

기내 기압문제로 불편함을 호소하는 승객에게는 상황에 맞게 응대하도록 한다. 어린 영아에게는 젖병을 물려 우유나 물을 마시게 하고, 유아에게는 음료나 사탕을 제공하도록 한다. 귀가 막혀 불편함을 겪는 승객에게는 발살바 요법을 설명해드려 시행하도록 하고, 음료를 조금씩 마시도록 하거나 입을 크게 벌려 하품을 시도하도록 한다. 사탕이나 껌을 씹도록 권유하는 것도 좋은 방법이다. 승객이 편안해질 때까지 최선을 다해 도와드리도록 한다.

이관통기장애

이륙 시에 급상승하므로 공기의 밀도가 낮아져 귀가 먹먹해지는 현상이며, 감기에 걸렸을 때도 코 안쪽 점막이 부으면서 이관통기장애가 흔히 발생한다. 세계보건기구(WHO: World Health Organization)는 부비동, 귀, 코의 감염, 특히 이관이 막힌 경우 일반적으로 항공 여행이 부적합하다고 권고한다. 승무원 또한 심한 코감기에 걸려 비행을 하게 되면 중이염에 걸릴 수 있기에 항공보건의무실을 방문해 의사와 상의 후 비행 여부를 결정하는 것이 좋다.

승객 중에 이관통기장애를 호소한다면 숨을 들이 쉰 뒤에 입을 다문 상태에서 코를 막고 귀 쪽으로 압력을 가하는 발살바 요법(Valsalva maneuver)을 시행하도록 알려 준다.

용어 정리

- **발살바 요법(Valsalva maneuver)** 코와 입을 막은 상태에서 배에 힘을 주면서 강하게 숨을 내쉬려는 방법
- **헥토파스칼(hectopascal/hPa)** 기상학에서 사용하는 기압의 단위
- **mmHg(millimeter of mercury) 밀리미터수은주.** 혈압측정에 사용하는 압력 단위

기내식에 양념을 더 많이 가미하는 이유

- 기압 때문에 후각과 미각이 둔해진다.
- 기압과 습도의 저하는 짠맛, 단맛을 느끼는 감각능력을 30%까지 떨어뜨린다.
- 소음 역시 감각능력을 감소시켜 단맛을 제대로 느끼지 못하게 한다.
- 시원한 기내 온도 또한 맛을 떨어뜨리는 원인이다.

- 루프트한자 항공사가 의뢰한 연구에 따르면 토마토주스의 감칠맛은 비행 중에 더 강하게 느껴진다고 한다.
- 건조한 공기는 냄새에 대한 우리의 감각을 감퇴시켜 음식 맛이 밋밋하게 느껴진다. 이와 같은 이유로 많은 항공사들이 기내식에 양념을 더 많이 가미하고 있다.

(2) 항공기 객실 고도

항공기 내 객실 기압으로 표시되는 고도를 객실 고도(Cabin Altitude)라고 한다. 객실 고도는 여압장치를 통하여 약 7,000~8,000ft로 유지하게 된다. 여압장치란 밀폐된 객실 내의 압력을 조절하여 외부와 다른 기압을 유지시키고 기압의 변화를 인체가 편안 상태로 받아들이도록 조절하는 장치로 항공기 고도가 높아지면 내부에 강제로 압력을 가하여 외부보다 압력이 높도록 유지시켜 사람의 호흡을 편하게 하는 장치이다. 만일 여압장치가 고장이 난다면, 객실 내 산소공급 시스템이 작동하여 산소마스크가 내려오므로 승무원과 승객은 좌석벨트를 매고 신속히 산소마스크를 착용해야 하며, 운항 승무원은 항공기를 신속하게 10,000ft까지 하강하게 된다.

유효 의식 시간(TUC: Time Of Useful Consciousness)

산소 부족으로 적절하고 효과적인 행동을 할 수 없게 되기까지의 시간이며, 개인의 영양 상태, 육체적인 활동, 피로, 약물, 알코올 등과 같이 다양한 요소에 의해 개인차가 있다.

감압

여압장치의 고장이나 항공기의 구조적 문제, 그리고 기타 요인에 의하여 객실 기압이 낮아지는 현상이다. 기내 압력이 서서히 빠져 나가는 현상을 완만한 감압이라고 하고, 기내 압력이 빠른 시간 내에 빠져 나가는 현상을 급격한 감압이라고 한다. Door나 Window 주위의 이음새를 통해 기압이 빠져나가거나 여압자치가 고장이 났을 때 완만한 감압이 나타나고, 폭발물의 폭발, 화재 등으로 항공기 외벽의 손상이 생겼을 때는 급격한 감압이 발생한다.

고도별 유효 의식시간

항공기 고도	기압	유효 의식시간	
		급격한 감압 시	완만한 감압 시
18,000ft	0.5	15~20분	20~30분
25,000ft	0.5	2분 30초	3~5분
35,000ft	0.25	30초~1분	1~2분
40,000ft 이상	0.25	15초	20초

러시아 B737 여압장치이상으로 비상착륙(2012. 1. 23)

2012년 1월 23일(월) 15시 15분경, 러시아 Donavia 소속 보잉737 항공기가 승객 70명과 승무원 8명을 탑승하고 Rostov공항(남 러시아 위치)을 이륙하여 상승단계에서 기내 여압장치 이상으로 20여 분 만에 이륙했던 공항으로 회항하게 되었다. 기내 기압이 떨어지면서 승객들이 비명을 질렀고, 산소마스크가 제 기능을 발휘하지 못하였으며, 많은 승객들이 귀와 코에서 피를 흘렸고, 어떤 사람은 기절도 하였다.

제주항공 여압장치이상(2015. 12. 23)

2015년 12월 23일 김포를 출발해 제주로 향하던 제주항공 여객기가 이륙한 지 48분 만에 기내 여압장치 고장으로 비행고도를 급강하해 비행하는 일이 발생했다. 여압장치 고장으로 기내는 갑자기 18,000ft 고도의 기압에 노출되어 산소마스크가 내려왔지만 승객들은 고막이 터질듯 한 고통을 느끼게 되었고, 메스꺼움을 호소하기 시작하였다. 조종사는 비행고도를 8,000ft로 급강하하였으나 그 과정에서 갑작스런 고도 하락에 승객들의 아픔과 고통은 더해졌고, 공포감에 떨었다. 비행고도를 낮추어 항공기는 제주까지 20분간을 더 비행한 후 제주공항에 무사히 착륙했다.

아시아나 항공기 여압장치 및 온도 조절장치이상으로 회항(2019. 9. 1)

2019년 9월 1일 인도네시아 자카르타공항을 떠나 인천공항으로 향하던 OZ762편 여객기가 여압장치이상으로 이륙한 지 40분 만에 회항하기로 결정하고, 1시간 30분 정도 상공을 돌며 연료를 소비한 다음 자카르타공항에 다시 착륙했다.

이 항공기는 이륙 전 에어컨 시스템에 문제가 생겼다는 이유로 출발 시간이 지연되었는

데, 이륙한 후에도 기내 에어컨이 제대로 작동하지 않아 기내 온도가 올라갔다. 이에 호흡이 힘들 만큼 기내 온도 조절이 안 돼 일부 승객들이 호흡곤란을 호소하며 의료진을 찾는 사태가 벌어졌다. 착륙 후 아시아나항공은 비행이 준비되는 동안 탑승객 290명 모두를 호텔로 이동시켰다.

(3) 환기(출처: 대한항공 공식 블로그)

항공기 객실 내부는 완전히 밀폐된 공간이므로 최신 기술의 공기순환시스템(Air Conditioning System)을 통해 승객에게 쾌적하고 신선한 공기를 제공하여 편안한 여행을 할 수 있도록 한다. 이러한 공기순환시스템은 외부의 차가운 공기를 엔진을 통해 유입하여 압축기를 지나게 되며 온도는 260℃ 정도의 고온고압으로 압축, 멸균하여 다시 HAPA필터[High Efficiency Particulate Filter: 0.3마이크로미터(μm)의 미세한 입자를 제거하는 고성능필터, 이는 보통의 가정의 먼지, 담배 연기, 박테리아, 거의 모든 바이러스 등을 걸러낼 수 있는 수준의 필터]를 통해 박테리아나 바이러스 등의 오염물질을 99.9% 이상 여과하여 적정 온도를 만들어 객실 내부로 유입되게 된다. 사람은 1분에 약 6L의 공기를 호흡한다. 400여 명의 승객이 탑승한 비행기라면 1분에 2,400L의 공기가 필요하게 된다. 항공기는 1분에 20L 크기의 1,200드럼 분량, 즉 대략 24,000L의 신성한 공기를 제공할 수 있는 기능을 가지고 있기에, 400여 명의 승객이 탑승하더라도 1분에 1인당 3드럼(1,200드럼/400명)의 공기를 마실 수 있는 양으로 승객 한 명이 1분당 필요한 공기량은 9.1L인데 반해 기내로 공급되는 양은 최대 566L로 양적으로는 충분하다. 이러한 신선한 공기는 거의 2~3분마다 환기가 이루어지고 있기에 오히려 지상의 환경오염지역의 탁한 공기보다 더 깨끗한 공기를 마실 수 있다. 환기시스템으로 인해 엔진을 통한 압축 및 열교환기를 통한 공급 과정에서 완벽히 여과하여 멸균된 공기가 공급되고, 건조함으로 인해 세균 번식이 어려워 미생물 수준이 현저히 낮아 공기 오염으로 인한 호흡기 질환의 문제는 거의 없다고 볼 수 있다.

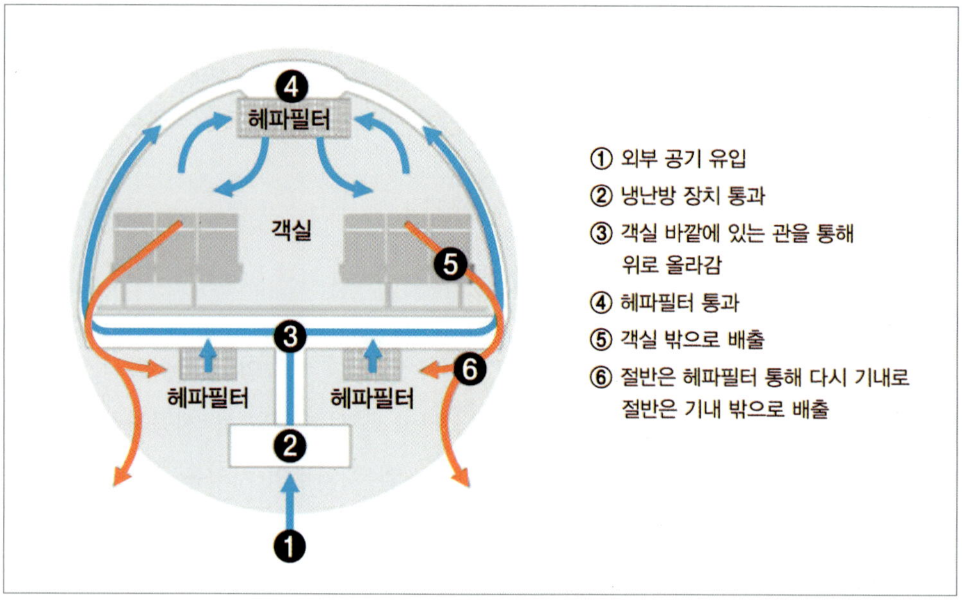

▲ HAPA필터를 통한 객실 공기 흐름

용어 정리

- 에어로타이티스 미디어(Aerotitis Media): 항공중이염
- 에어 컴프레서(Air Compressor): 공기압축기
- 에어크래프트 스탠드(Aircraft Stand): 항공기 주기장(駐機場)
- 에어 러그(Air Logs): 항공일지
- 에이비에이션 메디슨(Aviation Medicine): 항공의학
- 브리드 에어(Bleed Air): 추출공기

인간이 호흡하기 위해 필요한 공기량은 얼마나 될까?

가만히 앉아 있는 사람이 일상적인 산소를 섭취하는 데 필요한 공기량은 보통 0.24CFM (Cubic Feet per Minute), 즉 6.8L 정도라고 한다. 그러나 실제 항공기에는 이보다 8배 정도 많은 양, 즉 승객 1인당 20CFM 정도를 공급하고 있다. 이렇게 많은 공기를 기내에 공급하는 것은 발생된 이산화탄소를 제거하고 객실 내에 균일한 온도를 제공하여 승객들의 쾌적성을 향상시키기 위한 목적에서이다.

대한항공은 국내법 및 국제항공운송협회(IATA) 규정을 준수하여 살충과 살균을 월 1회 이상 항공기 정기소독을 실시하고 있으며, 각 부속품을 탈속하여 세척하거나 청소 작업을 15일에서 2개월 주기로 진행하고 있다. 최근에는 약제 분무식 소독 외에도 살균력 강화를 위해 초음파 진동을 위한 기화식 방역 기술을 신규 도입해 기내 청결과 방역을 실시하고 있다.

비행 중 안전 · 안락한 분위기 유지(출처: 스카이뉴스)

객실에 공급되는 공기는 다른 실내 환경보다 깨끗하다. 객실 내 이산화탄소는 승객들의 호흡과 기내식을 차갑게 할 목적으로 사용하는 드라이아이스 때문에 발생한다. 객실의 열을 전달하는 매개체는 공기의 흐름이므로 많은 양의 열을 공급하거나 제거하기 위해서는 많은 양의 공기를 필요로 하게 된다. 객실 온도를 새롭게 설정하여 안정시키기까지는 안정화에 10분, 기체 구조물 및 내장재 온도 안정화에 10분 정도 등 약 20분 정도 걸린다. 객실에 공급되는 공기량의 약 40%는 객실에서 배출된 공기를 여과시켜 재사용한다. 공기를 재사용한다고 하여 혹시 나쁜 공기가 공급되는 것이 아닌가 하고 염려할지 모르지만 걱정할 필요는 없다.

가장 최신의 기술로 만들어진 여과장치가 직경 0.003mm가 넘는 이물질을 99.9% 이상 거의 완벽하게 여과해 내기 때문이다. 이는 보통의 가정의 먼지, 담배 연기, 박테리아, 거의 모든 바이러스 등을 걸러낼 수 있는 수준이다. 이러한 여과 기준은 병원의 수술실 정도에 해당된다. 항공기의 재순환된 공기가 신선한 외부 공기보다 더욱 깨끗하다고 할 수 있다.

객실에 공급되는 공기의 양은 시간당 30회 이상 기내 공기를 완전히 교환할 수 있고, 재순환되는 공기를 제외하고라도 시간당 18회 이상 완전히 교환할 수 있는 정도의 충분한 양이 공급되고 있다.

이밖에도 대기 상층부에서 자연적으로 발생하는 오존(Ozone)의 객실 내 유입을 방지하기 위한 장치가 오존 컨버터(Ozone Converter)이다. 오존 컨버터는 촉매작용에 의해 오존을 산소로 재변환시켜 객실에 공급해 준다. 이상에서 살펴본 여압장치, 온도조절장치, 공기순환장치, 오존제거장치들은 승객들이 비행기를 타고 높은 고도로 올라가도 마치 지상에서 생활하는 것 이상으로 쾌적한 기분을 느끼게 해 준다. 비행 내내 작동 상태와 결함 발생 여부가 계속 자동적으로 모니터링되고 통제되어 승객들에게 안전하고 안락한 기내 환경을 제공하게 되는 것이다.

(4) 항공기 객실 온도

객실 내 온도는 편안함을 제공하는 주된 요소이기도 하다. 기술적으로 원하는 온도 범위에서 쉽게 온도를 조절할 수 있으며, 객실 내 온도는 22~26℃ 정도로 유지한다. 그러나 편안함은 주관적이어서 승객들 각자가 원하는 온도를 조절하기가 쉽지 않다. 앉아 있는 승객의 편안한 온도범위는 신체 활동적인 승무원에게는 너무 따뜻할 수 있다. 이것은 실제로 측정 온도가 매우 다양하다는 것을 의미한다. 따라서 객실승무원은 통일된 디자인과 옷감이 중요하므로 필요에 따라 카디건이나 자켓 착용 및 탈복으로 승객이 원하는 온도에 쉽게 적응할 수 있도록 한다.

적절한 온도임에도 추위를 호소하는 승객에게는 담요를 더 가져다 드리고 따뜻한 음료를 서비스하여 도움을 드리도록 한다.

항공기의 냉난방 시스템은 엔진에서 발산하는 열을 부가적으로 활용하기에 연료소모와는 관련이 없다. 항공기는 엔진을 통해서 흡입하는 영하 50°F(섭씨 영하 10도) 정도의 차가운 외부 공기를 흡입하여 'PACK'이라는 장비를 통하여 적합한 온도로 데워서 승객들에게 공급을 한다. 항공기 객실온도 조절은 조종실에서 주 온도조절장치를 통해 설정하고 객실에서는 이미 설정된 기준온도에서 상하 6~8도 정도 범위 내에서 재조절할 수 있다.

객실승무원의 Service Know-how

승객이 춥다고 하면 "네 손님, 기내가 적정온도를 유지하고 있는지 확인해 보겠습니다. 혹시, 많이 추우시면 따뜻한 음료와 담요를 제공해드려도 괜찮으시겠습니까?, 따뜻한 음료는 커피와 차가 있습니다. 무엇을 가져다 드릴까요?"라고 여쭈어 본 후 기내 온도를 확인 후 서비스한다.

다수의 승객이 춥다고 하면 즉시 기내 온도를 체크하고 부사무장님께 상황을 알린다. 그 이후에도 수시로 승객의 상태를 체크하고 세심한 서비스를 하도록 한다.

(5) 항공기 객실 상대습도

순항 고도에서 외부 공기는 상대 습도가 거의 0%에 가까울 정도로 건조하다. 환기를 위해 바깥 공기를 계속 끌어들이고 있기 때문에 습도가 낮고 매우 건조하다. 기내의 습도 조절은 승객이 호흡할 때 배출하는 몸속의 수분을 객실 공기 재순환 시스템에 의해 객실에 재공급함으로써 이루어진다. 2%의 습도를 가진 빈 항공기에 승객이 탑승하게 되면 습도가 10~20%로 상승하게 된다. 습도의 유일한 원천은 탑승객인데, 상대 습도를 바람직한 수준으로 유지하기에는 충분하지 않다.

어떤 경우에는 가습 시스템(Humidifying Systems)을 추가하기도 한다. 그러나 지금까지 이러한 시스템을 사용한 항공사는 실제로 습도를 해결할 수 있는 것보다 더 많은 문제를 일으킨다는 사실을 발견했다. 물의 무게만큼 비행기가 무거워지고, 항공기의 상당한 무게 증가로 유료 손실을 가져왔고, 그 외에도 부식 및 오염의 위험이 증가하여 유지 관리의 문제가 발생되어 운항을 중단하기도 했다. 미래에는 기술발달로 이러한 문제를 극복할 수 있다고 한다. 어쨌든 사막의 평균 습도가 약 15~30% 정도에 비하면 상대 습도의 10~20%가 이상적이지는 않지만 탑승객의 건강에 유의한 영향을 주진 않는다. 이 주제에 관한 연구는 영국 왕립 공군 항공 의학 연구소(Royal Air Force Institute of Aviation Medicine)에 의해 발표되었으며, 전반적인 수화(Hydration)[3]가 유지된다면 항공기 객실에서 발견되는 낮은 상대 습도 수준이 장기간이나 단기간에 악영향을 미치지는 않을 것이라고 결론지었다.

---

3) 수용액 속에서 용해된 용질 분자나 이온을 물 분자가 둘러싸고 상호작용하면서 마치 하나의 분자처럼 행동하게 되는 현상이다(출처: 두산백과).

그러나 상대습도가 낮으면 표피의 수분부족으로 인해 승객과 승무원의 편안함에 영향을 미칠 수 있다. 점막과 피부가 건조되어 가렵거나 자극받은 눈, 건조한 코, 건조한 목 및 피부 건조증이 가장 일반적인 불편한 것 중 하나이다. 이러한 건조한 외부 공기는 승객들의 점막과 피부가 건조되어 눈, 코, 목에 불편함을 느낄 수 있다. 인체에 있어서 쾌적한 실내 습도는 50~60%이므로 수분을 많이 섭취할 필요가 있다.

객실승무원의 Service Know-how

비행 중에 건조함을 호소하는 승객이 계시면, "네! 손님! 기내가 많이 답답하고 더우시죠? 갈증을 해소할 수 있는 생수나 시원한 음료를 제공해 드려도 괜찮으시겠습니까?"라고 여쭙고 상황에 맞는 서비스를 제공해 드린다.

만약, 미주나 유럽행 같은 장거리 비행구간에서는 기내가 많이 건조할 수 있으니 모든 승객들이 쾌적한 비행을 즐길 수 있도록 수시로 생수와 음료 서비스를 제공하도록 한다.

(6) 항공기 소음과 진동

항공기 운항 시 주변 환경으로 많은 소음과 진동이 발생한다. 제트 엔진에서 나오는 마찰음(Turbine-Whine)과 제트기류(Jet Stream), 즉 바람을 가르는 소리 때문에 중저음의 소음에 둘러 싸여 있다. 그러나 신형 항공기는 객실 흡음처리(Acoustic Treatment)와 엔진소음기(Engine Noise Suppressor)의 사용으로 승객과 승무원이 인지하는 소음 수준을 급격히 감소시켜 객실 내 소음은 50~60dB(데시벨) 정도로 정상적인 대화가 가능하다. 그렇다고 항상 그런 것은 아니며, 승무원 관점에서 일부 오래된 항공기는 여전히 소음과 진동이 존재한다. 일부 비교적 신형 항공기일지라도 조종실의 소음 수준이 높아 일부 항공사는 조종사에게 청각 보호 기능을 제공하기도 한다. 각 항공사는 위험 평가를 수행하고 이에 따라 적절한 해결방안을 조치하려고 노력하고 있다.

실내 평균 데시벨(dB)

측정 환경	데시벨(dB)	측정 환경	데시벨(dB)
도서관 열람실	40	공장에서의 큰 소음	90
조용한 사무실	50	항공기 착륙 시	90
평상시의 대화	60	기차가 지나갈 때	100
전화벨	70	자동차 경적	110
지하철 소음	80	비행기	120
항공기 이륙 시	84	제트기	130

항공기 객실 환경은 다른 운송 수단과 매우 다른 특수성을 가지고 있다. 과학적 증거에 따르면 정상 운항중 항공기 객실 환경이 건강한 여행자에게 위험을 나타내지는 않는다. 단, 아픈 승객은 여행하기 전에 의사와 상의해야 하며 의심스러운 경우 탑승 여부에 대한 적절한 평가가 이루어질 수 있도록 항공사에 알려야 한다. 안전성이 매우 높은 위치 때문에 승무원들은 더 조심해야 한다. 중대한 질병에 대해 의사와 상의해야 하며, 확실하지 않은 경우 항공사 의료기관이나 항공사 지정 의사에게 문의해야 한다.

(7) 우주 방사선 노출

우주 방사선은 우주에서 지구로 쏟아지는 높은 에너지를 지닌 각종 입자와 방사선 등을 총칭한다. 비행 중에는 운항 시 위도 및 고도나 비행시간에 따라 또는 비행 당시 태양 방사선의 활동수준에 따라 노출되는 우주 방사선량이 다를 수 있다. 지표로부터 고공으로 올라갈수록 우주 방사선의 강도는 증가한다.

일반적으로는 장거리 비행 시엔 시간당 약 0.004~0.005밀리시버트(mSv)[4], 단거리 비행 시엔 시간당 0.001~0.003밀리시버트 정도의 우주 방사선에 노출되는 것으로 알려져 있다. 우리가 병원에서 찍는 X-Ray 촬영 1회 시 노출되는 방사선량은 약 0.02~0.04밀리시버트인데, 이는 서울-제주 구간을 약 10~20회 왕복 여행하는 동안 노출되는 방사선량과 비슷하다. 미국, 유럽 등과 같이 10시간 이상의 장거리

4) 밀리시버트(millisievert): 방사선량을 측정하는 단위

항공 여행인 경우에는 X-Ray 촬영 1~2회 방사선 노출량과 비슷하다.

우주 방사선이 건강에 미치는 영향에 대해 미국 연방항공청과 학계의 연구 결과에 따르면, 일반 승객의 항공 여행 중 노출되는 우주 방사선량이 건강에 미치는 영향은 대단히 작으며, 우려할 만한 수준이 아닌 것으로 보고되고 있다. 미국인이 일상생활을 통해 노출되는 방사선의 연간 총량은 약 2.95밀리시버트로 조사되었는데, 이 중 우주 방사선은 전체의 약 9%(0.27밀리시버트)를 차지하였다. 이 정도의 방사선량은 우리가 일상생활 속에서 늘 접하고 있는 기본 수준으로 간주되는 양으로 생활 건강에 지장이 없을 정도이다.

다만 업무상 장거리 항공 여행이 많거나 임신 중인 경우에는 연간 비행시간, 비행 구간 등을 기록하여 방사선 노출 정도를 고려하는 것이 도움이 될 수 있다.

밀리시버트(mSv): 방사선이 인체에 미치는 유효선량의 단위

노선	평균(mSv)	최대(mSv)	최소(mSv)
뉴욕 → 서울	0.0793	0.1030	0.0590
시카고 → 서울	0.0661	0.0794	0.0570
애틀랜타 → 서울	0.0739	0.0856	0.0603
워싱턴 → 서울	0.0731	0.0869	0.0589
토론토 → 서울	0.0703	0.0811	0.0594

Chapter 03

항공사 의료지원 서비스의 이해

1. 항공사 의료부서의 역할

2018년 항공 여객 운송실적은 1억 1천 753만 명을 기록했으며(국토교통부, 2020), 세계 120개국 290개 회원사가 가입되어 있는 국제항공운송협회(IATA) 발표에 의하면 2017년 세계 항공사 운송실적은 40억 9천 377만 명이 전 세계의 항공기를 이용하였다.

해외여행을 하는 승객의 수가 현저하게 증가함에 따라 항공사 의료부서에서 환자의 적절한 의학적 조언이 중요하게 고려되어 항공의료 업무는 성공적인 항공사 운영에 중요한 요소가 되었다.

항공사는 승객들을 목적지까지 안전하고 효율적으로 수송해야 한다. 항공사 의료기관은 여행 중에 승객의 건강이 악화되지 않도록 하고 예상치 못한 기내 의료 응급사태를 처리할 수 있는 적절한 조치를 취할 책임을 진다.

많은 항공사들이 최근 불안정한 의료 조건을 가진 승객들에게 의료 혜택을 제공하며, 그에 따른 기본 양식으로는 국제항공운송협회(IATA) 의료 정보 양식(MEDIF: Medical Information Form)을 기반으로 특수 의료 양식을 사용한다. 만성적이지만 안정적인 의료 조건을 가진 승객과 추가 요구가 있는 승객은 빈번한 여행자 의료 허가(FREMEC: Frequent Traveller'S Medical Clearance)를 받아야 한다. 이것은 항공사 의료부서 또는 예약부서에서 제공한다. 일부 항공사는 빈번한 여행자 의료 허가 카드를 사용하고 다른 항공사는 전자 시스템을 사용하기도 한다.

항공의료센터(출처: 대한항공 입사교육 교재)

항공의료센터는 1969년 대한항공의 창립과 함께 설립되었으며, 전문 의사 4명(내과, 가정의학과, 산업의학과)을 비롯해, 간호사 26명, 임상병리사 12명, 산업위생관리사, 방사선사, 영양사, 임상운동사를 포함 총 70여 명에 이르는, 각 분야별 전문 의료 인력으로 구성된 국내 최대 규모의 항공의료 전문기관으로 대한항공 본사 빌딩 내 680여 평과 부산 테크센터 내에 250여 평 규모로 위치하고 있다.

주요 활동으로는 전 임직원에 대한 포괄적 항공 산업 보건 관리 활동을 한다.

- 외래 진료 서비스 시행
- 운항승무원 항공신체 검사 전문 의료 기관 업무
- 병약 승객 운송 의학적 결정 및 조언
- 산업 보건 및 작업 환경 관리
- 각종 건강 증진 프로그램 운영
- 기내 응급환자 의학적 조치 및 의료장비 관리
- 승무원 대상 기내 응급처치 교육

2. 의료허가 절차 및 양식

국내 대표적인 항공사인 대한항공은 자체 내 의료부서를 운영하고 있다. 시각/청각 장애인 고객을 위한 서비스를 시행하고 있으며, 시각/청각 장애인 고객의 편리하고 안전한 여행을 위해 전담 직원이 안내를 하고 있다. 예약 시 출발일 기준으로 10일 이내에 전문의가 작성한 '항공운송을 위한 의사소견서'를 제출하여 탑승 가능 여부를 확인 후 탑승이 이루어진다. 국제선의 경우 항공기 출발 72시간 전(타 항공사 연결편이 포함된 경우 출발 7일 전)이며, 국내선은 항공기 출발 48시간 전에 예약해야 한다.

지상에서의 환경과 기내에서의 환경은 기압부터 습도, 온도까지 전부 다 다르기 때문에 갑작스러운 환경 변화로 인해 신체적인 변화가 일어날 수 있다. 건강한 승객의 경우 아무 이상 없이 안전한 비행을 할 수 있지만, 질환이나 지병을 가진 승객의 경우에는 기내에서 증상이 더욱 극대화되어 심한 결과를 초래할 수 있다. 따라서 비행 전 항공사 의료센터에서 여행인가를 위해 참고해야 할 의사소견서 및 서류를 최소 출발 2일 전에 필히 지참해야 할 의무가 있다.

항공기 탑승을 위해 의사소견서를 제출해야 하는 경우

- 의료용 침대(Stretcher) 및 특수 의료장비의 사용을 요하는 경우
- 비행 중 산소공급을 요하거나 주사 투여 등의 의학적 처치가 필요한 경우
- 최근 수술 경험이 있거나, 중대한 질병이 있는 경우
- 급성 감염성 질환 및 전염성 질환이 있는 경우
- 만성폐쇄성폐질환, 천식, 폐렴, 폐수종, 기흉 등의 호흡기계 질환이 있는 경우
- 당뇨 및 특정 물질에 대한 알레르기를 가진 승객이 의료 목적으로 주사기를 휴대하는 경우
- 인공 심박동기, 인슐린펌프, 척추자극기 등의 의료장비를 치료적 목적으로 체내에 삽입한 경우
- 최근 외상의 경험이 있는 경우

임산부 고객

- 임신 32주 미만은 제한 없이 자유롭게 여행할 수 있다. 단, 임신성 고혈압, 당뇨 등 합병증이 있는 임산부는 탑승수속 시 의사진단서 및 건강상태 서약서 제출이 필요하다.
- 32~36주: 탑승수속 시 건강상태 서약서 제출이 필요하다.
- 37주 이상(다태임신 시 33주 이상): 임신부와 태아의 건강을 위해 탑승할 수 없다.
- 다태임신의 경우 국제항공운송협회(IATA)의 임산부 탑승 가이드라인(IATA Medical Guideline)에 의거해 단태임신과 탑승 기준을 구별하고 있다.

유아 고객

- 유아는 보통 생후 7일 이후 여행이 가능하다.
- 대한항공은 생후 7일 이후 국내선, 국제선 여행이 가능하고, 아시아나항공은 국내선은 생후 7일 이내, 국제선은 생후 14일 이내는 비행기를 탈 수 없다. (단, 부득이한 경우에는 승인절차를 거쳐 탑승이 가능할 수 있다.)

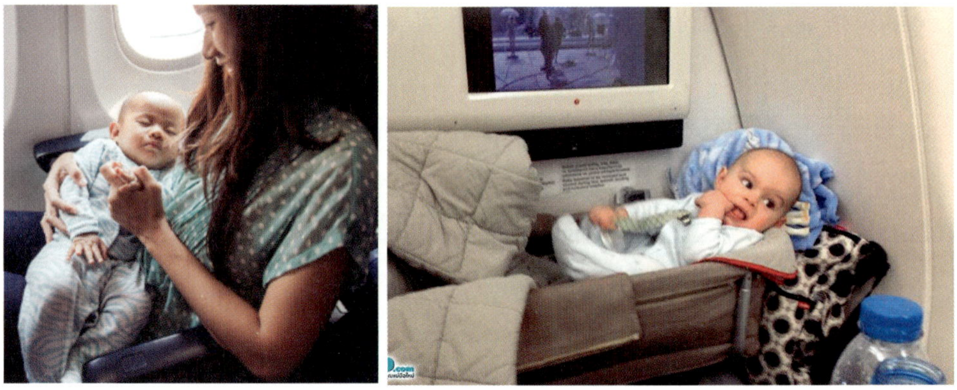

▲ 유아고객

IATA 의료 허가 절차

각 항공사는 필요성과 준수할 규정에 따라 절차를 설계할 수 있다. 절차가 아직 마련되어 있지 않은 항공사를 위해, IATA에서 그들의 요구에 맞춰 조정될 수 있는 사례로 다음의 사항을 제시했다.

① 승객 또는 여행사는 예약을 위해 항공사 예약부서에 연락하여 승객이 의학적 문제가 있음을 통보한다.
② 예약부서에서 의료부서로 전송한다.
③ 의료부서는 예약 자료를 취합하여 승객 또는 여행사에게 의료 세부정보를 입수할 수 있도록 의료 담당관에게 연락할 것임을 알린다.
④ 의료부서 사무실에서는 치료 의사에게 통관 양식(MEDIF 또는 회사 정리 양식)을 팩스 또는 e-메일로 발송하고, 항공사가 모든 요금을 승객의 책임으로 간주하는 경우 통신에 명시해야 한다.
⑤ 의료부서에서 양식을 받으면 해당 통지가 간단하고, 미리 정해진 기준에 부합할 경우 승인할 수 있으며, 승인을 위해 의료부서나 의료자문관에게 보낸다.
⑥ 의사결정 시 추가 정보가 필요한 경우, 의료부서 또는 의료자문관이 치료 중인 의사에게 연락한다.
⑦ 의료부서에서 의료담당관이나 의료자문관의 결정을 받으면, 해당 결정에 대해 승객이나 여행사에 조언하고 예약 절차를 마무리한다. 승객 파일 참고 사항에 의료 허가서가 발생했음을 명시하며, 특별한 요구 사항(있는 경우)도 명시한다.
⑧ 특수 서비스(휠체어, 산소, 환자운반차 등)가 필요한 경우, 의료부서는 이러한 서비스를 담당하는 항공사 부서와 협의한다.
⑨ 각 운송 항공사의 영향을 받는 공항공사에 예약부서를 통해 통보해야 한다.
⑩ 해당 공항공사에서 이루어지는 특별 취급에 대한 전체 세부 사항은 여객 이름 기록(PNR: Passenger Name Record)에 수록된다.

병원, 구급차 등을 위한 중요한 준비는 승객 또는 의사가 모든 항공 여행 준비가 완료된 후에 이루어져야 한다. 빈번한 여행자 의료 허가(Frequent Traveller Medical Clearance)를 요청하는 승객은 일단 그들의 상태가 안정된 후 해당 절차만 완료하면 탑승이 가능하다.

이러한 항공운송 서비스를 제공하기 위해 필요한 최소한의 범위 내에서 개인정보를 처리하기 위한 개인정보 수집 및 이용 동의서를 제출하게 된다.

항공운송을 위한 의사소견서 양식(IATA)

IATA **Aircraft Operations**

APPENDIX 'E'

MEDIF

ATTACHMENT A

Information Sheet for Passengers Requiring Special Assistance

1. Last name / First name / Title ....
2. Passenger name record (PNR) ....
3. Proposed itinerary ....
   Airline(s), flight number(s) ....
   Class(es), date(s), segment(s) ....
4. Nature of disability ....
5. Stretcher needed onboard? ____ Yes ____ No
6. Intended escorts ____ Yes ____ No
   Name .... Title .... Age ....
   PNR if different ....
   Medical qualification ____ Yes ____ No Language spoken ....
7. Wheelchair needed ____ Yes ____ No
   Wheelchair categories ____ WCHR ____ WCHS ____ WCHC Own wheelchair ____ Yes ____ No
   Collapsible WCOB ____ Yes ____ No Wheelchair type ____ WCBD ____ WCBW ____ WCMP
8. Ambulance needed (to be arranged by the passenger or his/her representative).......... ____ Yes .... ____ No
   If yes, specify name of ambulance company, name and telephone number of contact person ....
   ....
9. Meet and assist ____ Yes ____ No
   If designated person, specify contact ....
10. Other ground arrangements needed ____ Yes ____ No
    If yes, specify ....
    Departure airport ....
    Transit airport ....
    Arrival airport ....
11. Special inflight arrangements needed ____ Yes ____ No
    If yes, specify type of arrangements (special meal, extra seat, leg rest, special seating) ....
    Specify equipment (respirator, incubator, oxygen, etc) ....
    Specify arranging company and at whose expense ....
12. Frequent traveller medical clearance (FREMEC) ____ Yes ____ No
    If yes, specify FREMEC number, issued by, expiry date ....

77

ATTACHMENT B PART ONE

Information Sheet for Passengers Requiring Medical Clearance (to be completed or obtained from the attending physician)

1. Patient's name ....

   Date of Birth .... Gender .... Height .... Weight ....

2. Attending physician name ....

   E-mail ....

   Telephone (mobile preferred), indicate country and area code .... Fax ....

3. Diagnosis (including date of onset of current illness, episode or accident and treatment, specify if contagious) ....

   ....

   ....

Nature and date of any recent and/or relevant surgery ....

4. Current symptoms and severity ....

   ....

   ....

5. Will a 25% to 30% reduction in the ambient partial pressure of oxygen (relative hypoxia) affect the passenger's medical condition? (Cabin pressure to be the equivalent of a fast trip to a mountain elevation of 2400 metres (8000 feet) above sea level) ____ Yes ____ No ____ Not sure

6. Additional clinical information

a.	Anemia	____ Yes	____ No	If yes, give recent result in grams of hemoglobin ....
b.	Psychiatric and seizure disorder	____ Yes	____ No	If yes, see Part 2
c.	Cardiac condition	____ Yes	____ No	If yes, see Part 2
d.	Normal bladder control	____ Yes	____ No	If no, give mode of control..
e.	Normal bowel control	____ Yes	____ No	
f.	Respiratory condition	____ Yes	____ No	If yes, see Part 2
g.	Does the patient use oxygen at home?	____ Yes	____ No	If yes, specify how much..
h.	Oxygen needed in flight?	____ Yes	____ No	If yes, specify ____ 2 LPM ____ 4 LPM ____ Other

7. Escort

a.	Is the patient fit to travel unaccompanied?		____ Yes	____ No
b.	If no, would a meet-and-assist (provided by the airline to embark and disembark) be sufficient?		____ Yes	____ No
c.	If no, will the patient have a private escort to take care of his/her needs onboard?		____ Yes	____ No
d.	If yes, who should escort the passenger?	____ Doctor	____ Nurse	____ Other
e.	If other, is the escort fully capable to attend to all the above needs?		____ Yes	____ No

8. Mobility

   a. Able to walk without assistance ____ Yes____ No b. Wheelchair required for boarding ____ to aircraft ____ to seat

9. Medication list ....

10. Other medical information ....

78

IATA

Aircraft Operations

ATTACHMENT B PART TWO

Information Sheet for Passengers Requiring Medical Clearance (to be completed or obtained from the attending physician)

1. Cardiac condition
   a. Angina ___ Yes ___ No When was last episode?..........
   • Is the condition stable? ___ Yes ___ No
   • Functional class of the patient?
   ___ No symptoms ___ Angina with strenuous efforts ___ Angina with light efforts ___ Angina at rest
   • Can the patient walk 50 metres at a normal pace or climb 10 -12 stairs without symptoms? ___ Yes ___ No
   b. Myocardial infarction ___ Yes ___ No Date ....
   • Complications? ___ Yes ___ No If yes, give details ....
   • Stress EKG done? ___ Yes ___ No If yes, what was the result? ....Metz
   • If angioplasty or coronary bypass,
   Can the patient walk 50 metres at normal pace or climb 10–12 stairs without symptoms? ___ Yes ___ No
   c. Cardiac failure ___ Yes ___ No When was last episode? ....
   • Is the patient controlled with medication?___ Yes___ No
   • Functional class of the patient?
   __ No symptoms __ Shortness of breath with strenuous efforts __ Shortness of breath with light efforts __ Shortness of breath at rest
   d. Syncope ___ Yes ___ No Last episode ....
   Investigations? ___ Yes ___ No If yes, state results..........

2. Chronic pulmonary condition ___ Yes ___ No
   a. Has the patient had recent arterial gases? ___ Yes___ No
   b. Blood gases were taken on: ___ Room air ___ Oxygen ....LPM
   If yes, what were the results ....pCO_2 ....pO_2
   Saturation .... Date of exam..........
   c. Does the patient retain CO_2? ___ Yes ___ No
   d. Has his/her condition deteriorated recently? ___ Yes___ No
   e. Can the patient walk 50 metres at a normal pace or climb 10-12 stairs without symptoms? ___ Yes ___ No
   f. Has the patient ever taken a commercial aircraft in these same conditions? ___ Yes ___ No
   • If yes when? ....
   • Did the patient have any problems? ....

3. Psychiatric Conditions ___ Yes ___ No
   a. Is there a possibility that the patient will become agitated during flight ___ Yes ___ No
   b. Has he/she taken a commercial aircraft before ___ Yes ___ No
   • If yes, date of travel? .... Did the patient travel ___ alone ___ escorted?

4. Seizure ___ Yes ___ No
   a. What type of seizures?..........
   b. Frequency of the seizures..........
   c. When was the last seizure? ....
   d. Are the seizures controlled by medication? ___ Yes ___ No

5. Prognosis for the trip ___ Good ___ Poor

   Physician Signature .... Date ....

Note: Cabin crew are not authorized to give special assistance (e.g. lifting) to particular passengers, to the detriment of their service to other passengers. Additionally, they are trained only in **first aid** and are not permitted to administer any injection, or to give medication.

Important: Fees, if any, relevant to the provision of the above information and for carrier-provided special equipment are to be paid by the passenger concerned.

79

빈번한 여행자 의료 허가(FREMEC: Frequent Traveller Medical Clearance)

FREMEC

FREQUENT TRAVELLER'S MEDICAL CLEARANCE (FREMEC)

Honouring instructions: The data contained in the shaded fields MUST always be transmitted with any reservation request. Journeys requested but not authorized by this Card require completion of the Information Sheet for Passengers Requiring Special Assistance.

FREMEC Number: [/] (Airline Code Number) (Serial Number) Issued by: [ ] (Airline's Reservations Dept's agent) Valid until: [ ] (day/month/year)

The holder of this Card: [ ] (Surname) [ ] (Initial) [ ] (Title) [ ] (Gender) [ ] (Age)

[ ] (Permanent Address) [ ] (Phone)

Has the following permanent/chronic incapacitation [ ]

[ ]

[ ] [ ]

The holder is authorised by the airline issuing this Card, to travel by air within the validity of this Card, subject to: (a) the Conditions stated on the reverse, (b) no worsening of the Holder's present health conditions, and (c) full observance of all carrier rules, regulations and instructions, and with the following LIMIATIONS:

(Code, if any. Example: WCHC, etc.)

[ ]

[ ]

[ ]

(Insert limitations, including any permanent dietary requirements)

(2)

CONDITIONS OF ISSUE

1. Cardholders are required to REPORT ALL CHANGES in their present handicap or incapacitation, and/or the deterioration in their physical or medical condition, to the airline representative or agent with whom they are in contact.
2. Subject to all terms and conditions stated on this Card, the authorisation for air travel is valid only up to the date stated on the front.
3. This Card is not transferable and must be produced, together with proof of the cardholder's identity, on every occasion wherever airline reservations are made for the cardholder, at time of ticket issuance, and when so requested by the airlines or their agents or representatives.
4. Cardholders are reminded that arrangements for travel should be made as much in advance as possible. They should also allow sufficient time for check-in formalities.

Date and Place of Issue [ ]

Passenger's Signature [ ]

(Legal guardian or Passenger's witness may sign if passenger is physically unable to do so).

항공운송을 위해 고려해야 할 사항을 담당의사에게 보내는 내용

KOREAN AIR

담당 주치의 선생님께

항공 여행 시 기내는 지상과는 다른 여러 환경으로 승객의 질환 악화나
예상치 못한 응급 상황이 발생할 수 있어 아래와 같이 기내 환경에 대해 안내드리오니
참고하여 작성해 주시기 바랍니다.

※ 승객의 항공 여행에 있어 고려해야 할 사항

- **낮은 산소 분압**: 기내는 지상에 비해 약 25-30% 정도 낮은 산소 분압을 보입니다. 만약, 승객이 심장, 폐질환, 빈혈 등이 있는 경우에는 항공 여행 동안 기내 산소를 사용해야 하는지 함께 고려해 주시기 바랍니다.
  ex) 뇌졸중 발생 후 2주 이내, Hgb 8.5g/dl 미만 등에서는 기내 산소 필요
- **낮은 압력**: 항공기 이, 착륙시 기내 압력은 변화될 수 있으며 가스 팽창 등으로 통증 유발 및 수술 부위에 영향을 줄 수 있습니다.
  ex) 주요 수술 10일 경과, 자연 기흉 완치 후 7일(외상성 기흉 완치 후 14일) 경과 후 탑승 권고
- **기류 변화**: 갑작스러운 기내 기류 변화 발생 및 이, 착륙시 충격으로 인해 특히 척추 질환 등이 있는 경우 영향을 줄 수 있습니다.
  ex) 이, 착륙시 좌석 등받이를 90도로 세우지 못하는 경우 Stretcher 이용
  장시간 앉아 있기 어려운 경우 Stretcher, 상위 클래스(프레스티지 이상) 이용
- **전문 의료인 부재**: 객실승무원은 일반 승객에 대한 서비스에 지장을 줄 수 있는 환자 승객에 대한 특별한 도움을 제공할 수 없습니다. 또한, 응급처치 교육만 받으므로 주사, 약물 투여 등의 의료업무는 할 수 없음을 알려드립니다.
- **심부정맥 혈전증**: 좁은 좌석, 운동 부족, 낮은 습도 등으로 인해 암, 외상, 고령, 최근 수술력 (hip, knee, or ankle 등) 등이 있는 승객은 심부정맥혈전증 발생 가능성이 높으므로 항혈전 예방치료 필요 여부를 고려하여 주시기 바랍니다.
  ex) 수술후 6주 이내에 6시간 이상 비행 스케줄인 경우 항혈전 예방치료 권고
- **Stretcher 이용 승객**: Stretcher 이용 승객이 공항에 도착하여 항공기내로 안전하게 이송되기 위해서는 응급구조사에 의해 이송되어야 합니다. 환자의 건강상태에 따라 최소 2인 이상의 응급구조사가 동반되도록 조치 바랍니다.

※ 이외 자세한 사항은 IATA Medical Manual 참고해주시기 바랍니다.

대한항공 항공의료센터

항공운송을 위한 의사소견서(1~8문항)

항공운송을 위한 의사 소견서 MEDIF_Medical Information Form

1 **환자** 성명 , 나이 , 성별 M / F , 신장 cm , 체중 kg

2 **항공운송 사유**

☐ Treatment/Transfer ☐ Hopeless Discharge ☐ Discharge ☐ Travel

☐ Other ______

※ **주증상 및 현병력에 대해 자세히 작성하여 주시기 바랍니다.**

3 **진단명** ______

a. 주증상 ______ 발병일 ______

b. 현병력 ______

c. 치료 ______

d. 최근 수술 여부 ☐ 예 ☐ 아니오

수술명 ______ 시행일 ______

수술후 합병증 ☐ 예 ☐ 아니오 '예'라면, 구체적으로 ______

e. 최근 입원치료 여부 ☐ 예 ☐ 아니오

입원일 ______ 퇴원일 ______ 사유 ______

f. 전염력 ☐ 예 ☐ 아니오 (예 선택시 원인균 및 검출부위 :)

4 **활력징후** BP / mmHg, PR /min, RR /min, BT ℃, SpO2 %

의식상태 ☐ Alert ☐ Drowsy ☐ Stupor ☐ Semi-coma ☐ Coma

5 **기저질환** ☐ 예 ☐ 아니오 '예'라면 구체적으로 ______

승객의 기저질환 조절 여부 ☐ 예 ☐ 아니오

6 **정상 좌석 가능 여부**

a. 스스로 거동 가능 ☐ 예 ☐ 아니오

b. 휠체어 필요 여부 ☐ 예 (☐ 항공기까지 ☐ 좌석까지) ☐ 아니오

c. 필요한 좌석 형태 ☐ Economy class ☐ Prestige class ☐ Stretcher

* Economy class : 장시간 앉을 수 있고, 좌석등받이를 90도로 세울수 있는 경우
* Prestige class: 장시간 앉아 있기 어려우나, 필요 시 좌석등받이를 90도로 세울수 있는 경우
* Stretcher: 좌석등받이를 90도로 세울수 없는 경우

7 **동반자 필요여부**

a. 항공기 여행시 동반자 필요 여부 ☐ 예 (☐ 의사 ☐ 간호사 ☐ 가족 ☐ 기타) ☐ 아니오

* 스스로 거동 불가한 경우 도움을 줄 수 있는 보호자, 의학적 처치가 필요한 경우 의료진 동반이 필요합니다.

8 **현재 의약품 사용 여부 (☐ 예, ☐ 아니오)**

a. '예' 라면, ☐ 경구약 ☐ 정맥/근육 주사 ☐ 기타 ______

b. 의약품 목록 ______

c. 기내에서 환자 소지 의약품 사용 여부 ☐ 예 ☐ 아니오

항공운송을 위한 의사소견서(9~13문항)

항공운송을 위한 의사 소견서 MEDIF_Medical Information Form

9 비행 중 사용 할 의료장비 (해당사항 있을 경우에만 표기)

☐ IV line ☐ Foley catheter ☐ Nasogastric tube ☐ Oximeter
☐ Ventilator (Mode, TV, RR, FiO2) ________ ☐ BP monitor
☐ Suction kit ☐ Tracheostomy ☐ Intubation ☐ Chest tube
☐ Infusion pump ☐ Nebulizer ☐ Splint/Cast ☐ Other ________

* 대한항공에서는 산소 / Stretcher 이외 의료장비는 제공하지 않습니다.
* Ventilator 사용시 대한항공 제공 의료용 산소와 연결 가능한지 확인이 반드시 필요합니다.
* 기내 사용 전기 의료장비는 반드시 Battery Type 으로 사전에 준비되어야 합니다.
* IV 수액은 Plastic bag type으로 준비되어야 하며, 의료진 동반이 필요합니다.

10 빈혈 (☐ 예, ☐ 아니오)

a. Hgb ________ g/dl

* Hgb 8.5g/dl 미만인 경우 산소 사용을 권고합니다.

11 비행 중 산소 필요 여부 (☐ 예, ☐ 아니오)

a. 지상산소 필요 여부 ☐ 예 ☐ 아니오
b. 기내 산소 제공 Type ☐ 대한항공 산소 ☐ Portable Oxygen Concentrator(승객 준비)
c. 필요한 산소 용량 ________ L/min ☐ Continuous ☐ Intermittent ☐ Prepare
d. 마스크 타입 ☐ Nasal cannula ☐ Facial mask ☐ Bag valve mask
☐ Reservior oxygen mask ☐ Other ________

* 대한항공 산소는 2~8L/min 제공 가능합니다.

12 호흡기계 질환 (☐ 예, ☐ 아니오)

a. 최근 상태 악화 여부 ☐ 예 ☐ 아니오
b. 호흡곤란 여부 ☐ 예 ☐ 아니오
c. ABGA 시행일 ________ PH ________ PCO_2 ________ PO_2 ________ SaO_2 ________ %
(검사시 산소 공급 여부 ☐ 예 ________ L/min ☐ 아니오)
d. O_2 Saturation 시행일 ________ 결과 ________ % (검사시 산소 공급 여부 ☐ 예 ________ L/min ☐ 아니오)
e. 증상 없이 정상속도로 100미터를 걷거나 1층 계단을 오를수 있는지 여부 ☐ 예 ☐ 아니오
f. 흉부 방사선 검사 (X-ray, CT 등) 시행일 ________ 결과 ________

13 심장 질환 (☐ 예, ☐ 아니오)

a. 마지막 episode 일자 ________
b. Stable condition ☐ 예 ☐ 아니오
c. 약물복용으로 증상 조절 여부 ☐ 예 ☐ 아니오
d. Functional class (NYHA class) ☐ Class Ⅰ ☐ Class Ⅱ ☐ Class Ⅲ ☐ Class Ⅳ
e. 마지막 EKG 시행일 ________ 결과 ________
f. Echocardiogram 시행일 ________ 결과 ________ EF: ________ %
g. Angioplasty / Coronary bypass 시행일 ________ 결과 ________

항공운송을 위한 의사소견서(14~20문항)

항공운송을 위한 의사 소견서 MEDIF_Medical Information Form

14 뇌혈관 질환 (허혈성 뇌졸중, 뇌출혈 등 / □ 예, □ 아니오)

a. 최근 상태 재발, 악화 여부	□ 예 □ 아니오	
b. Brain CT/MRI	시행일 ________	결과 ________
c. Motor power grade (R/L)	Upper extremity /	Lower extremity /

* Stroke 발생 2주 이내인 경우 기내 산소 공급을 권고합니다.

15 부상 (□ 예, □ 아니오)

a. 원인	□ 교통사고 □ 낙상 □ 화상 □ 기타 ________	
b. Traumatic brain injury	□ 예 □ 아니오	'예'라면, 구체적으로 ________
c. Brain CT/MRI	시행일 ________	결과 ________
d. Internal organ injury	□ 예 □ 아니오	'예'라면, 구체적으로 ________
e. Thoracic/Orthopedic injury(fracture)	□ 예 □ 아니오	'예'라면, 구체적으로 ________

16 정신과적 질환 (□ 예, □ 아니오)

a. 기내에서 증상이 일어날 가능성	□ 예 □ 아니오
b. 자해/타해 가능성	□ 예 □ 아니오
c. 복용약으로 조절가능 여부	□ 예 □ 아니오

17 뇌전증(발작) (□ 예, □ 아니오)

a. Seizure type	________
b. Frequency/Duration	________
c. 마지막 seizure 발생일	________
d. 복용약으로 조절가능 여부	□ 예 □ 아니오

18 암 (□ 예, □ 아니오)

a. 진단명, 병기(Stage)	________	
b. Chemotherapy/Radiotherapy 시행 여부	□ 예 □ 아니오	'예' 라면, 시행일 ________
c. 타 기관 전이여부	□ 예 □ 아니오	'예' 라면, 전이부위 ________
d. 통증 조절 여부	□ 예 □ 아니오	통증조절 방법 ________

19 DNAR(Do Not Attempt Resuscitation) 여부 (□ 예, □ 아니오)

20 이상의 내용을 토대로 승객의 항공기 탑승 여부 적합성

□ 적합 □ 부적합 '부적합'하다면 사유 ________

기타 의견 (호송시 주의 사항 등) ________

동 양식은 대한항공 의료진에 의해 검토되며, 필요 시 추가 정보 확인을 위해 주치의께 연락할 수 있으니 연락 가능한 연락처를 작성해 주시기 바라며, 모든 항목을 빠짐없이 정자로 작성 부탁 드립니다.

여행인가 국제항공운송협회(IATA) 기준 절차

의료부서	• 여행인가 여부 결정 위해 추가정보 수집 • 의료부서 결정내용 관련 부서 통보
특수 예약부서	• 휠체어, 산소 등 필요 장비 관련 부서에 통보 • 승객, 여행사에 결정사항 전달 • 기타 특이사항 구체적으로 명시
공항지점	• 승객탑승에 필요한 공항 수속 절차 확인(국제선 C.I.Q 등 구급차량 등)

3. 항공사 의료지원 서비스

각 항공사에서는 시각/청각 장애인 고객의 편리하고 안전한 여행을 위해 전담 직원이 안내하고 보조하는 서비스를 시행하고 있으며, 대한항공에서는 필요 시 추가요금 없이 인도견과 함께 기내에 동반 탑승할 수 있는 서비스를 제공하고 있다. 의학적 도움이 필요한 고객의 안전하고 편안한 항공여행을 위해 의료용 침대(Stretcher) 및 의료용 산소를 제공하고 있다.

1) 의료용 침대 서비스

몸이 불편한 고객을 위해 기내를 편안하게 이용할 수 있는 의료용 침대 서비스가 준비되어 있다. 서비스 대상으로는 기내에서 앉은 자세로 여행할 수 없는 승객이다. 거동이 많이 불편하여 혼자서는 활동이 불가능할 경우 의료용 침대 서비스를 제공하고 있다.

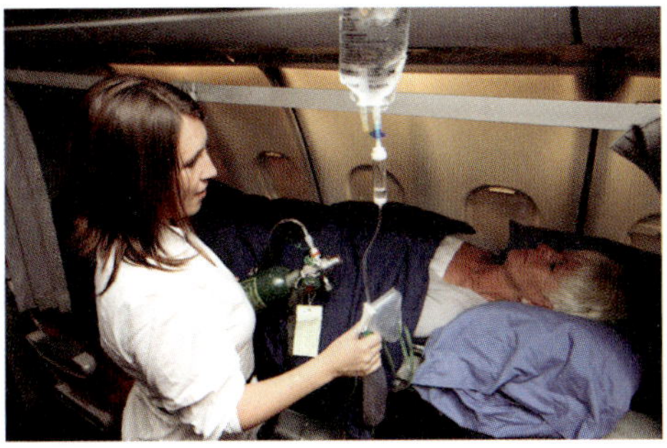

▲ 의료용 침대에 탑승한 고객

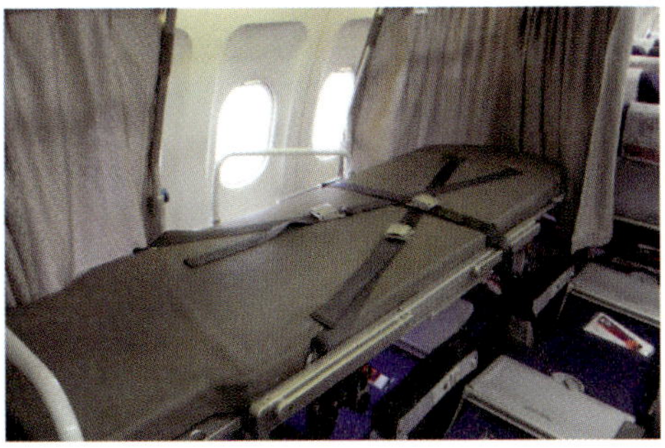

▲ 의료용 침대

2) 의료용 산소 서비스

기내에서 산소가 부족해 산소공급을 필요로 하는 고객을 위해 의료용 산소 서비스를 추가적으로 제공하고 있다. 서비스 대상으로는 기내에서 호흡이 힘들어 산소공급이 필요한 고객들이 해당된다. 심한 빈혈 환자, 최근 수술을 받은 환자, 심혈관계 · 호흡기계 질환을 가진 손님을 위한 의료용 산소 서비스이다. 주치의와 상담 후 산소공급이 필요하다고 판단될 경우에는 항공권 예약 시 '특수고객 운송신청서'와 '항공 여행을 위한 의사소견서'를 보내야 한다. 기내에서 의료용 산소 서비스가 필요한 경우 항공기 출발 48시간 전에 예약센터로 연락해야 한다.

의료용 침대 이용비용

구간	승객	운임	수하물
국내선	환자	정상운임의 6배 단, 제주 출/도착 노선의 경우 정상운임의 3배	무료 수하물 허용량의 6배
	동반자	동반 1인에 한해 무료	무료 수하물 허용량 없음
국제선	환자	정상운임의 6배	무료 수하물 허용량의 6배
	동반자	일반운임	일반 승객의 무료 수하물

의료용 산소 서비스 이용비용

구간/항공사	대한항공	아시아나항공
국내선	5만 원/통	6만 원/통
국제선	USD 100/통	USD 120/통

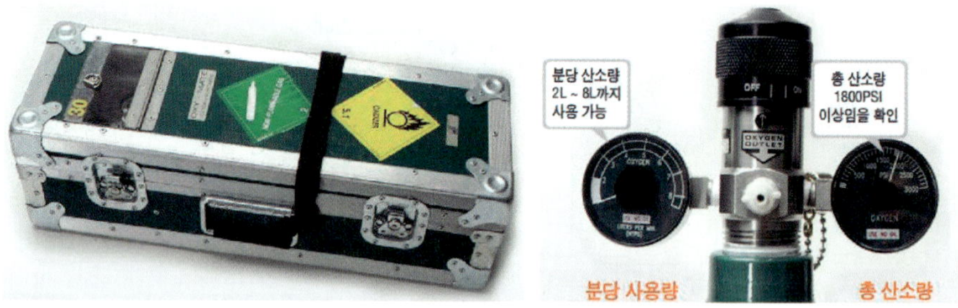

▲ 승객의료 승인(MEDA: Medical Approval) 환자를 위한 의료용 산소(Medical Oxygen for MEDA Patient)

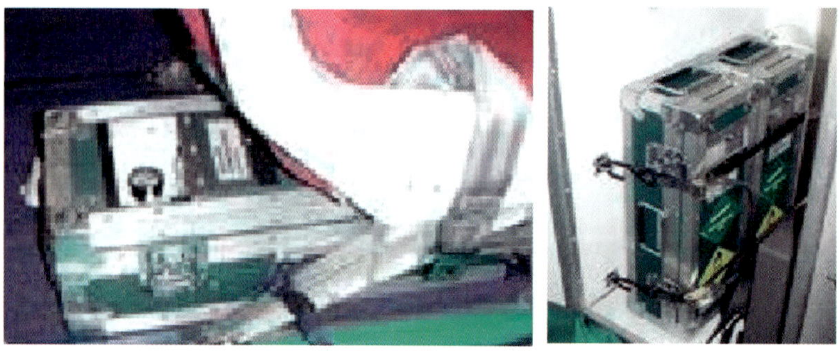

▲ 의료용 산소 항공기 내에 탑재된 모습

3) 승객 소유 보조호흡장비 사용 안내

- 보조호흡장비를 사용할 승객은 출발 48시간 전까지 서비스센터로 연락해야 한다.
- 사용하는 휴대용 산소발생기(POC: Portable Oxygen Concentrator)가 미국 연방항공청(FAA: Federal Aviation Administration) 또는 해당 국가의 요구조건을 충족하여 승인을 받은 제품인지 입증 라벨이 부착되어 있어야 한다.
- 안전을 위해 건식배터리로 작동되어야 한다. (기내의 전원을 사용할 수 없다.)
- 배터리 수량은 환승 시간 등을 고려하여 총 비행시간의 150% 정도 작동할 수 있도록 충분히 준비하되, 160Wh(와트시, watt-hour) 미만 이하의 배터리여야 한다.
- 휴대용 산소발생기를 사용하는 승객은 예약접수 시 의사소견서를 제출해야 한다.

▲ 휴대용 산소발생기

기내 사용 가능한 휴대용 산소발생기(POC) 모델 안내

휴대용 산소발생기(POC) 모델명(총 24종)	
AirSep Focus	Respironics EverGo
AirSep FreeStyle	Respironics SimplyGo
AirSep FreeStyle 5	International Biophysics LifeChoice
AirSep LifeStyle	Invacare XPO2
Delphi RS-00400	Invacare Solo2
DeVilbiss Healthcare iGo	Oxlife Independence Oxygen
Inogen One	Oxus RS-00400 Concentrator
Inogen One G2	Precision Medical EasyPulse
Inogen One G3	SeQual Eclipse
Inova Labs LifeChoice	SeQual SAROS
Inova Labs LifeChoice Activox	SeQual eQuinox Oxygen System(model 4000)
VBOX Trooper	SeQual Oxywell Oxygen System(model 4000)

출처: 대한항공 홈페이지

4) 휠체어 제공 서비스

언제나 예기치 못한 응급상황이 발생할 수 있다. 이에 대비해 기내에는 휠체어가 기본적으로 탑재되어 있다. 기내에서는 장애, 질병, 고령 등 신체적, 건강상의 다양한 이유로 거동이 불편한 고객에게 휠체어 서비스를 제공하고 있다. 탑승 수속부터 탑승까지 전담 직원이 보조하며 도착 후, 터미널 내 도착장까지 이동을 도와준다. 그러나 터미널을 벗어난 지역과 개인적 용무로 이동하는 도움은 제공하지 않는다. 휠체어 서비스는 사전에 신청한 고객에게 우선 제공되며, 당일 공항에서 신청하는 경우 도움이 지체될 수 있다. 무겁거나 큰 짐 또는 많은 짐을 휴대하고 휠체어를 이용하면 위험하므로 휴대수하물 기준을 준수해야 한다.

개인 소유의 휠체어를 이용할 경우에는, 해당 고객 소유의 휠체어와 보행을 위한 보조기구를 무료로 운송해 주고 있다. 휠체어의 크기가 122(폭)×84(높이)cm를 초과하는 경우, 소형 기종(B737 등)에는 탑재가 불가할 수 있으니 이용하는 해당 항공사에 문의해야 한다.

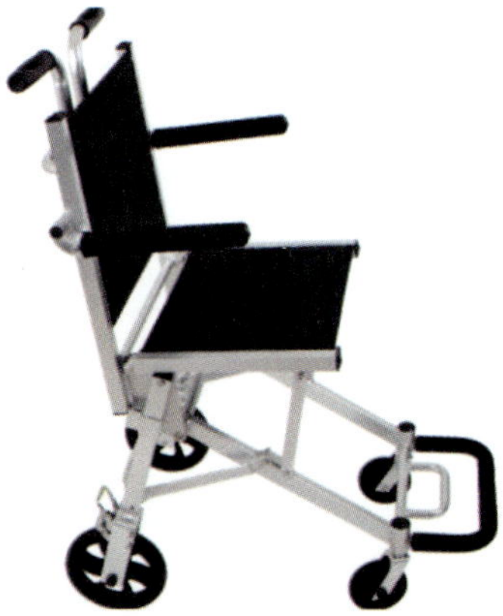

▲ On–Board Wheelchair

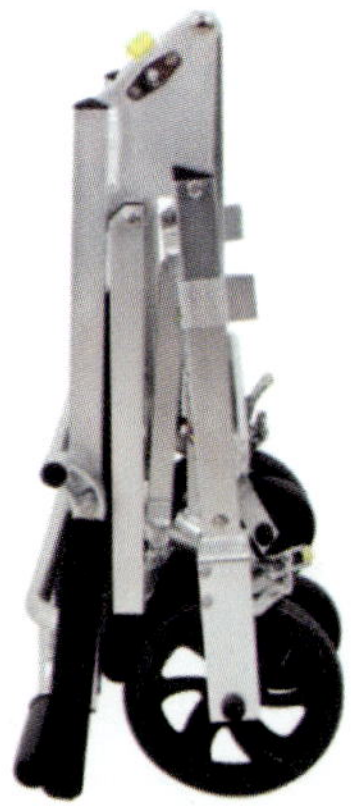

▲ On–Board Wheelchair를 접었을 때

기내 전용 휠체어(On–Board Wheelchair)

장애 승객이 객실 내 좁은 통로에 맞도록 특별히 설계된 기내 전용 휠체어이다. 거동이 불편한 승객이 좌석으로 이동할 때, 비행 중에 화장실로 이동할 때, 하기 시 Door로 이동할 때, 기타 이동이 필요할 시 제공된다. On–Board Wheelchair는 미국 교통부가 「항공여행 장애인 차별 금지법」에 의해 자국으로 들어오는 모든 외국항공기는 반드시 On–Board Wheelchair을 탑재해야 한다는 규정에 따른 것이다. 따라서 ICN(인천) 출발 미주 행 항공편일 경우 On–Board Wheelchair 탑재 여부를 반드시 확인하여 미탑재 시 탑재되도록 조치를 취해야 한다.

기내 전용 휠체어 사용법

- 아랫부분의 발판을 누른 상태에서 손잡이 부분을 위로 들어 올려 완전히 편다.
- 접을 때는 좌석 밑에 있는 케이블 선을 아래쪽으로 당긴 후 손잡이를 아랫부분으로 눌러서 접는다.
- 자세한 조립 방법은 Wheelchair에 부착된 사용법 안내를 참고한다.
- On–Board Wheelchair에서 이/착석 시 승객의 안전을 위해 항상 브레이크위치에 맞춰 놓는다.

기내 전용 휠체어 사용 신청

- 항공기에는 기내 전용 휠체어가 탑재되어 있다.
- 기내에서 이동할 때 휠체어가 필요시 서비스센터 또는 예약 여행사를 통해 사전 기내전용 휠체어 사용 신청을 하면 된다.

▲ 기내 전용 휠체어

기내 전용 휠체어 유의사항

- 승객이 화장실로 이동 시 도움을 제공하고, 장애인용 화장실일 경우 스스로 이동할 수 있도록 한 후 밖에서 기다린다. Full Option 장애인 화장실의 경우에는 화장실 안쪽까지 wheelchair를 밀어 넣어주고 문을 닫는다. 장애인용 화장실이 아닐 경우 장애승객의 의사를 반드시 물어서 스스로 변기 위로 이동하게 하든지, 도움을 제공한 후 밖에서 기다린다. 화장실 안에서 장애 승객의 행동까지는 보조하지 않아도 된다.
- On-Board Wheelchair 고장 및 미탑재 시 즉시 Flight Master[1] 또는 운송직원에게 구두로 통보한다.
- On-Board Wheelchair 미탑재 출발 또는 탑재 대기로 인한 출발 지연 시 조치 결과를 Cabin Report를 통하여 보고한다.
- 사용한 On-Board Wheelchair는 접어서 탑재 장소에 다시 보관한다.
  (대한항공 B777-300기종의 On-Board Wheelchair 탑재 위치는 R4 Door 옆 Coatroom에 있으며, 대부분 Coatroom에 탑재되어 있다.)
- Movable Aisle Armrest는 좌석의 Armrest가 들어 올려 장애승객이 복도 쪽 좌석에서 Wheelchair로 쉽게 옮겨 탈 수 있도록 설비한 것이다. 사용할 때는 Armrest 하부의 Latch를 Release한 후 들어올린다.

▲ Upper Deck 계단 상단 우측 Compartment에 On-Board Wheelchair 탑재

고객 소유의 휠체어 이용

- 고객이 이용하는 휠체어와 보행을 위한 보조기구를 무료로 운송해 준다. 휠체어의 크기가 122(폭) X 84(높이)cm를 초과하는 경우, 소형 기종(B737 등)에는 탑재가 불가할 수 있으니 서비스센터로 문의한 후 이용한다.
- 전동휠체어는 배터리 분리 등, 항공사의 조치가 필요하므로 예약 시 미리 알려주어야 한다.
- 휠체어를 이용하는 고객은 탑승구까지 휠체어를 사용할 수 있으며, 출발지 탑승구에서 위탁하고 도착지 탑승구부터 본인의 휠체어를 사용할 수 있다(단, 공항 사정에 따라 탑승구 위탁 및 인도가 제한될 수 있음).
- 본인의 휠체어로 여행하는 경우, 공항에서 지정업체 직원의 도움을 받을 수 있다.

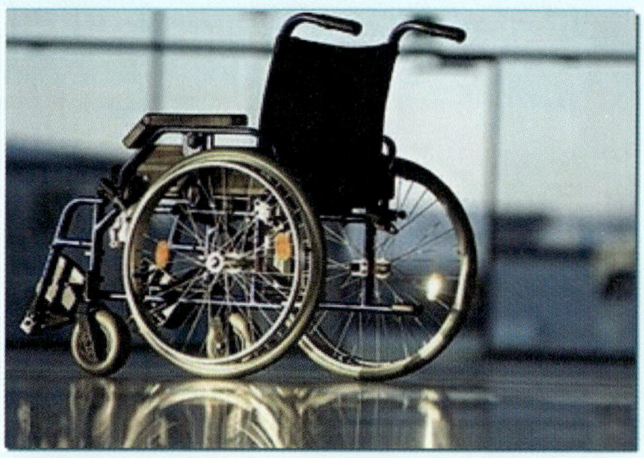

1) Boarding 직전에 각 비행마다 Boarding 완료 상태를 체크한 후 Boarding Sign을 주는 역할을 한다.

5) 인천공항 전동차 서비스

인천공항에서는 이동에 불편함을 겪고 있는 출국 승객에게 기내 탑승 시 항공사에서 전동차 서비스를 운행하고 있다. 해당 공항은 인천공항이며 전동차 서비스를 통해 휠체어, 전동차를 지원하며 탑승수속, 출국수속 및 탑승을 보조하고 있다. 당일 공항 도착 전 헬프데스크(Helpdesk)나 현장 안내데스크에 접수를 하거나, 예약센터를 통해 미리 신청한다. 안내견을 동반하는 시각장애 고객의 경우 안내견은 무료로 운송하고 있다.

6) 휠체어 리프트 서비스

인천공항 장기주차장에서 여객터미널까지의 이동이 불편한 휠체어 이용객의 이동편의 증진을 위하여 무료 이동서비스를 제공하고 있다.

▲ 공항 전동차

▲ 휠체어 리프트 서비스

건강상태 서약서(출처: 대한항공 홈페이지)

건강상태 서약서 Declaration of Indemnity

고객 인적사항			
탑승일 Date			
편명 FLT No.	KE	목적지 Destination	
성명 Name			
연령 Age		성별 Gender	남 Male ☐ 여 Female ☐
사유 Health description			

임신부 승객 (해당자만 작성)		
임신 주수 및 상태 Gestational age & Pregnancy	주 Weeks 일 Days	단태 Single ☐ 다태 Multiple ☐

* 37주(다태 임신 시 33주) 이상 임신부는 본인과 태아의 건강을 위해 탑승할 수 없습니다.
* 37 weeks(33 weeks for multiple pregnancy) or more, air travel is prohibited for safety reasons.

현재 분만징후, 임신관련 합병증(예. 조기 양막 파열, 전치태반, 조기 진통 등)이 있을 경우 의사 소견서 제출 및 탑승 가능여부 확인이 필요하며, 안전한 항공여행에 적합하지 않을 경우 탑승이 불가합니다.
If you are experiencing sign of labor or complications (ex. Premature rupture of membrane, placenta previa, preterm labor, etc), you must present a medical certificate. Air travel is not advised if you are not safe to fly.

구급차 필요 여부 Preparing for an ambulance	본인 준비 완료 ☐ own preparation	대리 신청 ☐ request KAL to prepare	불요 ☐ unnecessary

구급차 대리 신청 시, 후면에 기재된 고지사항에 동의 합니다.
In regards to Korean Air's arrangement for ambulance service, I agree with the statement as set forth on the reverse side of this form. 서명 Sign

본인은 본인(또는 위 승객)이 상기 항공편으로 여행하는 데 있어 항공운송 전, 항공운송 중 혹은 항공운송 후에 본인(또는 위 승객)의 건강 상태에 유해한 결과가 발생한다 하더라도 대한항공 및 대한항공의 직원, 보조자, 대리인에 대하여 일체의 책임을 묻지 않을 것입니다.
또한 본인(또는 위 승객)의 항공운송과 관련하여 발생하는 부수적 비용은 모두 본인이 부담할 것임을 확인하며, 이로 인하여 대한항공 또는 제3자가 입은 일체의 손해를 배상할 것을 서약합니다.

I, the undersigned hereby, agree to fully indemnify and hold harmless Korean Air its officers, directors, agents and employees from and against any and all liabilities, damages, claims, lawsuits or judgments for any possible detrimental consequences on my (or the above passenger's) state of health which might occur before, during or after transportation by Korean Air arising out of or in connection with traveling by above flight.
The undersigned agrees that the undersigned shall bear any and all additional expenses and costs arising out of or in connection with the undersigned's(or the above passenger's) transportation and shall assume full responsibility for all damages which might be caused to Korean Air or any third party.

서약자:
Signed (passenger-parent- guardian)

서명
Sign

주소
Address

연락처
Phone number

KAL-ST-407A   KOREAN AIR   Rev Date 2019. 09

구급차 대리 신청 시 고지사항 Notice regarding Ambulance Request

1. 본인은 대한항공이 본인(또는 위 승객)의 요청에 응하여 구급차를 일정한 장소에 대기하도록 조치할 계약상 또는 기타 법령상의 의무가 없으며 본인(또는 위 승객)에 대한 호의적 배려로서 구급차 운용기관에게 구급차를 대기하도록 하는 내용의 연락을 취하여 주는 것으로 그 조력의 범위가 제한됨을 인지하고 있습니다.
2. 본인은 대한항공이 위 1항의 조치를 취하였음에 불구하고 구급차 운용기관 측의 사유 또는 기타 대한항공이 통제할 수 없는 여하한의 사유로 인하여 구급차가 준비되지 않거나 지연될 가능성이 상존함을 인지하고 있으며, 이와 관련하여 본인(또는 위 승객)의 건강 상태에 유해한 결과가 발생한다 하더라도 대한항공 및 대한항공의 직원, 보조자, 대리인에 대하여 이와 관련하여 일체의 책임을 묻지 않을 것입니다

At your request, KAL has agreed to arrange for ambulance service at the scheduled destination solely as a courtesy. The ambulance service is not being provided by or on behalf of KAL. **KAL shall not be liable for any actions or inactions of the ambulance service provider, including but not limited to, the ambulance service provider's failure to meet the aircraft in a timely manner and the manner in which the service is provided.** By agreeing to have KAL arrange for the ambulance service and executing this declaration of indemnity and to the extent allowed by the applicable law, the passenger/parent/guardian agrees to:

(1) **Waive, release, and discharge KAL** from any and all liability, including but not limited to, liability arising from the negligence or fault of KAL or the ambulance operator, for death, disability, personal injury, property damage, property theft, or actions of any kind which may here after occur in any way relating to the provision of ambulance service by the ambulance operator.

(2) **Indemnify, hold harmless, and promise not to sue KAL** from any and all liabilities or claims made in any way related to the ambulance service.

Data protection

The personal data Korean Air collects in this form is strictly necessary for the purpose for which this form has been prepared. If you do not provide us with your data, we will not be able to deal with your request.

Under certain conditions, you are entitled to certain rights, such as the right to:
- have access to your data;
- rectify, request the portability or erasure of your data;
- object to or restrict the processing of your data;
- lodge a complaint with a supervisory authority; and
- set instructions in relation to the processing of your data after your death (to the extent French law applies to you).

You can exercise your rights by sending a request us at privacy@koreanair.com.
For more information on the way Korean Air processes your personal data and your rights, please refer to our website https://www.koreanair.com/global/en/footers/Privacy-Policy.html.

KAL-ST-407A KOREAN AIR Rev Date 2019. 09

항공사별 임산부 제출 서류

항공사명	제출 서류
대한항공	• 임신 32주 미만: 임신성 고혈압, 당뇨 등 합병증이 있는 임산부는 탑승수속 시 의사진단서 및 건강상태 서약서 • 임신 32~36주: 건강상태 서약서
아시아나항공	• 임신 32~36주: 탑승일 기준 7일 이내에 작성된 진단서나 의사소견서 원본 1부, 사본 2부
제주항공	• 임신 32~35주: 탑승일 기준 7일 이내 발급한 산부인과 의사가 작성 · 서명한 의사소견서(여정 시작일로부터 7일 이내의 왕복 포함) • 서약서
에어서울	• 임신 32~35주: 탑승일 기준 7일 이내 산부인과 의사진단서나 소견서 • 임신 36주 이상: 탑승일 기준 3일 이내 산부인과 의사진단서나 소견서 • 서약서
에어부산	• 임신 32주 미만: 임신주수를 확인할 수 있는 서류(산모수첩 등) 지참. 임신성 고혈압, 당뇨 등 합병증이 있는 임산부는 임신 수주와 상관없이 의사소견서 및 서약서 • 임신 32~36주: 탑승수속 시 서약서 제출
진에어	• 임신 32주 미만: 제한 없이 자유롭게 여행 가능하나, 임신성 고혈압, 당뇨 등 합병증이 있는 임산부는 탑승수속 시 의사소견서 1부 및 건강상태 서약서 2부 제출 • 임신 32~36주: 예약 시 임신일수와 출산예정일 통보, 건강상태 서약서
티웨이항공	• 임신 32~36주: 탑승일 기준 7일 이내 산부인과 의사가 발급한 진단서, 본인 또는 보호자 서약서

7) 특별 기내식 제공 서비스

각 항공사별로 개인적인 종교 신앙, 영유아 고객 등 다양한 유형의 맞춤 기내식 서비스를 제공하고 있다. 고객의 편리하고 안전한 여행을 위하여 고객 맞춤 기내식 제공 서비스 이용이 가능하다. 이는 국제항공운송협회(IATA: International Air Transport Association) 기준에 의거하여 일반적인 기내식을 드시지 못하는 고객들에 한해 제공하고 있다.

특별 기내식 서비스 이용을 원하는 고객은 사전 예약해야 한다. 항공기 출발 24시간 전까지 주문 완료해야 하며, 기내식 제공 구간에 한해서만 가능하다. 각 항공사는 개개인의 다양한 종교 문화를 이해하며 서비스를 신청한 고객별로 각기 다른 맞춤 기내식을 제공해 주고 있다.

특별 기내식은 종교나 건강상의 이유로 정규식을 취식하지 못하는 승객에게 서비스되는 식사이다. 특별 기내식 주문이나 특정 식품에 대한 알레르기 증상 관련 요청은 항공기 출발 24시간 전까지 통보해야 한다. 식품 조리 시 땅콩기름이나 그 유사 성분이 포함되어 있을 가능성을 배제할 수 없기에 땅콩 성분 제한식은 제공되지 않는다.

특별 기내식은 예약을 한 뒤에 항공사 홈페이지에서 [나의 예약]으로 들어가 서비스 종류를 선택하고 특별 기내식에서 특별 기내식 종류와 세부 메뉴를 선택하면 된다.

각 항공사별로 메뉴 및 요리의 종류는 다르지만 정성을 다해 모든 승객들에게 편의를 제공하는 서비스이다.

(1) 특별 기내식의 종류

① 야채식

- 서양채식(우유 및 계란 포함)
- 엄격한 서양채식(우유 및 계란이 포함되지 않음)
- 인도채식: 힌두교 채식이라고도 함(우유는 포함하나 계란은 포함되지 않음)
- 엄격한 인도채식(자이나교도[2])를 위한 식사로 우유, 계란, 뿌리채소를 포함하고 있음)
- 동양채식(우유, 계란을 포함하지 않는 동양식 채식)
- 생채소식(생채소, 생과일이 주원료)

② 종교식

- **회교도식**(Moslem Meal): 회교율법에 따라 준비되는 음식으로 돼지고기 및 알코올류를 사용하지 않는다.
- **힌두식**(Hindu Meal): 소고기와 돼지고기를 사용하지 않은 힌두교의 관례,

---

2) 인도에 현존하는 오래된 종교

힌두의 식사법, 믿음에 따라 준비된 요리이다.

- **유대교식(Kosher Meal)**: 유대교 율법에 따라 고유의 전통 의식을 치른 후 만들어진 음식으로 완제품으로 서비스된다.
- **자이나교도식 채식(Vegetarian Jain Meal)**: 인도 스타일의 자이나교 관례를 따라 과일과 채소, 두부 등을 사용해 준비한 요리이다.
- **아시아/힌두식 채식(Asian/Hindu Vegetarian Meal)**: 아시아 및 힌두식에 맞게 유제품을 제한적으로 사용한 조미된 채식주의자 요리이다.

③ 식사 조절식

- **당뇨식**: 열량, 단백질, 지방, 당질의 섭취량을 조절하는 동시에, 식사량의 배분, 포화지방산의 섭취제한 등을 고려한 식사
- **글루텐 제한식**: 식사 재료 내의 글루텐 함유를 엄격히 제한한 식사
- **고섬유소식**: 식이성 섬유소를 증가시킨 식사
- **저영양식**: 체중 조절을 목적으로 열량을 제한한 식사
- **저지방식(저콜레스테롤식)**: 지방과 기름을 최대한 제거하고 조리한 식사
- **저단백식**: 단백질 함량이 적은 식사
- **저염식**: 소금, 특히 나트륨의 섭취량을 상대적으로 적게 제한된 식사
- **유당제한식**: 유당을 함유하고 있는 모든 형태의 유제품(우유, 크림, 분유)을 엄격히 제한한 식사
- **저퓨린식**: 요산을 발생시키는 푸린체가 적은 식사
- **유동식**: 소화가 잘 되도록 고형성분이 없이 씹지 않고 삼킬 수 있는 식사

④ 특별기내식

- **해산물식**: 생선 및 해산물을 주재료로 하며 곡류, 야채류 및 과일류 함께 제공
- **과일식**: 정규 기내식 대신 신선한 과일로만 구성된 식사
- **케이크(허니문, 생일)**: 생일과 신혼여행과 같은 기념일을 위한 축하 케이크 제공

⑤ 영유아식(Baby Meal)

12개월 미만의 영아는 액상 분유 또는 가루분유, 아기용 주스를 제공하고, 12개월 이상 24개월 미만의 유아는 이유식과 아기용 주스가 제공된다.

⑥ 유아식(Toddler Meal)

유아식 식사가 가능한 24개월 미만의 영유아는 유아식(Child Meal)을 신청할 수 있다. 인천 출발편에 한해, 2세 미만 유아에게 영양가 있는 진밥 메뉴가 제공된다. 단, 일부 단거리 구간의 경우 간단한 유아용 간식이 제공된다.

⑦ 어린이식(Child Meal)

만 2세 이상 12세 미만의 어린이 고객에게 제공되는 서비스로, 스파게티, 햄버거, 오므라이스, 돈가스, 핫도그 등 가운데 선택할 수 있다. 일부 단거리 구간은 샌드위치 1종만 제공된다. 부산출발 및 해외 출발편에서는 준비된 어린이식 기본 메뉴가 제공된다.

(2) 특별 기내식

대한항공에서는 특별 기내식 제공 시 아래문구가 적힌 미니 카드가 함께 제공된다.

특별 기내식

본 식사 조절식은 인하대학교 의과대학 부속병원 전문가의 검증과 협조를 받아 대한항공에서 정성을 다해 만들었습니다. 안심하고 맛있게 드시기 바랍니다.

▲ 저염식

▲ 당뇨식

▲ 글루텐 제한식

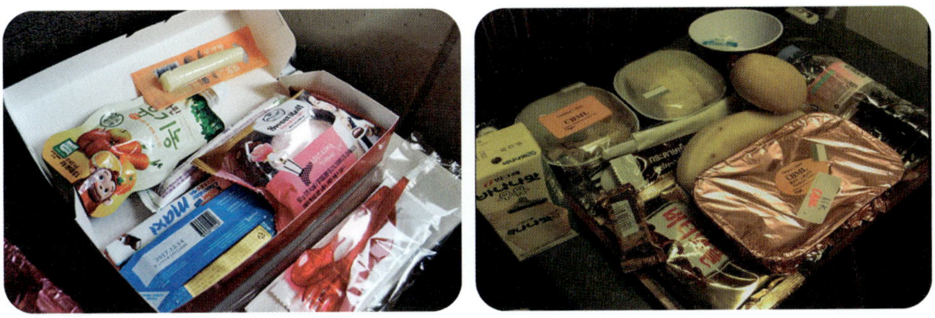

▲ 어린이식(Child Meal)

8) 유아 동반 고객

생후 7일 이상 유아부터 여행이 가능하다. 만 2세 미만 유아의 항공요금은 국제선은 성인 정상운임의 10%이며, 국내선은 무료다. 단, 유아는 보호자와 함께 착석하며, 별도의 좌석은 제공되지 않는다.

유의사항

- 소아운임을 지불하고 항공권을 구매한 경우, 성인과 동일하게 좌석이 제공된다.
- 성인 승객 1명당 동반유아 1명으로 제한되며, 성인 승객 1명이 2명 이상의 유아를 동반할 경우 별도로 하나의 좌석을 구매해야 한다.
- 건강에 이상이 있는 유아의 경우 탑승 전 안전한 항공여행을 위해 항공사의 탑승 가능 여부 확인이 필요하다.

유아의 수하물 허용량(대한항공 사례)

구간	수하물 허용량
국제선	접이식 유모차, 카시트(또는 요람) 각 1개
	가로 × 세로 × 높이의 합이 115cm 이하이며 10kg 미만인 수하물 1개
국내선	접이식 유모차, 카시트(또는 요람) 각 1개

아시아나항공 국제선은 미주 구간만 가로 × 세로 × 높이의 합이 158cm 이내로 23kg(50lbs) 미만인 수하물 1개를 허용하고 미주 외 구간은 대한항공과 동일하게 적용한다.

유모차 이용 안내

- 세 변의 합이 115cm를 초과하는 유모차는 탑승수속 시 또는 탑승구까지 사용할 수 있으며 위탁수하물로 보내야 한다.
- 접었을 때 100 × 20 × 20cm 이내 일자형으로 완전히 접히는 우산형 휴대용 유모차는

기내 반입이 가능하다. 단, 기내에 보관 공간이 부족한 경우 위탁수하물로 처리될 수 있다.

• 유모차는 국제선의 경우 도착지 탑승구 앞에서 수취할 수 있으며, 국내선은 도착지 수하물 찾는 곳에서 수취할 수 있다.
• 단, 해외 공항 사정에 따라 탑승구 앞 유모차 수취에 제한이 있을 수 있다.

항공사에서 제공 되는 서비스

• **유아용 요람(Baby Bassinet)**
  - 제공 노선: 국제선 전 노선(일반석 및 일부 기종의 프레스티지석)
  - 이용 기준: 체중 11kg(24.25lbs) 이하, 신장 75cm(2.46ft) 이하
  - 신청 마감: 출발 48시간 전
  - 유의 사항: 이용 기준 초과 시 사전 신청된 경우라도 기내에서의 유아용 요람 이용은 불가하다.

• **유/소아용 벨트**
  - 이용 대상: 좌석 점유 소아 항공권을 구매한 만 5세 미만 유/소아 고객
  - 제공 노선: 인천 출/도착 국제선 전 노선
  - 이용 기준: 체중 10kg(22lbs)~20kg(44lbs), 신장 101.6cm(40inch) 이하
  - 신청 마감: 출발 72시간
  - 유의 사항: 예약이 확정된 후 홈페이지를 통한 사전좌석배정 신청은 불가하므로 유/소아용 벨트 신청처로 신청해야 한다.

• **기저귀 교환대**

  기내 화장실에 기저귀 교환대가 설치되어 있다.

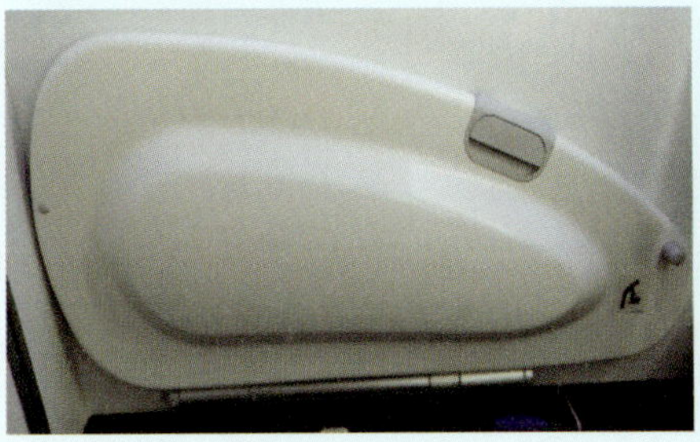

대한항공에서 제공되는 서비스

• 유모차 무료 대여 서비스

대한항공 운항편을 이용하는 승객은 인천공항 제2여객터미널 3층 F40번 카운터에서 유모차를 무료로 대여할 수 있다. 인천공항 내에서만 사용 가능하며 이용고객이 많을 경우 유모차 대여가 어려울 수 있다.

• 유아용 기내식 안내

- 24개월 미만: 이유식 & 유아용 주스, 유아용 아동식을 제공하고 있다.
- 출발 24시간 전까지 대한항공 서비스센터 또는 홈페이지 "나의 예약"을 통해 신청하면 서비스를 받을 수 있다.

• 기내 유/소아용 편의 시설

국제선을 이용하는 고객 중 서비스를 원하는 고객은 신청 마감시간 전까지 대한항공 서비스 센터 또는 항공권 예약처로 신청해야 하며, 기내 유/소아를 위한 편의 시설은 사전 예약이 필요한 서비스로 조기에 마감될 수 있다.

• 유아용 시트

- 이용 대상: 좌석 점유 소아 항공권을 구매한 유아 고객
- 제공 노선: 인천 출/도착 국제선(일본, 중국 및 소형 기종 운영 노선 제외)
- 이용 기준: 체중 9.1kg(20lbs)~29.4kg(65lbs), 신장 124.5cm(49inch) 이하
- 신청 마감: 출발 72시간 전
- 유의 사항: 확약 후 홈페이지를 통한 사전좌석배정 신청은 불가하므로 유아용 시트 신청처로 신청하여야 한다. 유아용 시트는 비행 방향으로 부착되며, 운항 중 탈착할 수 없다.

9) 장애고객 보조견(Service Animal)

- 별도의 운송용기 보관이 필요 없으며 기내에 동반할 수 있다. 단, 추가로 좌석 점유를 할 수 없다.
- 운송서약서 작성이 필요 없으며, 국가별로 검역증명서 등의 서류가 필요할 수 있다.

• 감성적, 정서적 장애고객의 보조견(Emotional Support Animal)은 미국 출/도착편의 경우에만 기내 반입이 허용되며, 출발 예정일 1년 이내에 발급된 전공 의료인의 소견서를 지참해야 한다.

▲ **장애고객 보조견**(출처: 연합뉴스)

I can do it

1. 항공의료 후송의 역사에 대해 설명할 수 있다.

2. 항공기 내 · 외부의 특수한 환경에 대해 설명할 수 있다.

3. 항공사에서 제공되는 의료지원 서비스에 대해 설명할 수 있다.

PART

2

항공객실 응급환자 대처

학습목표

1. 기내에서 응급환자 발생 여부를 신속히 파악하고 보고할 수 있다.
2. 응급환자 발생 시 응급처치 장비를 활용하여 대응할 수 있다.
3. 응급환자의 심리 상태를 파악하여 지속적으로 관리할 수 있다.
4. 응급환자 관련 후속 조치 내용을 기록하고 보고할 수 있다.

Chapter 01

응급환자 발생 시 상황 파악과 보고

1. 항공객실 응급처치의 이해

항공객실 응급처치란 특수한 환경인 고공의 항공기에서 갑자기 발생한 응급외상, 응급질환 등의 위급한 상황의 환자가 발생했을 때 생명위중상태를 넘기기 위하여 적극적 조치를 취하는 것을 말하며, 응급한 상황에 처한 환자의 생명보존, 현상유지, 부작용 억제, 빠른 회복을 유도하기 위한 일련의 조치를 의미한다.

환자가 주로 호소하는 증상과 발생하는 생리변화에 대해 정확히 파악하여 그에 맞는 응급처치를 객실승무원들과 조직적으로 상호 협력하여 신속하게 시행해야 한다. 호흡·순환이 정지하고 있거나 약해지고 있는 경우에는 장비를 이용한 인공호흡, 심폐소생술을 시행하며, 기내에 탑승한 의료진이나 지상의 원격의료진의 도움을 받아 부가적인 치료를 하도록 하여 호전될 수 있도록 처치해야 한다.

항공객실승무원은 운항 중 승객 안전에 관한 임무를 수행해야 하고 비행 전 기내 의료장비를 점검하고 응급상황 발생 시, 응급처치 기본 원칙을 준수해야 한다.

2012년 대한항공 항공의료센터에 의하면 본인이 질환을 숨겨서 기내에서 문제가 되는 경우가 연간 1,900여 건에 이른다고 한다. 이 때문에 회항을 하는 경우도 있다. 회항 시 비행기 무게를 줄이기 위해 연료인 항공유를 공중에서 버려야 하므로 시간과 비용이 적지 않게 든다. 지상직원들이 외견상 질환을 가려내는 교육을 받지만 승객 스스로 말해 주지 않으면 대개 모르고 지나가게 된다. 본인이 어떤 질환이 있다고 말해 주면 사전에 산소통, 의료기기를 추가해 예상되는 질환에 대한 조치를 한다. 이렇게 미리 조치 받았던 승객은 연간 900여 명에 이른다.

객실승무원의 임무

응급상황 발생 시 객실승무원의 임무는 필수적인 응급처치를 실시하는 것이다. 의료인에게 환자를 인계하기 전까지 정해진 응급처치 내용 및 응급의료 콜 시스템(EMCS: Emergency Medical Call System)에 의한 항공의료센터의 자문에의해서 응급처치를 수행하고 환자를 적절하게 보호해야 하나 환자의 상태를 진단하거나 환자에게 처방을 해서는 안 된다.

항공기 탑승 전 반드시 항공 전문의사와 상담해야 할 질환

진단	건강상태
협심증	불안정 협심증
심근경색	발병 뒤 10일 이내
수술 뒤 상태(심장, 뇌, 폐, 복부)	수술 뒤 9일 이내
빈혈	만성 질환이 원인이 아닌 혈색소 9.5 이하인 빈혈
기흉, 혈흉	폐가 완전히 팽창된 이후 6일 이내
폐렴 등 기타 호흡기 질환	호흡곤란 및 청색증 등의 증상이 있는 경우
일과성 뇌 허혈증	발병 뒤 2일 이내
뇌중풍(뇌졸중)	발병 뒤 4일 이내
대발작	발병 뒤 24시간 이내
위장관 출혈	발병 뒤 24시간 이내
복강경 수술	수술 뒤 4일 이내
감염병	전염력이 있는 동안

2. 응급환자 발생 시 파악과 보고

1) 응급환자 발생 시 상황 판단하기

기내에서 응급환자가 발생하였을 경우 최초 발견 승무원은 신속하고 정확한 상황 판단을 해야 한다. 환자가 의식이 있을 경우 안전교육을 받은 승무원임을 밝힌다. 이것은 승객에게 신뢰와 안정을 주기 위한 것이다. 환자가 의식이 있을 경우 도움이 필요한지의 여부를 확인하고, 동의를 받는다. 승객이 의식이 없는 경우에는 동의를 받은 것으로 간주한다. 환자가 어리거나 정신적으로 혼란한 경우 부모나 보호자에게 도움의 필요 여부를 확인하여야 한다. 환자 본인이나 주변 승객들에게 발병 당시 상황에 대해 질문하고, 환자가 소지하고 있는 의약품이 있는지 확인하여야 한다. 환자가 의식이 없고 동반자가 없을 경우 승무원은 환자의 신분증 및 의약품 소지 여부를 확인하기 위하여 환자의 소지품 검사를 공개적인 장소에서 실시할 수 있다. 의식이 있는 환자일 경우 환자가 주로 호소하는 증상과 생리적 변화를 파악한다. 의사의 도움이 필요한지의 여부를 확인하고 병력이나 소지의약품, 의사 소견서 등 의학정보를 확인한 후 응급처치를 시행한다. 만약 환자가 의식이 없어 보일 경우 의식 및 호흡을 확인한 후 그에 적합한 응급처치를 시행하면서 다른 승무원의 도움을 요청한다. 도움을 주러 온 승무원은 필요 응급장비를 파악하여 전달하고 환자의 상태를 메모한다. 환자가 동승자가 있는지 여부를 파악하여 그에게 의학정보를 확인한다. 환자의 동승자가 없다면 기내 의료 지원에 대한 동의를 받은 것으로 간주하고 승객의 팔이나 목에 의료 비상(Medical Alert) 표시가 있는지를 찾아본 뒤 그에 적합한 응급처치를 시행한다.

▲ 당뇨병이 있는 Medical Alert

▲ Medical Alert System

환자상태와 의학정보 파악에 도움을 주는 Medical Alert과 Medical Alert System

- Medical Alert은 환자의 신상, 병력, 혈액형 등 진료에 필요한 내용을 팔찌나 목걸이에 표시하여 환자가 의식이 없을 시, 최초 발견자나 의료진이 과거병력 및 정확한 응급처치를 파악하여 조처할 수 있도록 착용하고 다니는 장식물이다.
- Medical Alert System(의료 경보)는 긴급 조치가 필요한 위험이 있음을 알리고 응급 의료 요원을 소환하기 위해 설계된 경보 시스템이다. 의료 경보에 대한 다른 용어는 PERS (Personal Emergency Response System)라고 한다.
- 시스템에는 비상 시 활성화될 수 있는 무선 펜던트 또는 송신기가 있다. 의료 알람이 활성화되면 신호가 알람 모니터링 회사의 중앙 스테이션, 기타 응급 기관 또는 기타 프로그래밍된 전화번호로 전송된다. 그런 다음 알람이 활성화된 현장으로 의료진이 파견된다.

2) 응급환자 보고하기

기내에서 환자 발생 시 최초로 환자를 발견한 일반승무원이 주변 승무원들에게 도움을 요청한다. 모든 임무는 승무원들의 상호 협조적으로 시행된다. 도움 요청 사항은 다음과 같다.

① 주변 승무원에게 도움을 요청한다.
② 사무장에게 응급환자 발생 상황을 보고하도록 한다.
③ 응급장비가 필요하면 요청한다.
④ 사무장이 상황을 판단하여 의사의 도움이 필요할 시에는 기내에 탑승한 의료진을 찾는 방송을 실시한다.

⑤ 기장에게 응급환자 발생 상황을 보고하여 의논한다.

⑥ 기내에 의료진이 탑승하지 않았거나 의사가 탑승하였어도 경한 증상이나 질병으로 응급처치를 하는 경우라도 추가적인 의학적 자문이 필요하면 응급의료 콜 시스템(EMCS)으로 도움을 요청한다.

의료인의 법적 범위

의사, 한의사, 치과의사, 간호사, 조산사

응급처치 협조

- 의료인을 입증할 수 있는 신분증명서 또는 명함 확인
- 의사임을 입증할 수 없을 경우 기장 보고 후 지시에 따름
- 의료인에게 기내 탑재 의료장비 및 약품 제공
- 응급처치 보조

응급의료 콜 시스템(EMCS: Emergency Medical Call System)

- 정상 근무 시간(08:30~17:30)
- 정상 근무 외 시간: 야간 응급 업무 담당 의사
- 경한 증상/질병으로 승무원이 응급처치를 하는 경우라도 추가적인 의학적 자문이 필요 시 요청하고, 의료인이 탑승했더라도 전문의사가 아닌 의료인(치과의사, 한의사, 간호사, 조산사)이 EMK(Emergency Medical Kit) 안의 전문도구나 의약품을 사용하게 되는 경우 요청한다.

- **EMCS 통보 사항**
  - 승객의 성명, 성별, 나이, 좌석번호, 주소, 비행구간, 잔여 비행시간
  - 승객 질환의 종류, 주 호소하는 증상
  - 승객 의식상태 및 활력징후, 산소 사용 여부
  - 승객의 병력과 현재 사용 중인 약품명
  - 승객에게 취해진 응급처치 사항
  - 도착 시 필요한 의료지원의 형태(앰뷸런스 및 의료인의 대기)

보고서 제출 시 기록 사항

① 응급환자의 좌석번호, 성명, 나이, 성별, 주소, 연락처 등 인적사항
② 승객의 증상 및 의식 상태, 현재 상태, 조치상황, 경과
③ 소화기 계통 응급상황일 때는 환자가 취식한 음식
④ 응급상황 발생 장소, 시간, 비행구간, 당시 객실 상황과 운항 상황
⑤ 시간대별 조치사항과 산소사용 여부를 포함한 사용된 기내의료장비
⑥ 응급환자의 과거 병력 및 현재 사용 중인 약품과 응급조치 시 사용된 약품
⑦ 승객에게 조치를 취한 기내 탑승의료인의 성명, 연락처, 직업, 업무분야 등의 인적사항
⑧ 동반자 유무
⑨ 응급상황 전반에 대한 구체적인 설명

독일 루프탄자 항공 기내에서 응급환자 발생 시

독일 루프탄자 항공은 회원가입 시 직업란에 의사를 입력하는 경우 5,000마일리지를 보너스로 제공하고 있다. 이는 비행 중에 긴급환자가 발생했을 때 기내의료진 호출(Doctor Paging)을 하지 않고 바로 의사에게 가서 도움을 요청하기 위해서이다. 기내에서 Doctor Paging을 하면 일반승객들이 큰일 난 것이 아닌가 걱정을 하게 되기 때문에 일반승객들의 걱정을 덜기 위하여 이러한 시스템을 구축하였다고 한다.

1차 기내의료진 호출(Doctor Paging) 방송문

안내 말씀 드리겠습니다.
지금 기내에 응급환자가 발생했습니다.
손님 중에 의사 선생님이 계시면 저희 승무원에게 말씀해 주십시오.

Ladies and gentlemen,
we have a passenger in need of emergency medical care.
If there is a medical doctor on board, please contact one of our crew.

기내의료진 호출 시에는 '의사' 또는 'medical doctor'라는 명칭으로 호출한다. 1차 기내의료진 호출방송을 실시하여 의사가 부재 시에는 2차 기내의료진 호출방송을 실시하되 '의료인, 응급구조사' 또는 'medical professional'이라는 호칭으로 한다.

2차 기내의료진 호출(Doctor Paging) 방송문

다시 한 번 안내 말씀 드리겠습니다.
지금 기내에 응급환자가 발생해 도움을 필요로 하고 있습니다.
손님 중에 의료인, 응급구조사 계시면 승무원에게 말씀해 주십시오.
감사합니다.

Ladies and gentlemen,
we have a passenger in need of emergency medical care.
If there is a medical doctor or other medical professional on board,
please contact one of our crew.

Chapter 02

응급환자 초기 대응

1. 응급환자 발생 시 대응 절차

항공 여행의 보편화와 인구 고령화로, 다양한 연령대의 여행객이 증가하고 있다. 이로 인해 항공기 내 응급환자 또한 늘어나는 추세이다. 2009~2013년 사이 항공기 내 응급환자 발생건수가 10배로 증가했다는 연구결과가 있다. 이 기간 비행 중 기내에서 사망한 환자의 수도 15명에 이른다고 한다. 기내는 지상과는 사뭇 다른 환경이며 지상에서는 건강상으로 문제가 없던 승객도 기내에서는 불편함을 느끼거나 의료적 응급상황에 놓일 수 있다. 응급환자의 질환별로는 실신과 실신 전 환자가 18.1%로 가장 많았고, 외상(14.1%), 오심 · 구토(10.1%), 호흡기 증상(9.9%), 소화기 증상(9.6%), 심장질환(7.6%), 알레르기(4.7%) 등의 순이었다. 그러나 최근에는 뜨거운 기내식 서비스가 늘어나면서 화상환자가 급증하고 있다.

또한 비행 중의 기내 환경은 건강 상태가 양호한 승객에게도 지상과는 확연히 다른 환경으로 인해 물리적, 심리적인 부담을 가져 올 수 있다. 객실승무원들은 담당 구역(Zone)의 승객들 상태를 관심 있게 관찰해야 하며, 응급환자 발생 시 신속하고 정확하게 판단하여 응급환자의 상태가 더 심각해지지 않도록 상호 협력적으로 조치하여야 한다.

1) 최초 응급환자 발견 승무원

① 다른 승무원에게 상황을 알리고 도움 요청
② 응급 환자 상태를 신속하게 파악하고 의학 정보 수집(병력, 소지 의약품, 의사 소견서, 의료 비상(Medical Alert) 표시
③ 응급처치 시행

2) 도움 요청 받은 승무원

① 상급자에게 보고, 보고 받은 상급자는 기장에게 보고
② 객실 사무장에 의한 기내의료진 호출(Doctor Paging) 실시
③ 응급처치 장비 준비
④ 환자 발견 승무원을 도와 응급처치 시행
⑤ EMCS 원격 진료를 대비하여 승객 건강상태 Check List 작성[건강상태 Check List는 보통 인공호흡기 가방(Resuscitator Bag) 내에 위치]
⑥ 시간대별 조치사항 기록 유지

응급 업무 상황에 효율적으로 대처하기 위해 최초로 환자를 발견한 승무원은 환자의 상태를 파악한 후 인터폰을 통해 다른 승무원의 도움을 요청한 후 즉시 응급처치가 필요하면 응급조치를 실시한다. 응급처치가 반드시 필요하다고 판단될 때까지는 환자를 이동시켜서는 안 되며, 환자의 상태나 상처에 적합한 자세를 취하도

록 한다. 환자의 상태와 상황을 판단하여 응급처치를 실시해야 할 경우 환자를 공간이 넓은 Door Side나 Galley로 자리를 이동한다. 도움을 주러 온 승무원은 필요한 의료장비를 지원하고, 사무장은 조종실과 의사소통을 하며 업무 역할을 기본적으로 구분하여 조직적으로 상호 협조한다.

응급환자 대응 절차

최초 발견 승무원
• 도움 요청 • 환자 상태 파악 및 의학 정보 수집(병력, 소지 의약품, 의사소견서, Medical Alert Emblem) • 응급처치 실시
도움 요청 받은 승무원
• 기장 보고 및 기내의료진(Doctor Paging) 실시(상급자가 실시하거나, 상급자가 환자를 돌보고 있을 시 상급자가 지명한자가 실시) • Doctor Paging ① '의사' 또는 'Medical Doctor' 용어 사용, 부재 시 ② '의료인, 응급구조사' 또는 'Medical Professional' 용어 사용 • 필요한 응급처치 장비 준비 (EMK, FAK, AED, Resuscitator Bag, UPK, PO_2, 자동혈압계 등) • 환자 발견 승무원을 도와 응급처치 실시 • EMCS 원격진료를 대비하여 승객 건강 상태 Check List 작성(Resuscitator Bag 내 위치) • 시간대별 조치사항 기록 유지

의료인 탑승 시라도 EMCS 연락이 필요한 경우

- 의사 아닌 의료인(치과의사, 한의사, 간호사)이 EMK 내 전문의약품을 사용하고자 할 경우
- 의료인의 신분이나 의료 처치 행위가 의심될 경우
- 생명에 위험이 있는 등 중환자 발생 시
- 방향을 바꾸는(Divert) 여부 의사결정 필요 시
- 기타 의학적 사유로 Complaint(고객 불만), Claim(손해배상청구) 가능성이 있는 경우
- 추가적인 전문적 의료 자문 필요 시

▲환자 혈압 측정

승객 건강 상태 Check List

이 양식은 기내 응급 환자 발생 시 건강상태를 확인할 수 있는 Check List로 EMCS의 의학적 도움이 필요한 경우 환자의 상태를 기록하기 위한 문서이다.

운항정보	FLT NO: 구간:
	총 비행시간: hr min 도착잔여시간: hr min
인적사항	성명: 나이: 성별: M/F 국적/인종:
의식상태	☐ A(Awake) ☐ V(Voice) ☐ P(Pain) ☐ U(Unresponsive)
현재 주 증상	호흡: ☐ 호흡곤란 ☐ 기침 ☐ 가래 ☐ 청색증
	순환: ☐ 흉통 ☐ 두근거림 ☐ 창백 ☐ 식은땀 ☐ 부종 ☐ 실신
	소화: ☐ 구역/구토 ☐ 설사 ☐ 복통 ☐ 토혈 ☐ 혈변
	기분: ☐ 우울감 ☐ 불안/공포감
	신경: ☐ 어지럼증 ☐ 마비/통증(부위/정도)
	기타( )
활력징후	혈압: / mmHg 맥박: 회/분
	호흡: 회/분 체온: ℃
기저질환	☐ 무 ☐ 고혈압 ☐ 당뇨 ☐ 심장질환 ☐ 폐질환 ☐ 뇌혈관질환
	☐ 암 등 기타질환
최근 입원 /수술경험	☐ 무 ☐ 입원(시기: 사유:)
	☐ 수술(시기: 수술명:)
소지 약품	☐ 무 ☐ 경구약 ☐ 청력/근육주사 ☐ 기타
	☐ 약품명( )
현 처치 내용	☐ 무 ☐ CPR ☐ AED ☐ 산소공급 ☐ 투약 ☐ DRESSING
	☐ 기타( )
기내 의료진	☐ 무 ☐ 의사 ☐ 치과의사 ☐ 한의사 ☐ 간호사 ☐ 조산사
	☐ 기타( )
동반자	☐ 무 ☐ 가족 ☐ 의사 ☐ 간호사 ☐ 기타( )
진단서 소지	☐ 무 ☐ 유(상세히:)

3) 증상별 처리 절차

(1) 경미한 증세 및 질병

기내의료인에 의해 처치가 가능한 경우에는 기내에 탑재된 의료장비 및 약품을 제공하여 응급처치를 돕는다. 그러나 기내에 의료인이 없는 경우에는 응급처치의 기본 원칙 및 내용을 참고해서 승무원이 응급처치를 실시하도록 한다. 필요하다고 판단되면 기장에게 환자의 인적사항과 주소, 연락처 등을 알려주어 목적지 공항에 통보하도록 하며, 진행 상황과 처치결과에 대해 지속적으로 기장에게 알려준다. 만약 주변 승객의 진술서가 필요한 상황이라면 상황을 목격한 주변 승객에게 양해를 구한 뒤 목격한 승객의 성명, 좌석번호, 진술내용 등을 확보해 두는 것이 좋다.

(2) 생명을 위협하는 의학적 비상사태 및 중한 질병

최초 환자를 발견하거나 승객에게 환자에 대해 증상을 통보 받은 객실승무원은 환자의 상태를 신속하게 파악한 후 다른 객실승무원에게 상황을 알리고 도움을 요청한다. 환자의 호흡을 확인하고 심폐소생술 필요시에는 바로 시행한다. 도움을 요청 받은 객실승무원은 자동심장충격기와 인공호흡기를 가져오고, 또 다른 객실승무원은 기내의료진 호출(Doctor Paging)을 하고 기장에게도 상황을 보고한다. 기타 객실승무원들은 필요한 기내 응급처치 장비를 신속하게 가져 오고, 환자의 활력징후(Vital Sign)를 측정하여 알려준다. 기내에 의료인이 탑승하였다면 기내 의료장비 및 약품을 제공하고 응급처치에 협조한다. 기내에 의료인이 탑승하고 있지 않은 경우나 기내에 탑승한 의사의 응급처치에 추가로 자문이 필요할 시에는 응급의료 콜 시스템(EMCS)을 이용하여 항공의료센터의 의료 자문을 받도록 한다. 이때는 응급의료 콜 시스템(EMCS)에 필요한 자료를 확보해 두어야 한다. 만약 주변 승객의 진술서가 필요한 상황이라면 상황을 목격한 주변 승객에게 양해를 구한 뒤 목격한 승객의 성명, 좌석번호, 진술내용 등도 확보해 둔다.

(3) 전염병 의심 증상

환자가 고열이 나고 지속적으로 기침, 구토, 설사를 하며, 호흡곤란을 호소하거나 피부에 발진이 보이고 비정상적인 출혈 등 이와 같은 증상 중 한 가지 이상의 증세를 보일 경우에는 전염병을 의심해 보아야 한다. 이러한 환자를 발견 시 기내의료진 호출(Doctor Paging)을 실시하고 기장에게 보고하여 응급의료 콜 시스템(EMCS)을 통해 지상에 도움을 요청한다. 의료진에 의해 전염병이 확인되면, 환자를 고립된 자리로 좌석을 이동시키고 환자를 도와 줄 객실승무원을 지정하여 환자를 돕도록 한다. 환자의 화장실 또한 지정하여 사용하도록 하고 사용한 뒤에는 비누를 이용해 수도꼭지, 화장실 문손잡이, 휴지통 뚜껑, 세면대 주변 등을 닦아내고 객실승무원 또한 비누로 손을 깨끗이 씻은 후 손소독제를 이용해 수시로 소독한다. 환자에게는 마스크를 제공하여 착용하도록 한다. 동반승객에게 같은 증상이 있는지 여부를 확인하고 이 환자가 앉았던 원래의 좌석 앞 뒤 3열의 승객들의 연락처를 확보해 두도록 한다.

(4) 감염 예방책

환자 중에는 B형, C형 간염, 에이즈(AIDS) 및 각종 전염성 질환을 가지고 있는 경우가 있어, 응급처치를 실시할 때 감염 위험성을 줄이기 위해 환자의 혈액, 상처 등이 입 또는 피부에 닿지 않도록 주의한다. 환자에게서 혈액이나 체액 등에 직접적인 접촉을 피하기 위해 감염예방의료용구(Universal Precaution Kit) 내 위생용품(일회용장갑, 마스크, 가운 등)을 사용하도록 한다. 피부에 베이거나 긁힌 상처 혹은 피부질환이 있을 경우 질병에 감염될 가능성이 높으므로 일회용장갑 등을 이용하여 충분히 보호한 후 응급처치를 시행한다. 응급처치를 하는 동안 본인의 눈, 코, 입을 만지지 말고 음식물을 취식하지 않도록 한다. 응급처치를 실시한 후 신속히 손을 비누를 사용해 깨끗이 씻도록 한다. 만약에 체액이 접촉되었다고 판단될 경우 목적지 도착 즉시 항공의료센터에 가서 조처를 받도록 한다.

회복자세 하는 방법

① 환자가 회복자세를 취해도 안전한지 확인한다.
② 환자의 자세를 옆으로 돌리기 전에 안경이나 주머니 속의 두꺼운 물건을 제거한다.
③ 환자 옆에 앉아서 환자의 자세를 수평으로 반듯하게 다리를 편다. 환자의 팔을 머리 위로 올려 귀 옆에 대고 손바닥을 위로 향하도록 한다.
④ 환자의 무릎을 굽혀서 발이 바닥에 닿도록 한다.
⑤ 환자의 구부린 무릎의 안쪽을 잡고 환자를 객실승무원 쪽으로 돌린다.
⑥ 객실승무원의 무릎을 이용하여 환자가 밀리지 않도록 한다.
⑦ 반대쪽 팔을 가슴위로 당기고 구부려서 환자의 손등을 반대쪽 뺨에 닿도록 한다.
⑧ 목을 뒤로 젖힌 상태를 유지한다.
⑨ 호흡과 맥박을 자주 확인한다.

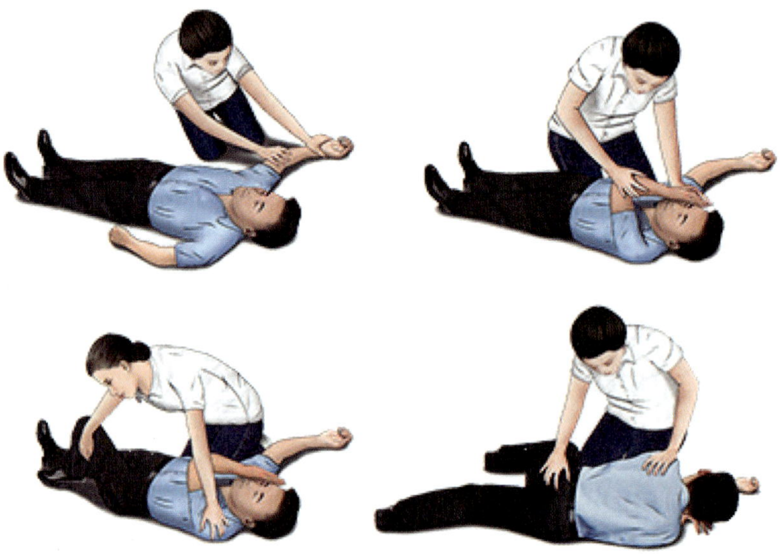

▲ 회복자세

응급처치 Flow Chart

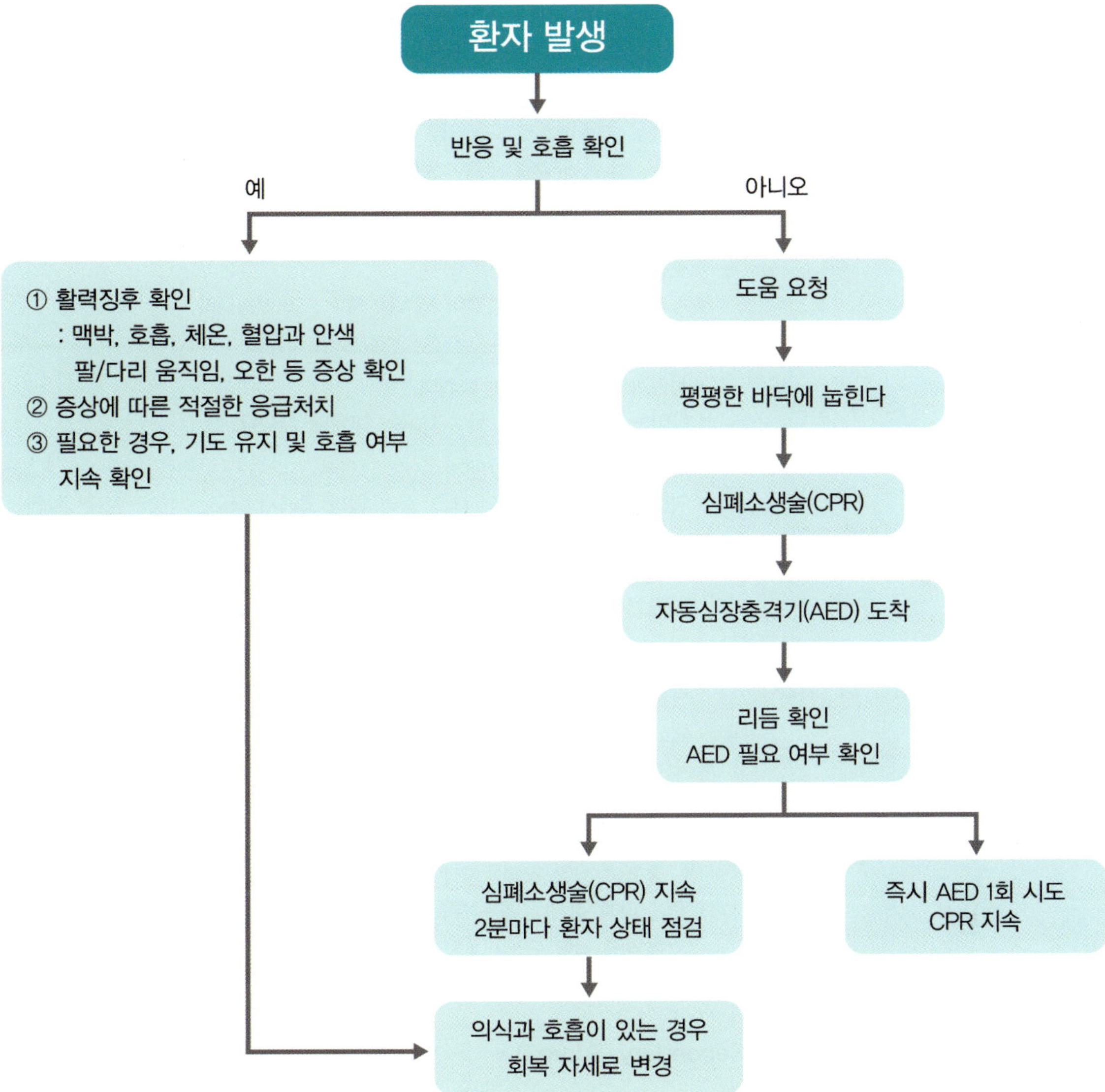

▶ 정상 활력징후
맥박 : 60~100회/분
호흡 : 12~20회/분
체온 : 36.5~37.2℃
혈압 : 90~140/60~90mmHg

▶ CPR
가슴압박 : 인공호흡 비율
30 : 2 (5 Cycle / 2분)

▶ 필요장비
AED, Resuscitator Bag, UPK, PO_2, EMK, FAK 등

환자 발생 시 단계별 행동원칙

승객 의식 확인	• 승객의 양쪽 어깨를 가볍게 두드려 반응과 호흡상태 확인 • "손님! 괜찮으십니까?" "Are you okay?" 큰소리로 묻는다. • "저는 안전교육을 받은 ○○○ 승무원입니다."
도움요청	• 가까운 승무원에게 도움요청 – "○○○(위치)에 승객이 의식을 잃고 쓰러졌습니다." – "AED 가져다주시고 사무장님께 보고해 주십시오!" • 승무원이 보이지 않을 경우 인터폰으로 All Attendant Call을 하여 도움을 요청한다. – "○○○(위치)에 승객이 의식을 잃고 쓰러졌습니다." – "AED 가져다주시고 Doctor Paging이 필요합니다."
승객을 눕힌다	• 성인과 소아는 바닥에 눕힌다. • 유아는 Serving Cart 위나 Galley 바닥에 눕힌다.
호흡 확인	• 가슴의 움직임을 확인한다. • 귀를 입과 코에 가까이 대고 숨이 입과 코에서 나오는지 3~5초간 확인 – 호흡을 할 경우: 출혈이 있는지 확인(상처, 옷에 피가 젖어 물들어 있는지 확인) – 호흡을 못 할 경우: 가슴압박 실시
Resuscitator bag으로 숨을 2회 넣는다	• 기도를 유지시킨다. • 숨을 불어 넣을 때마다 가슴의 움직임을 살핀다.
순환 상태 확인	• 맥박을 확인한다. – 한 손으로 승객의 이마를 짚어 머리가 젖혀진 상태를 유지한다. – 환자의 경동맥을 5~10초간 짚어본다. • 심한 외부 출혈이 있는지 확인한다. – 출혈이 심할 경우: 심장이 뛸 때마다 상처에서 피가 나온다. • 옷이 피에 젖거나 물든 부분이 있는지 몸을 신속히 살펴본다. – 출혈이 심할 경우: 출혈에 대한 응급처치를 실시한다.

2차적인 점검(Secondary Survey)

• 환자와 면담한다.
• 주변 승객과 면담한다.
• 환자의 활력증상을 관찰한다.
• 상처, 질병, 건강상태를 계속해서 관찰한다.
• 응급처치 내용을 순서대로 기록한다.

정상 활력징후

측정	정상수치 범위	비정상 상황
맥박	60~100회/분	약하거나 빠르다. 불규칙적이거나 느리다.
호흡	12~20회/분	빠르거나 느리다. 얕거나 거칠고 힘들게 숨을 내쉰다.
체온	36.5~37.2℃	높거나 낮다.
혈압	수축 시 90~140mmHg 이완 시 60~90mmHg	높거나 낮다.

선한 사마리아 법

우리나라는 2008년 6월 13일 일부 개정된 「응급의료에 관한 법률」 제5조 제2항에 의거하여 다음과 같이 규정하고 있다.

선의의 응급치료에 대한 면책(법 제5조의 신설)
응급의료에 관한 법률(일부 개정 2008.6.13 법률 제9124호), 시행일 2008.12.14

응급의료종사자가 아닌 자, 다른 법령에 따라서 응급처치 제공 의무를 가진 자가 아닌 자, 응급의료종사자 및 응급처치 제공 의무를 가진 자가 업무 수행 중이 아닌 때에 각각 응급의료 또는 응급처치를 제공하여 발생한 재산상 손해와 사상에 대하여 고의 또는 중대한 과실이 없는 경우 그 행위자는 민사 책임과 상해에 대한 형사 책임을 지지 아니하고 사망에 대한 형사 책임은 감면한다.

2. 응급처치 기본원칙

환자의 생명이 위급한지 여부에 따른 정확한 판단으로 응급처치를 해야 한다. 잘못된 판단으로 오히려 환자가 더 위급상황이 될 수 있으므로 객실승무원은 이에 따른 기본적인 전문지식을 숙지하고 있어야 한다.

1) 응급상황에 효율적 대처

① 최초로 환자를 발견하고 환자의 상태를 파악해 응급조치를 실시하는 객실승무원
② 조종실과 의사소통하는 객실승무원
③ 기내 탑재 의료장비를 가지고 오는 객실승무원

위와 같이 기본적으로 구분해서 운영하고 다른 승무원들도 그 외의 역할을 맡아서 조직적으로 상호 협조한다.

2) 객실승무원의 기내 응급환자 대응 기본 원칙

① 상황을 판단하는 동안 승객을 편안하게 안정시킨다.
② 환자 주위에 다른 승객들이 불필요하게 접근하지 않도록 한다.
③ 승객의 질환 및 병명에 대한 모든 표현에 주의하여야 한다.
④ 응급처치에 반드시 필요하다고 판단될 때까지는 환자를 이동시켜서는 안 되며 환자의 상태나 상처에 맞는 적합한 자세를 취하도록 한다.
⑤ 응급처치를 실시해야 할 경우 상황에 따라서 일정한 공간이 필요하므로 가능한 경우 객실 내 적절한 공간을 마련한다.
⑥ 객실승무원 및 운항승무원은 주사를 놓을 수 없다.

⑦ 객실승무원은 승객이 복용하는 약품을 요청하기 전까지 승객에게 약품을 먼저 제공해서는 안 된다.

⑧ 기내에 탑재된 약품을 제공할 때는 먼저 승객에게 약품 내용을 설명하고, 그 약에 대한 부작용이 있는지 확인한다.

⑨ 환자의 과거 병력을 파악하고 대처한다.

⑩ 응급처치를 하는 동안 환자의 맥박, 호흡, 체온, 혈압 등의 활력징후(Vital Sign)와 피부색 등을 지속적으로 관찰한다.

⑪ 외관상 무의식 상태일지라도 경우에 따라 환자가 주변의 소리를 들을 수 있으므로 환자 주위에서 불필요한 이야기를 하지 않도록 한다.

⑫ 환자와 직접적인 관계가 없는 주변승객이나 언론인에게 환자의 상태에 대해 이야기하지 않는다.

⑬ 승객 중 의사의 도움이 필요할 시 의사임을 입증할 수 있는 신분증명서 또는 명함 등을 확인한 후 의료 행위를 하도록 한다. 의사임을 입증할 수 있는 방법이 없을 경우 기장에게 보고하고 기장의 지시에 따른다.

⑭ 기내에서 의료인이 응급조치를 수행할 경우 객실승무원은 항상 환자와 함께 있으면서 도움을 제공한다.

⑮ 환자의 활력징후(Vital Sign) 및 증상, 관찰되는 상황에 대해서 빠짐없이 확인하고 지속적으로 기장에게 보고한다.

⑯ 응급처치를 직접 담당하지 않는 객실승무원은 응급의료 콜 시스템(EMCS)을 이용한 원격 진료 시 참고할 수 있도록 승객 건강 상태 Check List 항목(환자의 성별, 생년 월 · 일/연령, 주소, 연락처, 보호자 유무, 병력, 약품 소지 여부, 기타 신체적 특이사항, 운항 상태 등)을 확인, 작성하여 기장에게 연락한다.

⑰ 공항 도착 후 공항 의료진에게 환자가 인도되기 전까지 객실승무원은 환자 옆에서 도움을 제공하여야 한다.

⑲ 필요 시 필요한 행정 절차와 서류업무를 수행한다.

⑳ 객실승무원 및 운항승무원의 교대 시에는 환자 상태에 관한 정보를 교대 팀에게 알리도록 한다.

3) 기내 응급상황 발생 시 승무원 준수 사항

① 항공사 책임에 대해 언급하지 않는 것이 좋다.

② 사고의 책임에 대해 언급하지 않는 것이 좋다.

③ 승객과 보상 문제에 대해 언급하지 않는 것이 좋다.

④ 승객이 증상에 대한 의약품 제공을 원할 경우 무조건 없다는 응대보다는 기내 의료진의 도움을 받아 제공하는 것이 바람직하다.

⑤ 기내의료진이 의약품을 원하여 비상의료용구(EMK: Emergency Medical Kit)를 제공할 경우 약품 목록을 반드시 확인시켜주어 필요 의약품을 사용하도록 해야 한다.

⑥ 보고서는 가능한 한 신속하게 작성하여 보고하도록 한다.

3. 기내 응급처치 장비

객실승무원은 항공사에 입사하면 초기훈련을 이수하게 되며, 매년 정기훈련 과정을 통해 응급처치 능력을 유지하게 된다. 객실승무원은 이러한 교육과정을 통해 기내에서 발생하는 응급환자 발생 시 필수적인 응급처치를 실시하게 된다. 또한 기내에 탑승한 의료진에게 적절한 응급장비를 제공하고 협조해야 한다. 객실승무원은 환자의 상태를 진단하거나 환자에게 처방을 해서는 안 된다. 기내에 탑재된 의료용품은 치료 목적이 아닌 기내 응급상황에서 사용하는 용도이다.

객실승무원은 항공기에 탑승하여 가장 먼저 안전·보안 장비를 점검할 때 근무 담당 구역에 탑재된 응급장비 또한 점검한다. 점검 시 정위치, 수량, 이상 여부를 점검하여 비행 중 응급환자가 발생하는 경우 신속하게 준비할 수 있어야 한다.

1) 항공기에 장비하여야 할 구급용구에 관한 항공법

「항공법 시행규칙」 제125조 관련 [별표 21] 제5호에는 항공기에 탑재되어야 하는 의료용품 탑재에 대해 규정하고 있다.

항공법 제125조 관련 [별표 21] 제5호

5. 모든 항공기에는 가목의 구급의료용품(First-aid Kit)을 탑재해야 하고, 항공운송사업용 항공기에는 나목의 감염예방의료용구(Universal Precaution Kit)와 다목의 비상의료용구(Emergency Medical Kit)를 탑재해야 한다. 다만, 다목의 비상의료용구는 승객 좌석 수 101석 이상의 항공기만 해당하며 1조 이상 탑재해야 한다.

가. 구급의료용품

1) 구급의료용품의 수량

승객 좌석수	구급의료용품의 수
0석부터 100석	1조
101석부터 200석까지	2조
201석부터 300석까지	3조
301석부터 400석까지	4조
401석부터 500석까지	5조
501석 이상	6조

2) 구급의료용품에 포함해야 할 최소 품목

가) 내용물 설명서

나) 멸균 면봉(10개 이상)

다) 일회용 밴드

라) 거즈 붕대

마) 삼각건, 안전핀

바) 멸균된 거즈

사) 압박(탄력) 붕대

아) 소독포

자) 반창고

차) 상처 봉합용 테이프

카) 손 세정제 또는 물수건

타) 안대 또는 눈을 보호할 수 있는 테이프
파) 가위
하) 수술용 접착테이프
거) 핀셋
너) 일회용 의료장갑(2개 이상)
더) 체온계(비수은 체온계)
러) 인공호흡 마스크
머) 최신 정보를 반영한 응급처치교범
버) 구급의료용품 사용 시 보고를 위한 서식
서) 복용 약품(진통제, 구토억제제, 코 충혈 완화제, 제산제, 항히스타민제). 다만, 자가용 항공기, 항공기사용사업용 항공기 및 여객을 수송하지 않는 항공운송사업용 회전익항공기의 경우에는 항히스타민제를 갖춰두지 않을 수 있다.

나. 감염예방의료용구

1) 감염예방의료용구의 수량

승객 좌석수	구급의료용품의 수
0석부터 250석	1조
251석부터 500석까지	2조
501석 이상	3조

2) 감염예방의료용구에 포함해야 할 최소 품목

가) 액체응고제(파우더)
나) 살균제
다) 피부 세척을 위한 수건
라) 안면/눈 보호대(마스크)
마) 일회용 의료장갑
바) 보호용 앞치마(에이프런)
사) 흡착용 대형 타올
아) 오물 처리를 위한 주걱(긁을 수 있는 도구 포함)
자) 오물을 위생적으로 처리할 수 있는 봉투
차) 사용 설명서

다. 비상의료용구

1) 장비

가) 내용물 설명서

나) 청진기

다) 혈압계

라) 인공기도

마) 주사기

바) 주사바늘

사) 정맥주사용 카테터

아) 항균 소독포

자) 일회용 의료 장갑

차) 주사바늘 폐기함

카) 도뇨관

타) 정맥 혈류기(수액세트)

파) 지혈대

하) 스펀지 거즈

거) 접착 테이프

너) 외과용 마스크

더) 기관 카테터(또는 대형 정맥 캐뉼러)

러) 탯줄 집게(제대 겸자)

머) 체온계(비수은 체온계)

버) 기본인명구조술 지침서

서) 인공호흡용 Bag-valve 마스크

어) 손전등(펜라이트)과 건전지

2) 약품

가) 아드레날린제(희석 농도 1:1,000) 또는 에피네프린(희석 농도 1:1,000)

나) 항히스타민제(주사용)

다) 정맥주사용 포도당(50%, 주사용 50mL)

라) 니트로글리세린 정제(또는 스프레이)

마) 진통제

바) 향경련제(주사용)

사) 진토제(주사용)

아) 기관지 확장제(흡입식)

자) 아트로핀

차) 부신피질스테로이드(주사제)

카) 이뇨제(주사용)

타) 자궁수축제

파) 주사용 생리식염수(농도 0.9%, 용량 250ml 이상)

하) 아스피린(경구용)

거) 경구용 베타수용체 차단제

6. 제5호에서 정한 구급의료용품과 감염예방의료용구는 비행 중 승무원이 쉽게 접근하여 사용할 수 있도록 객실 전체에 고르게 분포되도록 갖춰 두어야 한다.

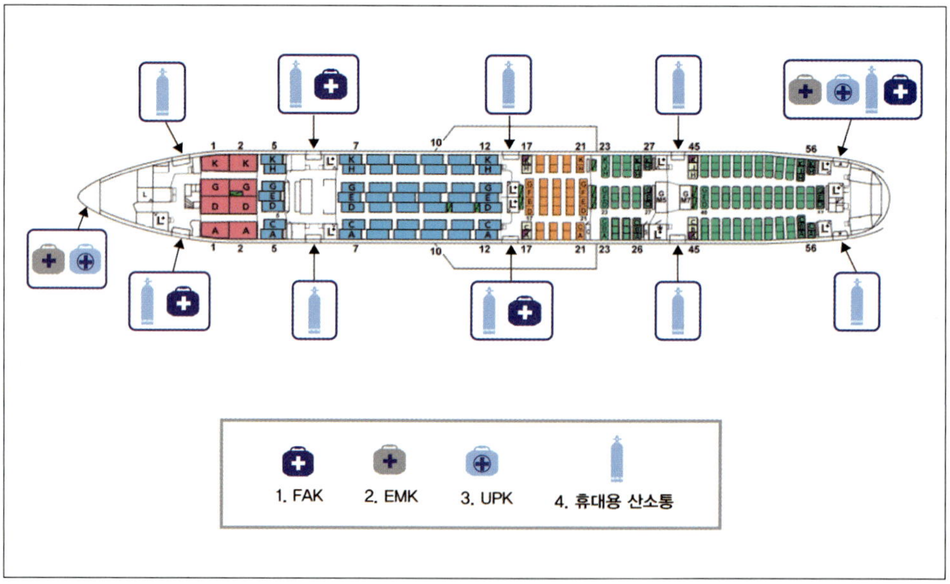

▲ B777-300 항공기내 응급의료장비 탑재 위치

2) 기내에 탑재 된 응급처치 장비

(1) 구급의료용품

구급의료용품(FAK: First-aid Kit)은 의사의 처방 없이 객실승무원이 사용 가능한 응급장비로 납땜으로 된 철사에 의해 봉인되어 있다. 사용하게 될 경우 기장에게 보고하여야 하고 사용 후에는 객실정비기록부에 기록하여야 한다.

「항공법 시행규칙」 제125조 관련 [별표 21] 제5호에 명시되어 있는 것처럼 모든 항공기에는 수량에 맞게 구급의료용품을 탑재해야 한다. 그 수량은 승객 좌석 수 100석당 1조씩 탑재되며, 비행 중 객실승무원이 쉽게 접근하여 사용할 수 있도록 객실 전체에 고르게 분포되어 탑재된다.

구급의료용품의 수량

승객 좌석수	구급의료 용품수
0석부터 100석	1조
101석부터 200석까지	2조
201석부터 300석까지	3조
301석부터 400석까지	4조
401석부터 500석까지	5조
501석 이상	6조

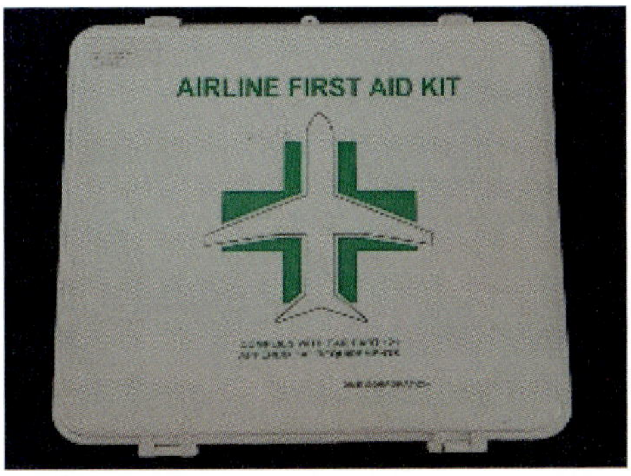

▲ 구급의료용품(FAK: First-aid Kit)

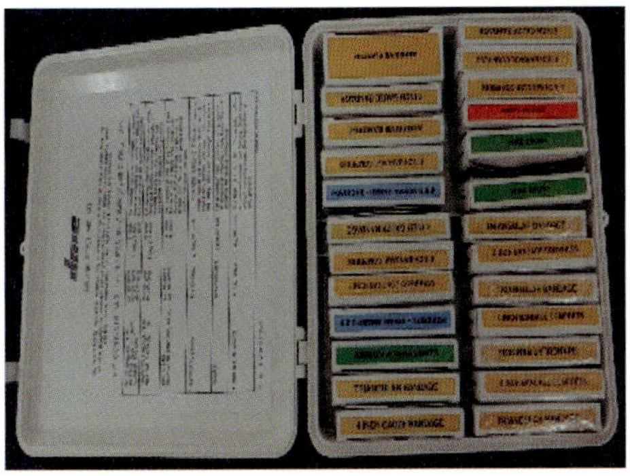
▲ 구급의료용품 내부

구급의료용품(FAK: First-aid Kit) 내 의료용품

의료용품	사용법
멸균면봉(10개 이상)	감염예방 등의 목적으로 외과처치 시 사용
일회용 밴드	가벼운 상처에 사용
거즈 붕대	열상환자나 수술 뒤의 환자에게 사용
삼각건, 안전핀(옷핀)	붕대의 대용으로 응급 시에 쓰이는 삼각형의 천
철사부목(wire splint)	근육, 신경, 혈관이 더 이상 손상되지 않도록 하기 위해 사용
멸균된 거즈	상처부위를 붕대로 감기 전에 사용
압박(탄력) 붕대	염좌, 자상, 골절 부위의 압박 및 치료용으로 사용
화상 치료용 거즈	화상 시 사용
반창고	거즈나 붕대를 피부에 붙이기 위하여 사용
상처 봉합용 테이프	상처부위를 간편하고 안전하게 봉합하여 감염의 위험을 줄임
손 세정제 또는 물수건	70~80%의 알코올(에탄올)로 이루어져 처치 전·후에 사용
안대	눈병이나 아픈 눈을 가릴 때 사용
가위	거즈, 붕대, 반창고 등을 자를 때 사용
수술용 접착테이프	수술부위가 감염되지 않고 잘 붙도록 고정하기 위해 사용
핀셋	솜이나 거즈로 상처를 소독할 때나 치료할 때 집는 데 사용
일회용 의료장갑(2개 이상)	외상 처치 시 환자 및 처치자의 감염을 예방하기 위해 착용
체온계(비수은 체온계)	체온 측정 시 사용
인공호흡 마스크	코와 입을 완전히 막은 후 산소통과 연결하여 산소 제공
응급처치 요령 설명서	외상 및 기본적인 응급처치 요령 설명
구급의료용품 사용 시 보고를 위한 서식	사용한 의료용품을 기재
암모니아 흡입제	의식을 회복시키거나 정신적 각성을 위해 흡입 코와 폐의 점막을 자극해 흡입반사를 유도함으로써 호흡에 관여하는 근육들을 빠르게 움직이도록 만든다.
복용약품(타이레놀, 멀미약, 항진경제, 점비액, 항히스타민제, 제산제, 지사제)	• 항진경제: 근육이완제 • 점비액: 실내먼지 등에 의한 알레르기 증상 완화(코막힘, 콧물, 재채기) • 항히스타민제: 두드러기, 발적, 소양감 등의 알레르기성 반응에 관여하는 히스타민의 작용을 억제하는 약물 • 제산제: 위산으로 인한 속쓰림과 위통 등의 급성 증상에 사용되는 위장약 • 지사제: 감염, 소화 장애, 장질환 등 다양한 원인으로 발생하는 설사 증상을 완화시키는 약물

	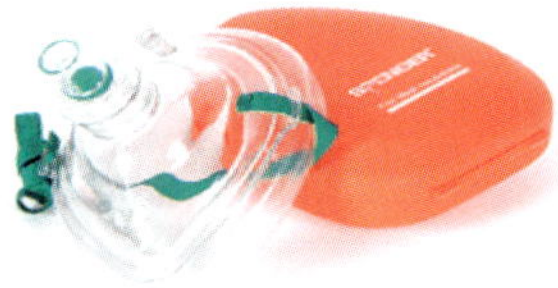	
압박(탄력) 붕대	인공호흡 마스크	삼각건
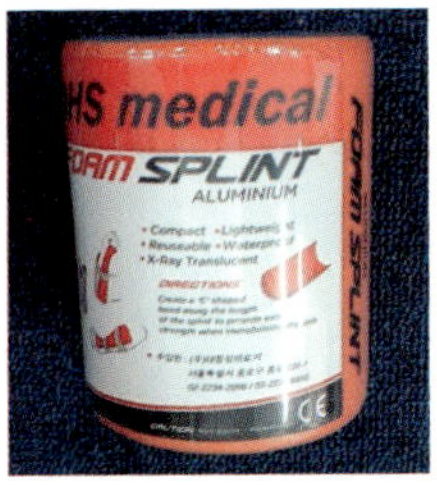		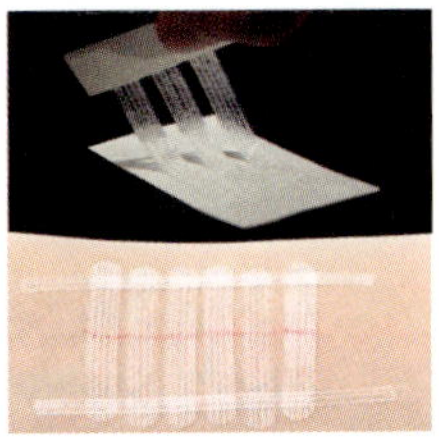
부목	와이어 부목	상처 봉합용 테이프
	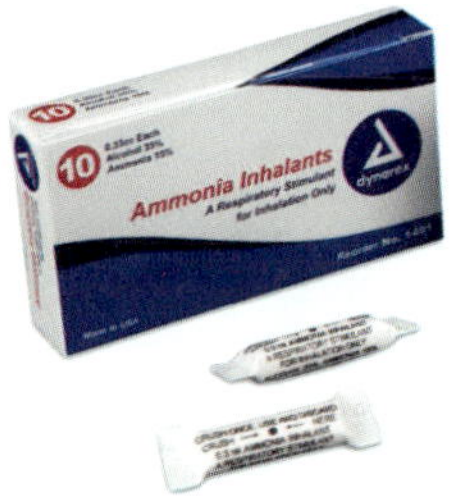	
오물 처리 봉투	암모니아 흡입제	핀셋

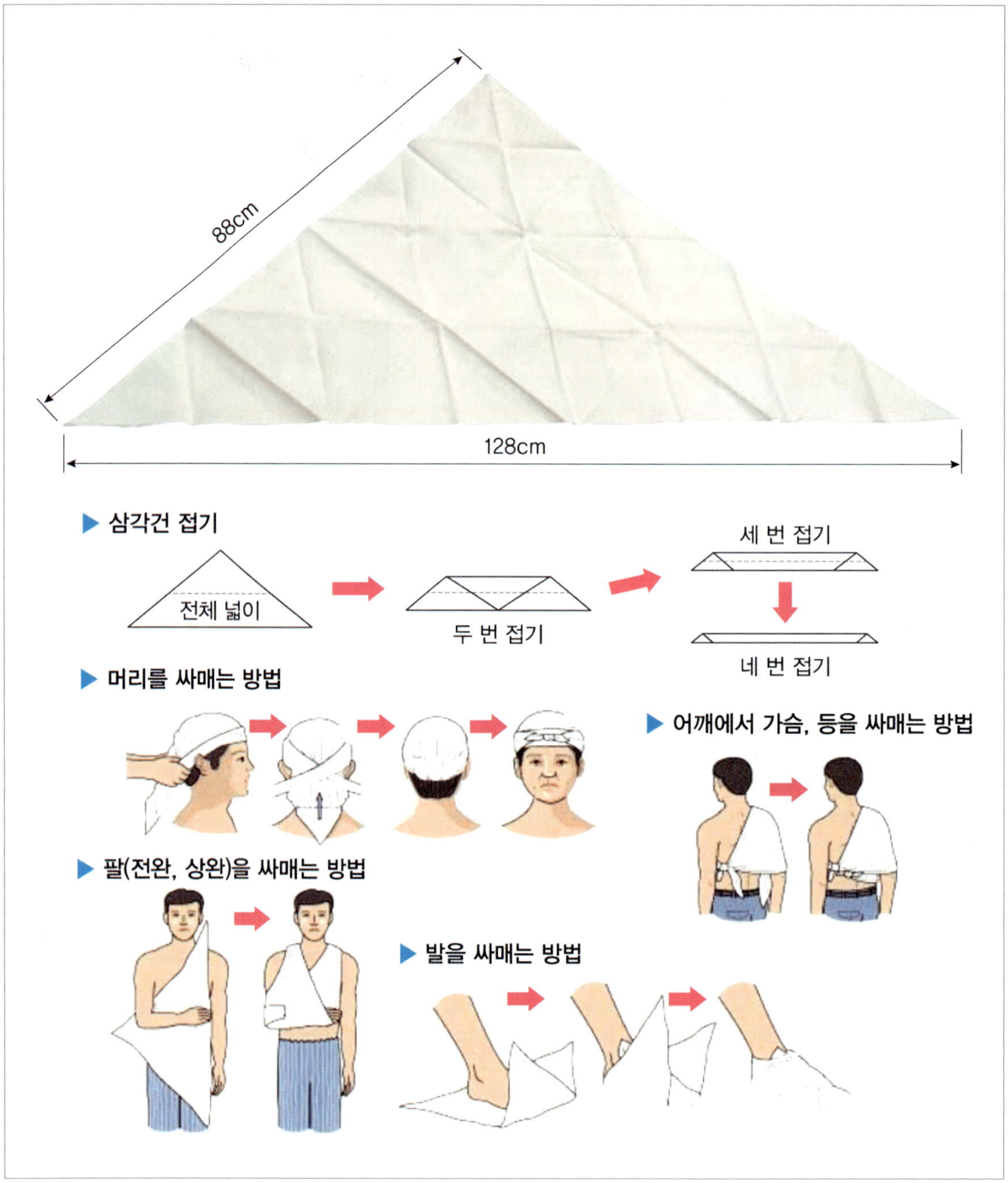
88cm
128cm
▶ 삼각건 접기
전체 넓이
두 번 접기
세 번 접기
네 번 접기
▶ 머리를 싸매는 방법
▶ 어깨에서 가슴, 등을 싸매는 방법
▶ 팔(전완, 상완)을 싸매는 방법
▶ 발을 싸매는 방법

▲ 삼각건 매는 방법

(2) 감염예방의료용구

감염예방의료용구(UPK: Universal Precaution Kit)는 환자의 체액(혈액, 림프액, 조직액 등 체내의 액체), 오염된 장비 등을 안전하게 처리하는 데 사용되는 의료용구이다.

「항공법 시행규칙」 제125조 관련 [별표 21] 제5호에 명시되어 있는 것처럼 모든 항공기에는 수량에 맞게 감염예방의료용구(UPK)를 탑재해야 한다. 그 수량은 승객 좌석수 250석당 1조씩 탑재되며, 비행 중 객실승무원이 쉽게 접근하여 사용할 수 있도록 객실 전체에 고르게 분포되어 탑재된다.

감염예방의료용구의 수량

승객 좌석수	구급의료 용품수
0석부터 250석	1조
251석부터 500석	2조
501석 이상	3조

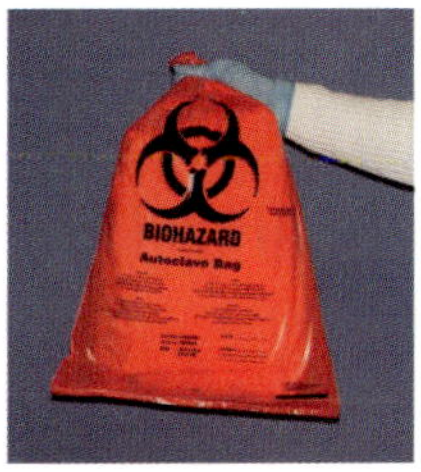

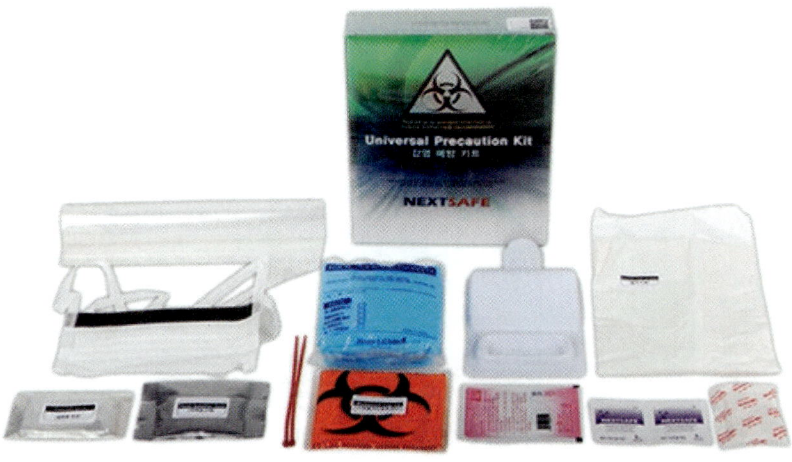

▲ 감염예방의료용구(UPK)

감염예방의료용구(UPK: Universal Precaution Kit) 내 의료용품

의료용품	사용법
액체응고제(파우더)	체액을 응고시켜 폐기하기 용이하게 만든다.
살균제	세균(박테리아)을 죽이거나 증식을 억제하는 데 사용
피부 세척을 위한 수건	오염된 부위의 세척에 사용
안면/눈 보호대(마스크)	감염을 예방하기 위해 착용
일회용 의료장갑	감염을 예방하기 위해 착용
보호용 앞치마	감염을 예방하기 위해 착용
흡착용 대형 타월	체액이 흐르는 곳에 깔아서 체액을 부착시키는 데 사용
오물 처리 주걱	오물을 긁어내거나 처리하는 데 사용
오물을 위생적으로 처리할 수 있는 봉투	오염된 모든 것을 담아 처리하는 데 사용
사용설명서	감염예방의료용구 사용에 대해 설명

(3) 비상의료용구

비상의료용구(EMK: Emergency Medical Kit)는 전문 의약품과 의료기구로 의료인만 사용할 수 있는 전문의료용구이다. 사용하게 될 경우 기장에게 보고하여야 하고 사용 후에는 객실정비기록부에 기록하여야 한다. 승객 좌석수 101석 이상, 비행시간 2시간 이상인 항공기에만 탑재된다.

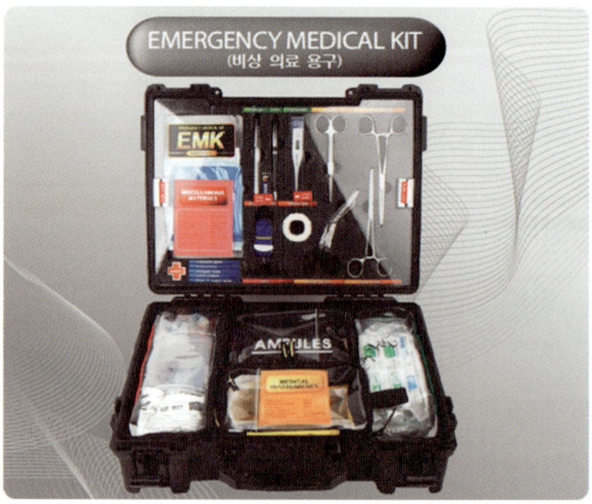

▲ 비상의료용구(EMK)

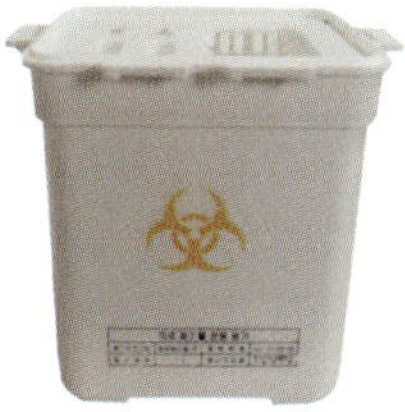	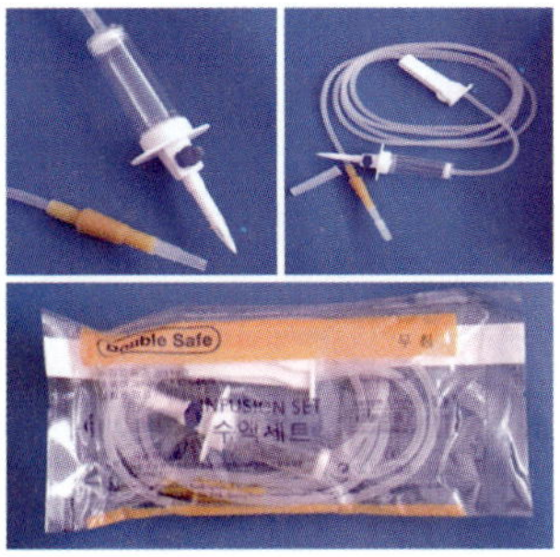	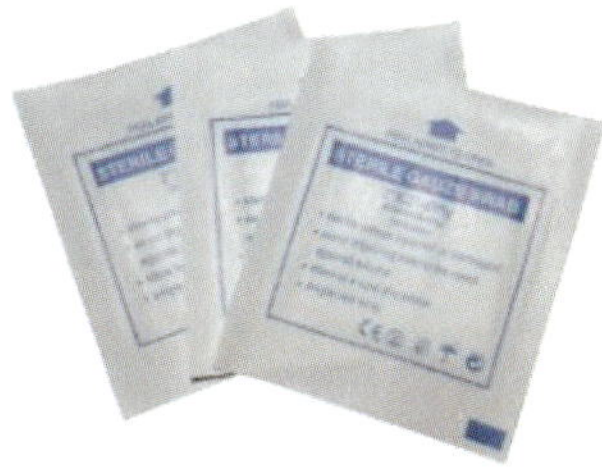
주사바늘 폐기함	정맥 혈류기(수액세트)	스펀지 거즈
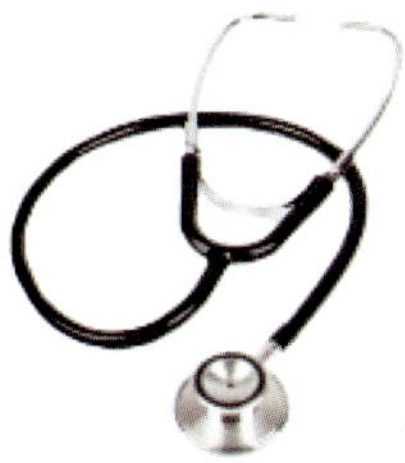	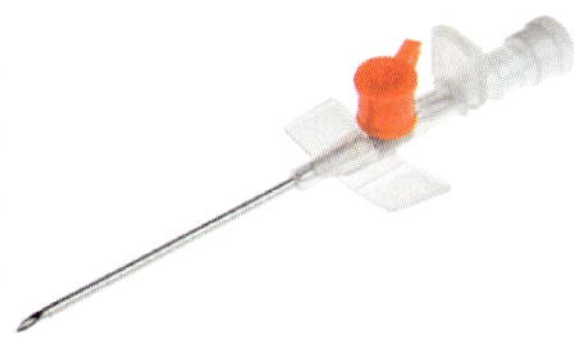	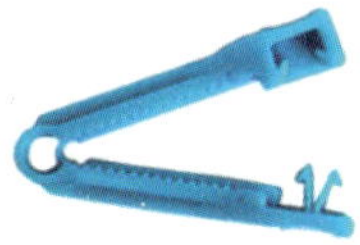
청진기	정맥주사용 카테터	탯줄 집게
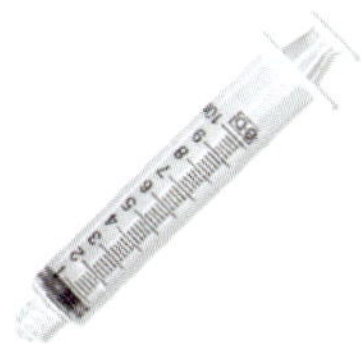	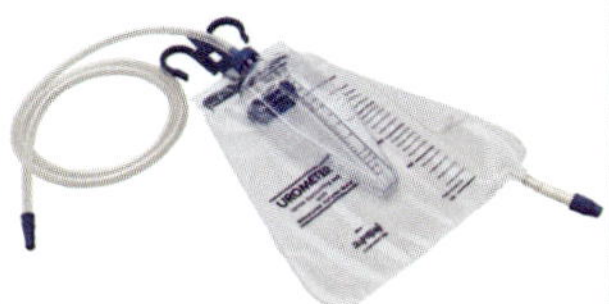	
주사기	도뇨관	기관 카테터
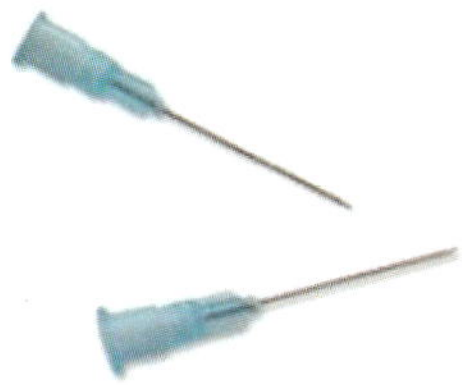		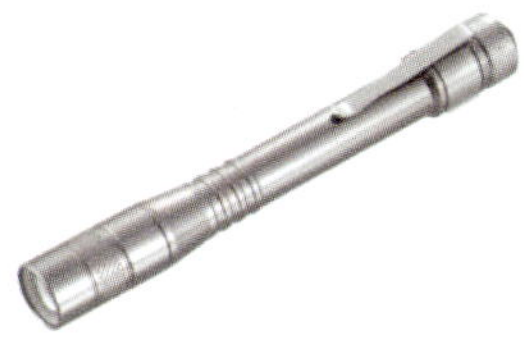
주사바늘	인공호흡용 Bag-valve 마스크	손전등(펜라이트)
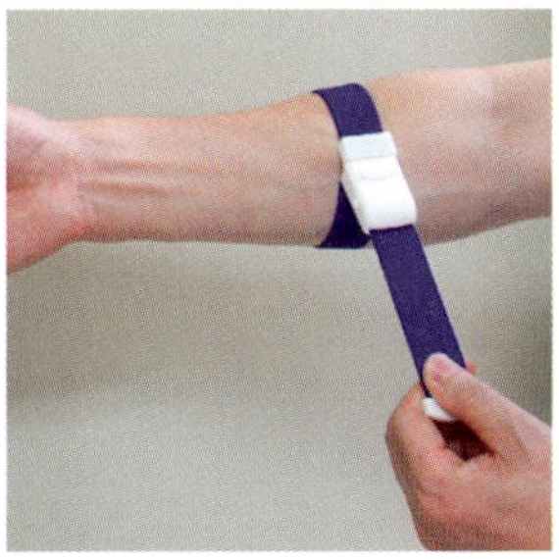	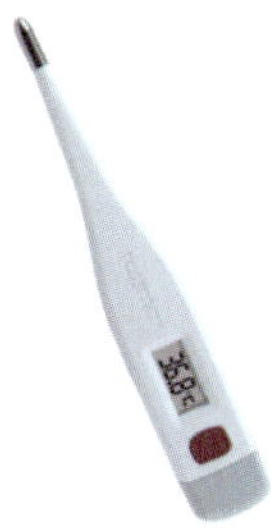	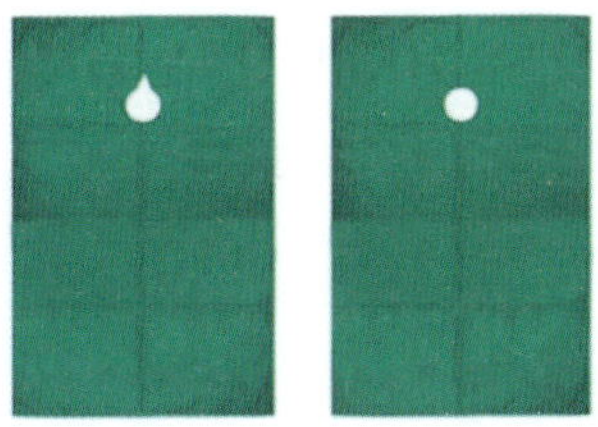
지혈대	체온계	항균소독포

비상의료용구(EMK: Emergency Medical Kit) 내 의료용품

의료용품	사용법
내용설명서	비상 의료용구 사용에 대해 설명
청진기	심장 소리와 숨소리를 청취하고 확인하는 도구
혈압계	인체의 혈압을 측정하는 기구
인공기도	인공적으로 기도를 만들어 O_2를 보급할 때 사용
주사기	약액을 조직 속에 주사하는 기구
주사바늘	주사기에 꽂아 사용
정맥주사용 카테터	정맥주사용 약물이나 영양 용액을 장시간 주입할 때 사용
항균 소독포	항균 기능이 있는 감염이나 전염을 예방하기 위해 소독 처리를 한 천
일회용 의료 장갑	감염을 예방하기 위해 진료 시 착용
주사바늘 폐기함	감염이나 전염을 예방하기 위해 사용한 주사바늘을 폐기하는 함
도뇨관	요도를 통해 방광에 도달하여 축적된 소변을 빼내는 역할을 하는 도관
정맥 혈류기(수액세트)	인공용액을 정맥 내에 필요한 양 만큼의 수분과 전해질을 공급할 때 사용
지혈대	접은 천 또는 고무 밴드로 상처 가까이에 지혈을 위해 감아 사용
스펀지 거즈	흰색 면 조각으로 상처 부위에 사용
접착테이프	감염되지 않고 잘 붙도록 고정하기 위해 사용
외과용 마스크	치료하기 전 감염을 예방하기 위해 착용
기관 카테터(또는 대형 정맥 캐뉼러)	분만 직후 신생아의 기도 안에 있는 이물질을 제거하는 데 사용하는 기구
탯줄 집게(제대 겸자)	출산된 아기의 탯줄을 자르기 전 탯줄을 집는 집게
체온계(비수은 체온계)	체온을 재는 장치
기본 인명구조 지침서	기본적인 인명구조에 관한 지침 설명
인공호흡용 Bag-valve 마스크	대기 중 공기로부터 90%의 산소까지 공급 가능
손전등(펜라이트)과 건전지	치료 시 환자 상처 부위 및 안구, 구강 등을 비출 때 사용

의료용품	사용법
약품	• 아드레날린제(희석 농도 1:1,000): 교감신경을 흥분시키고 혈당량의 증가와 심장 기능 강화 또는 지혈 • 에피네프린(희석 농도 1:1,000): 교감신경을 자극하여 혈압을 상승시키고, 심장 박동 수와 심장박출량을 증가시킨다. • 항히스타민제(주사용): 코염 · 기관지 천식 · 두드러기 등의 각종 알레르기 질환과 멀미나 초기 감기 치료에 사용 • 정맥주사용 포도당(50%, 주사용 50mL): 조직 속에서 에너지원으로 소비, 심장 쇠약, 허탈, 중독증 따위를 치료에 사용 • 니트로글리세린 정제(또는 스프레이): 피부에 접착제 형태로 부착함으로써 흡수되도록 하며, 협심증 환자에게 흉통을 감소하는 효과가 있다. • 진통제: 중추신경에 작용하여 환부의 통증을 느끼지 못하게 하는 약 • 향경련제(주사용): 근육이 수축하거나 떨게 되는 현상에 사용 • 진토제(주사용): 구역질이나 구토를 멈추게 하는 약제 • 기관지 확장제(흡입식): 허파의 공기가 이동하는 통로의 관강을 넓혀 주는 약물 • 아트로핀: 혼수 · 체온 강하 · 부정맥 · 호흡 마비 따위를 일으키는 부교감신경 차단제 • 부신피질스테로이드(주사제): 부신 피질에서 생산되는 스테로이드 • 이뇨제(주사용): 소변을 잘 나오게 하는 약제 • 자궁수축제: 자궁근의 수축력을 증가시켜 진통을 촉진하거나 산후 자궁의 퇴축 및 지혈 작용을 하는 약 • 주사용 생리식염수(농도 0.9%, 용량 250mL 이상): 체액과 같은 농도로 만든 식염수 • 아스피린(경구용): 경구 투여하여 해열, 진통, 근골격계 및 관절 질환에 사용 • 경구용 베타수용체 차단제: 아드레날린 베타 수용체에 의해 매개되는 반응을 차단하는 약물

(4) 의료가방

객실승무원이 휴대하고 다니는 의료가방(Medical Bag)으로 작은 파우치 정도의 크기이며 일반적인 상비약이 들어 있다. 객실승무원 누구나 가지고 다니는 것은 아니며, 상위 직급승무원이 소지하고 있도록 하며, 소요되는 약품들을 수시로 점검하여 부족함이 없도록 지급받아 채워 넣는다. 약품 사용 시 소비기록을 따로 하지 않으며 승객이 요구하면 약품 서비스 절차에 따라 제공하게 된다.

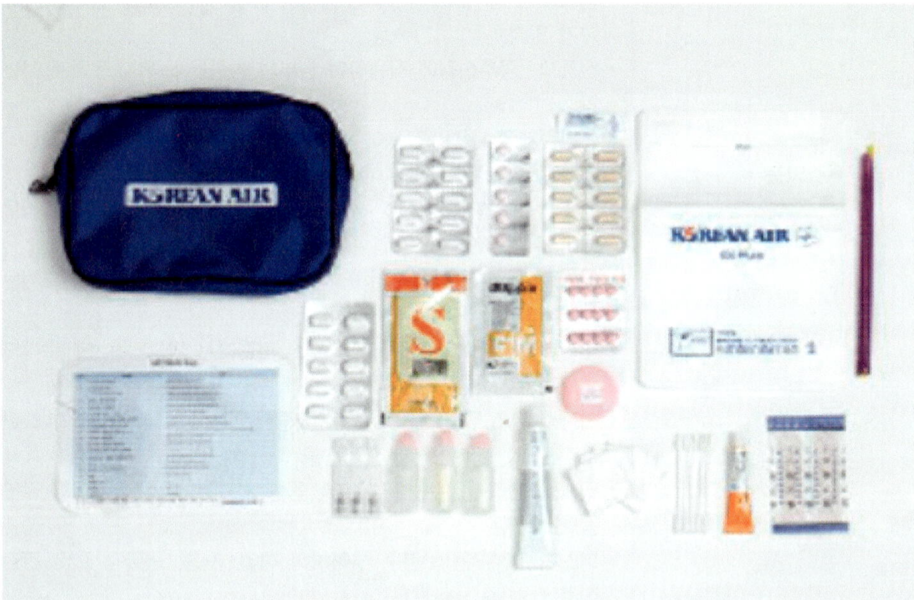

▲ 의료가방(Medical Bag) 내 약품

의료가방(Medical Bag) 내 의료용품

의료용품	사용법
베스타제	소화불량, 식욕부진, 과식, 식체, 성인 1회 1정, 1일 3회 식후에 복용
정로환	설사, 체함, 성인 및 15세 이상 1회 4정, 소아: 11~14세 1회 3정, 8~10세 1회 2정 1일 3회 식후에 복용
타이레놀/어린이용 타이레놀	감기로 인한 발열 및 동통(통증), 두통, 신경통, 근육통, 월경통, 염좌통(삔 통증), 치통, 관절통, 만 12세 이상 소아 및 성인: 1회 1~2정씩 어린이용 타이레놀: 만 12세 이하의 소아
보나링 A	멀미약
써스펜 좌약	감기로 인한 발열 및 동통/직장 내 깊이 삽입
리프레쉬 플러스	인공 눈물, 증상이 있는 눈에 1~2방울 점안, 안구건조증
부스코판	위·십이지장궤양, 식도경련, 위염, 장염
겔포스 엠	위산과다(위염, 위·십이지장궤양에 관련된 것도 포함), 속쓰림, 위부불쾌감, 위부팽만감, 성인 1회 1포
리렌스연고	습진, 열상(화상), 1일 수회 환부에 도포
안티푸라민	연고 형태의 소염진통제, 질환 부위에 적당히 도포
후시딘연고	감염성 습진양 피부염, 심상성 여드름(보통 여드름), 모낭염, 종기
면봉	연고를 바를 때 또는 귀나 상처부위의 이물질 제거에 사용
탈지면	목화와 같은 아시아면의 종자에 있는 섬유(털)에서 지방을 제거하고 표백을 한 것으로 상처 부위를 닦거나 소독 시 사용
일회용 밴드	작은 상처에 붙이며, 한 번만 쓰고 버리는 반창고
페니라민	꽃가루 알레르기비염(코염), 두드러기, 가려움성 피부질환(습진·피부염, 피부가려움증, 약물발진), 알레르기 비염(코염), 혈관운동성 코염, 코감기에 복용
스멕타	식도, 위·십이지장과 관련된 통증 완화, 급·만성 설사 시 복용
화이투벤	코감기(급성비염), 알레르기성 비염 또는 부비동염에 의한 증상의 완화 : 코막힘, 콧물, 재채기, 만 15세 이상의 어린이 및 성인: 1회 2캡슐 복용, 만 8세 이상~15세 미만 어린이: 1회 1캡슐 복용
일회용 얼음주머니	화상부위나 열이 나는 부위 및 부상 부위에 얼음을 넣어 일회용으로 사용

어린이용 타이레놀 복용법

만 12세 이하의 소아에게 제공, 1회 권장용량을 4~6시간마다 필요시 복용한다.
이 약은 가능한 한 최단기간 동안 최소 유효용량으로 복용하며, 1일 5회(75mg/kg)를 초과하여 복용하지 않는다. 몸무게를 아는 경우 몸무게에 따른 용량(10~15mg/kg)으로 복용하는 것이 더 적절하다.

연령	몸무게	아세트아미노펜으로서 1회 권장용량	1회 권장용량
4~6개월	7~7.9kg	80mg	1정
7~23개월	8~11.9kg	120mg	1~2정
만 2~3세	12~15.9kg	160mg	2정
만 4~6세	16~22.9kg	240mg	3정
만 7~8세	23~29.9kg	320mg	4정
만 9~10세	30~37.9kg	400mg	5정
만 11세	38~42.9kg	480mg	6정
만 12세	43kg 이상	640mg	8정

서스펜 좌약 사용법

- **성인:** 아세트아미노펜으로서 1회 0.5~1.0g 1일 2~3회 직장 내 깊이 삽입한다.
- **어린이:** 1회 용량을 1일 2~3회 직장 내 깊이 삽입한다. (250mg)(125mg)
  11~14세: 400~500mg(2개)(4개)
  7~10세: 300~400mg(1~2개)(3개)
  3~6세: 200~300mg(1개)(2개)
  1~2세: 100~200mg(1~2개)
  3개월~1세 미만: 100~150mg(1개)

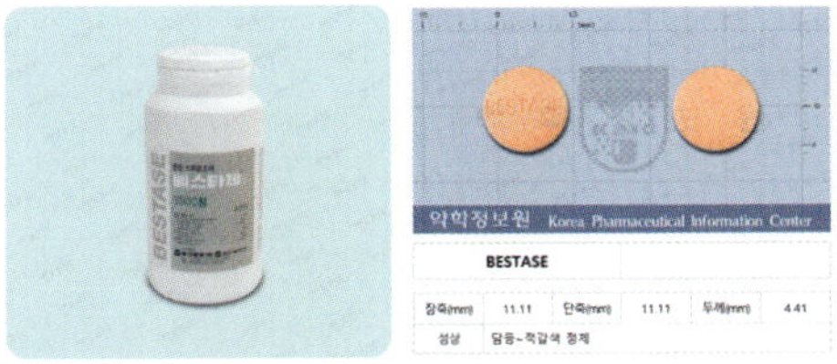

베스타제

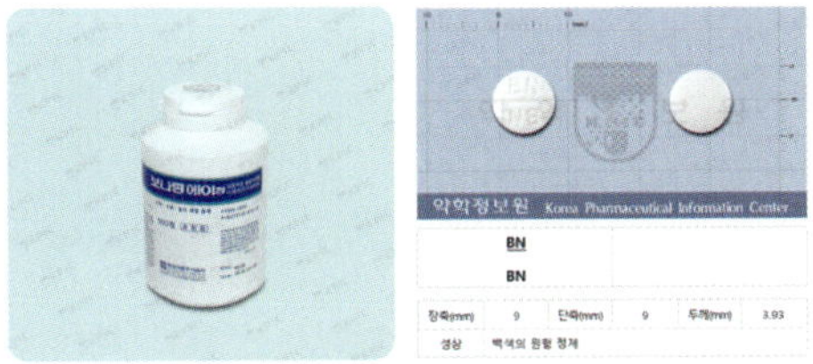

보나링 A

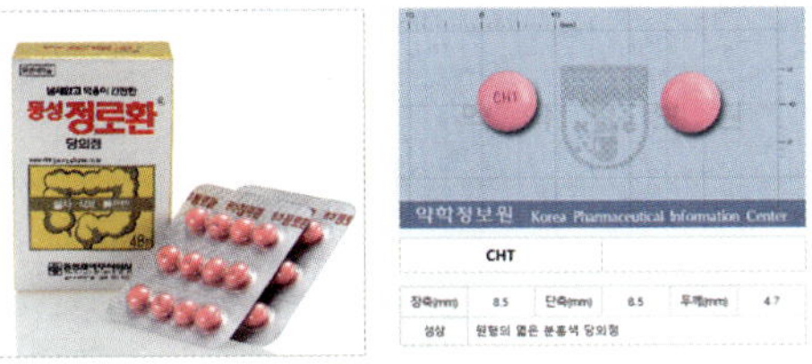

정로환

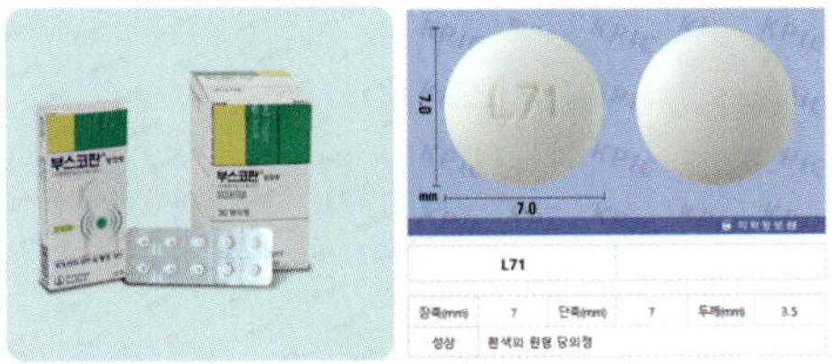

부스코판

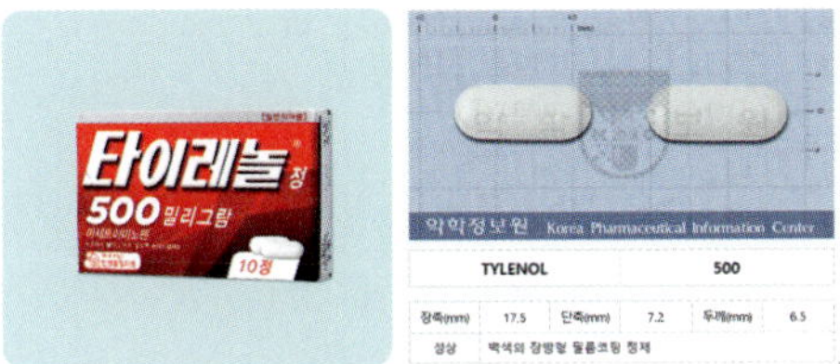

타이레놀

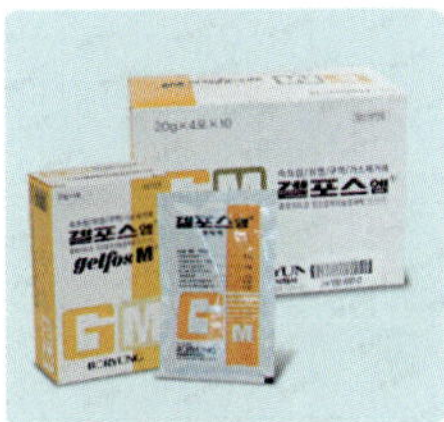

겔포스 엠

어린이용 타이레놀

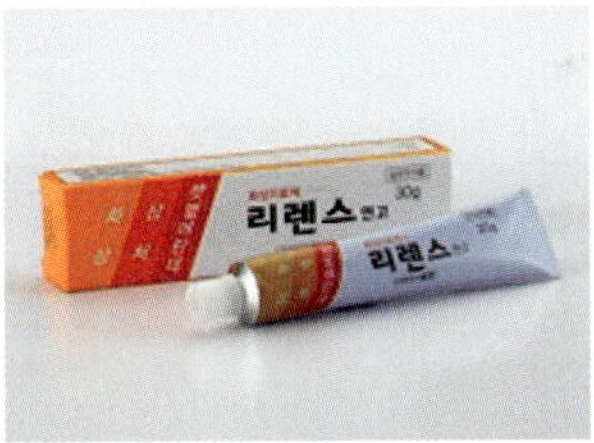

리렌스 연고

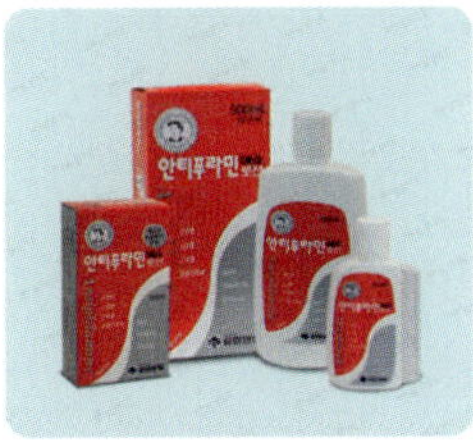

안티푸라민

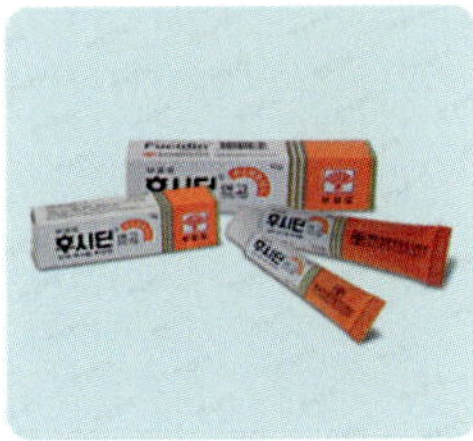

후시딘 연고

 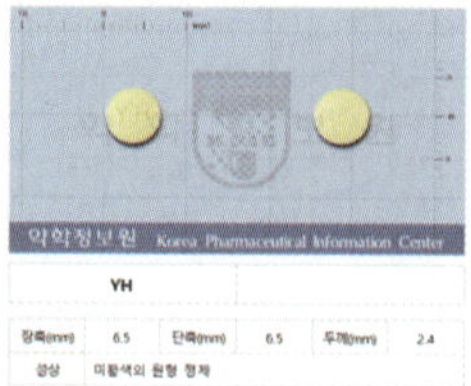	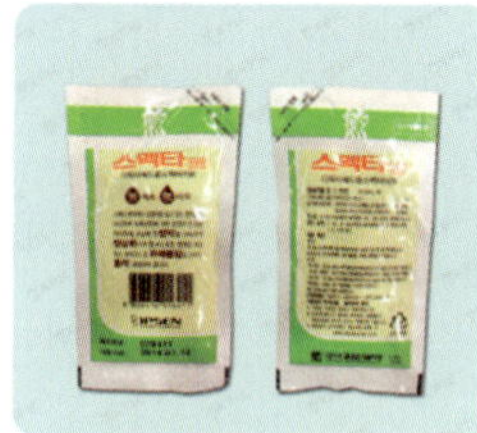
페니라민	스멕타
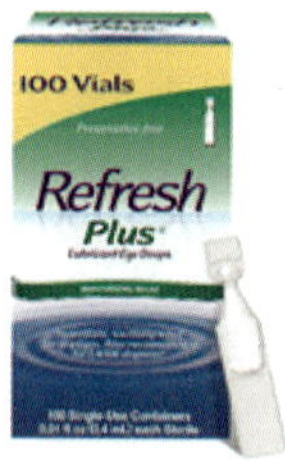	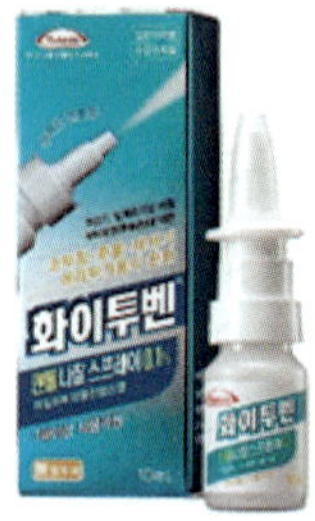
리프레쉬	화이투벤
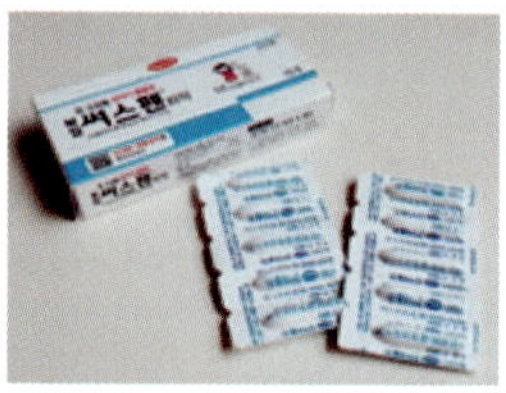	
써스펜 좌약	탈지면

(5) 자동 및 수동혈압계

① 자동혈압계

자동으로 혈압을 측정하는 의료기구로 누구나 손쉽게 사용할 수 있다. 측정 시간은 5분 정도 소요되며, 앉거나 누운 자세에서 최소 1~2분 안정을 취한 뒤 편안한 상태에서 측정한다. 커프의 하단이 환자의 팔꿈치 접히는 선의 위쪽으로 약 2cm 위치 높이에 오도록 위팔에 착용하되 커프가 너무 느슨하지 않도록 한다. 커프 안으로 손가락 1개 정도가 들어갈 정도의 여유가 있으면 된다. 측정할 팔을 심장 높이 정도에 두고 혈압을 측정한다.

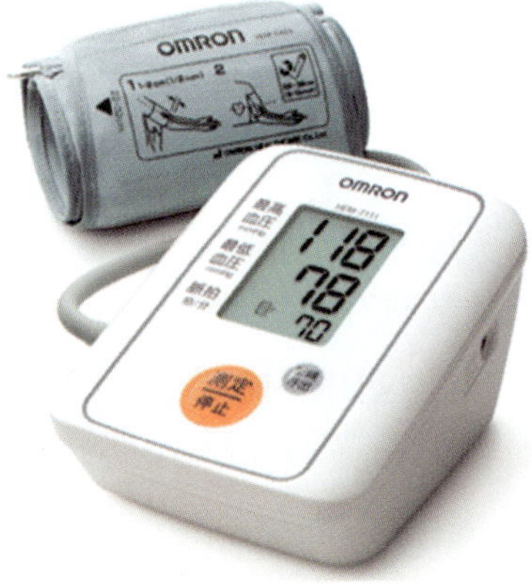

▲ 자동혈압계

② 수동혈압계

수동혈압계는 의료진이 사용하는 혈압계로 수동식 혈압계에 청진기를 대고 압력을 넣었다가 풀면서 게이지에 나타나는 눈금과 청진기 소리를 들으며 혈압을 측정하는 방식이다. 수동혈압계는 압력을 볼 수 있는 게이지, 팔뚝에 압력을 가하는 커프, 압력을 커프에 넣어주는 벌브(Bulb), 넣은 압력을 조끔씩 풀어주는 에어밸브, 소리를 듣는 청진기로 구성되어 있다. 사용방법은 커프를 팔에 감아주고 동맥 부분에 청진기를 살짝 대고, 180 정도까지 벌브를 눌러 압력을 올린다. 게이지에 180을 확인한 후 에어밸브를 조금씩 풀다보면 청진기에 최초로 딱딱 소리가 들린다. 이때의 압력이 최고 혈압이고, 청진기에서 딱딱 소리가 사라지는 부분이 최저 혈압이다.

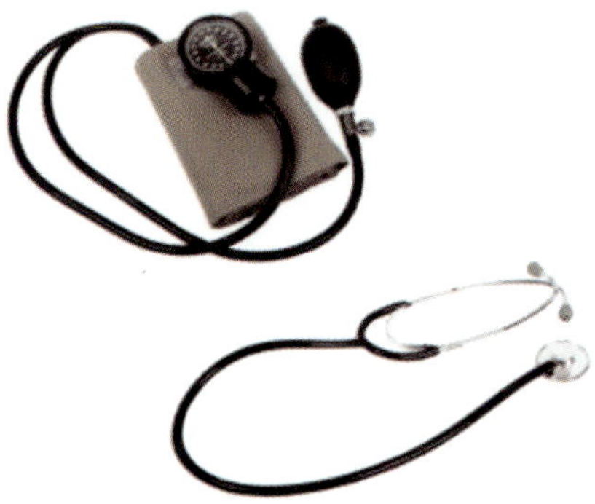

▲ 수동혈압계와 청진기

(6) 혈당측정기

기내에 혈당 측정이 필요한 응급상황 발생 시 기내의료진 또는 객실승무원이 사용한다. 측정기의 바늘로 손가락 끝을 찔러 피를 조금 내어 검사용 시험지에 묻히면, 기계가 시험지에 묻은 혈액 속의 포도당을 감지하여 혈당을 표시해 준다. 검사지는 습기가 닿으면 측정이 부정확하게 될 수 있으므로 가능한 한 공기에 오래 닿지 않도록 바로 뚜껑을 닫아 보관한다. 채혈할 때 혈액이 잘 나오지 않는다고 손가락 끝을 짜거나 자극을 주는 것도 검사의 정확성을 떨어뜨릴 수 있으므로 주의한다. 채혈침은 한번 사용을 원칙으로 하고 다른 사람과 함께 사용하지 않으며 사용한 것은 바로 폐기한다. 가운데 손가락 끝의 중간 부분보다 가장자리를 찌르는 것이 통증을 덜 느끼게 한다. 혈당측정기를 사용한 후에는 검사지, 채혈침, 소독솜이 5개 이하로 남아 있을 시에는 객실정비기록부에 기재 후 객실정비사에게 인계한다.

혈당측정기 사용방법

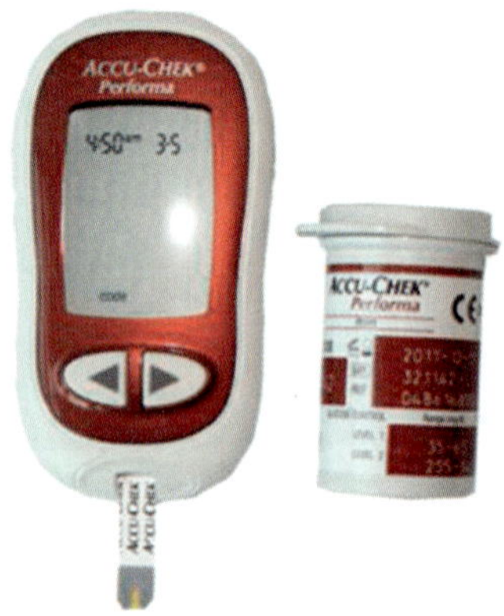

① 검사지에 이물질이 묻지 않도록 검사 전에 손을 비누로 씻고, 완전히 말린 후에 검사한다.
② 알코올 솜으로 채혈할 손가락을 깨끗이 닦은 후 완전히 말린다.
③ 측정기에 검사지를 화살표 방향으로 꽂으면 자동으로 기기가 켜진다.
④ 검사지의 코드번호와 동일한 숫자가 화면에 나타난다.
⑤ 혈액을 흡수시키라는 표시가 나타난다.
⑥ 채혈기로 손가락 끝에서 채혈한다.
⑦ 검사지에 혈액을 바르면 혈당 수치가 나타난다.

검사지 삽입하기	채혈하기	혈액주입하기	혈당 측정하기
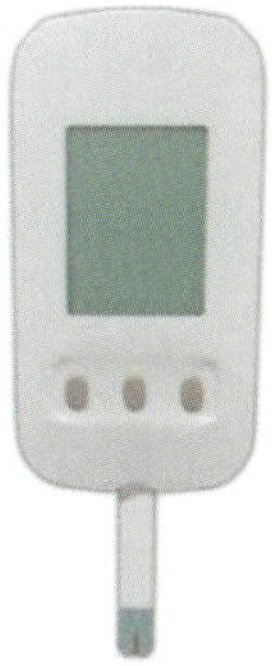	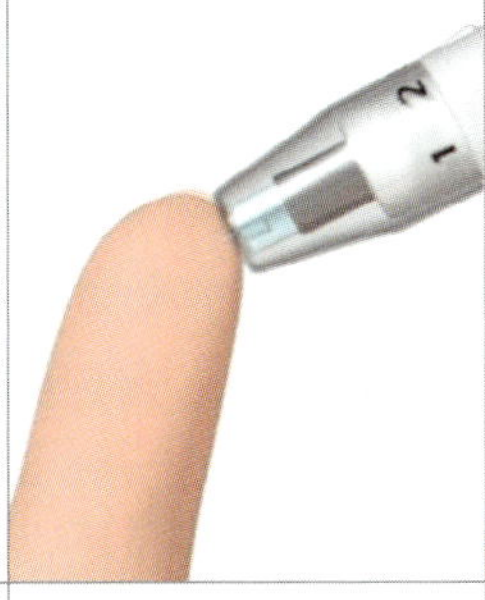	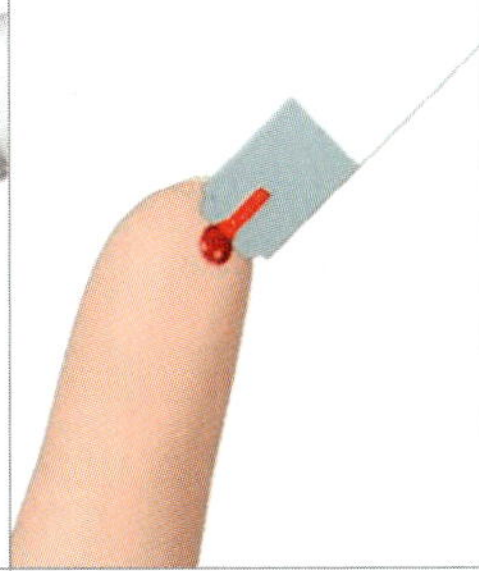	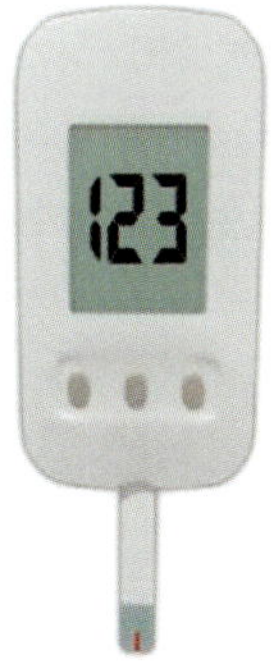
검사지를 삽입구에 삽입한다.	채혈기로 채혈한다.	사용설명서에 따라 혈액을 점적 또는 흡입한다.	일반적으로 5부터 1까지 숫자가 나온 후 측정결과가 나타난다.

혈당 정상 참고수치

- 공복 혈당 정상 참고수치: 100mg/dL 미만
- 식후 2시간 이내 혈당 정상 참고수치: 140mg/dL 미만

(7) 수동식 인공호흡기

수동식 인공호흡기(Resuscitator Bag)는 인공호흡 시 사용하는 보조기구로서 환자의 호흡을 유도하고, 산소를 추가적으로 공급하기 위한 기구이다. 자발 호흡이 없는 경우에 외부의 힘으로 공기가 들어가게 하는 양압 호흡 방식으로, 응급조치 시 수동식 인공호흡기의 안면 마스크 부분을 환자의 코와 입에 완전히 부착한 뒤 백 밸브를 손으로 압력을 가하여 산소를 유입시킨다. 비상의료용구(EMK)와 같이 묶어 보관되어 있다.

수동식 인공호흡기의 유래

최초의 상업적 수동식 산소 소생기는 1956년 독일의 개발기술자 '홀거 헤세(Holger Hesse)'와 마취학자 '헤닝 루벤(Henning Ruben)'에 의해 개발됐다. 이들이 1956년 '엠부(AMBU)'라는 회사를 설립하면서 개발한 산소 소생기는 '엠부 백(Ambu Bag)'으로 불렸다. 이는 산소 저장 백(Bag) 없이 자체 백(Bag)만으로도 21%의 산소를 공급할 수 있었다.

또 저장 백(Bag)에 연결하면 100%에 가까운 수준으로 산소공급이 가능했다. 개발 당시 우발적인 과압에 의한 압력손상(Barotrauma)을 예방하고자 Pop-Off-Valve2를 설치했다. 이 장비는 지금의 장비와 크게 다르지 않아 지금도 전 세계적으로 사용되고 있다.

모든 형태의 백 밸브 마스크는 인공호흡용 백(Bag), 역류 방지 밸브(Non-rebreathing valve)와 안면 마스크로 구성되어 있다. 모양은 모두 흡사하다.

백 밸브 마스크는 영아와 소아, 성인용으로 구분된다. 백(Bag)의 용량은 제조사에 따라 차이가 있다. 백 밸브 마스크 소생기는 100%에 가까운 농도의 산소를 공급하기 위해 저장 낭이 달려 있다.

백 밸브 마스크의 효용성에 관한 연구는 유럽의 프랑스(15개 센터), 벨기에(5개 센터) 지역의 OHCA(병원 전 심정지 상태) 2,043명에 대한 Cardiac Arrest Airway Management Trial(CAAM: 심장마비 기도관리 시험)에서 심폐소생술 중 4.3%의 생존율을 나타낼 만큼 유용한 장비다.

출처: 현장사례로 본 구급 장비 운영론

(8) 기내 휴대용 산소통

기내 휴대용 산소통(Potable Oxygen Bottle)은 기내 감압 시 또는 기내 응급환자 발생 시 산소가 필요할 경우 제공하는 휴대용 산소통이다. 감압 시에는 이동하며 승객을 구조하기 위해 객실승무원이 휴대하여 사용하기도 하며, 응급환자에게 산소 공급을 위한 응급처치 시 사용하게 된다. 휴대용 산소통은 고압과 저압으로 구분하여 산소를 공급하도록 되어 있다. 고압(HI: High pressure)은 1분에 4L의 산소를 최대 77분까지 공급하고, 저압(LO: Low pressure)은 1분에 2L의 산소를 최대 154분까지 공급할 수 있다. 환자에 적합한 압력을 선택하여 사용하되 처음부터 밸브를 완전히 열지 않으며 조금씩 산소가 흐르도록 개방한다. 산소통 안의 산소가 완전히 소진될 때까지 사용하지 않도록 하며, 화재 시에는 절대 사용해서는 안 되며, 화재발생 주위에 있는 휴대용 산소통을 화재 발생 위치로부터 최대한 먼 곳으로 옮겨 놓아야 한다.

PO₂ 사용방법

① 산소마스크 고무관 끝 고정 부분을 HI 또는 LO 산소통 분출구에 분출구 판을 옆으로 돌린 후 고정시킨다. 이때 완전히 고정되도록 힘을 주어 밀어 넣는다.
② 레버를 시계반대 방향으로 천천히 돌린다.
③ 산소마스크를 환자의 코와 입에 맞도록 하여 고무밴드로 환자의 머리에 고정시킨다.
④ 산소의 흐름 상태를 계속 확인한다.

▲ 기내 휴대용 산소통과 산소마스크

▲ 기내 휴대용 산소통 산소게이지

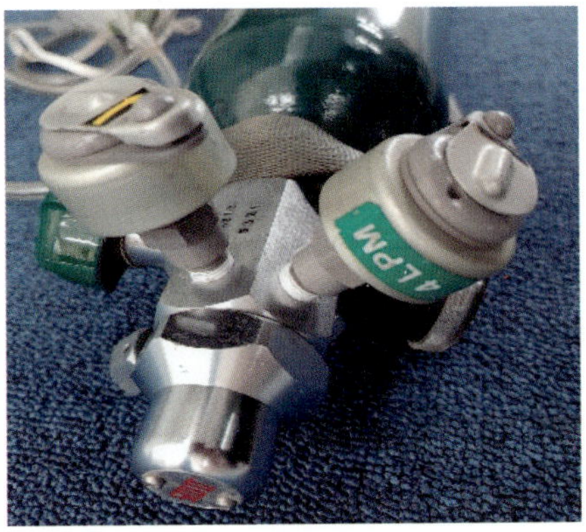

▲ 고압(HI: High pressure)

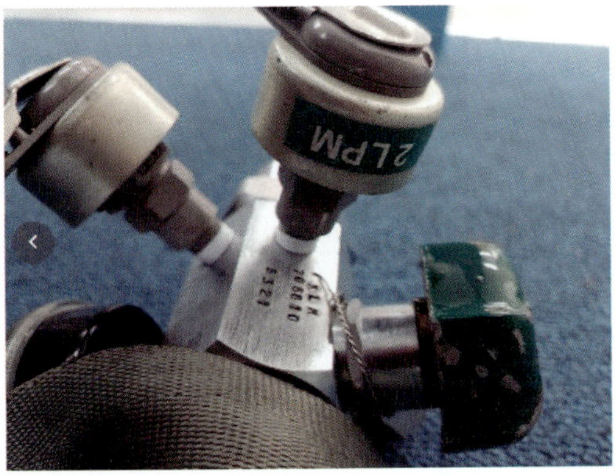

▲ 저압(LO: Low pressure)

(9) 자동심장충격기

자동심장충격기(AED: Automated External Defibrillator)는 심정지가 되어 있는 환자의 가슴에 패드를 부착하고 일정량의 전기충격을 주어 심장의 정상 리듬을 가져오게 해 주는 기기로, 심장에 고압전류를 극히 단시간에 통하게 함으로써 정상적인 맥박으로 회복시키는 기기이다. 의학 지식이 부족한 일반인도 쉽게 사용할 수 있도록 만들어져 있다.

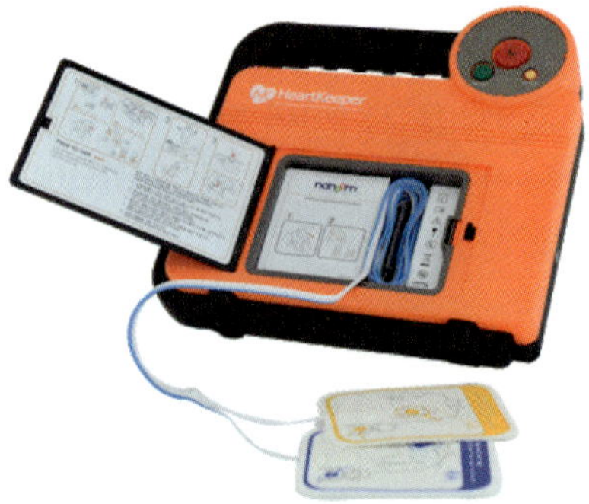

▲ 자동심장충격기(AED)

자동심장충격기(AED) 사용법

① 녹색버튼을 눌러 전원을 켠다. 전원이 켜지면 나오는 음성안내에 따라 행동한다.
② 환자를 반듯하게 눕히고 상의를 탈의해 준다.
③ 각 패드의 표면에 그림으로 표시되어 있는 부착할 위치를 확인한다.
④ 그림에 표시되어 있는 패드의 위치 대로 우측 쇄골 아래쪽과 또 다른 패드는 좌측 가슴 바깥쪽 아래의 겨드랑이 중앙선에 부착한다.
⑤ 패드에 연결된 선을 기계에 꽂는다.
⑥ 기계에서 자동으로 심장리듬 분석 중이라는 말이 나온다.
⑦ 심장 분석에 오류가 나지 않도록 주위 사람들에게 "모두 물러나세요."라고 외치며 환자와 접촉하지 않는다.
⑧ 전자충격이 필요하다면 자동심장충격기 버튼이 깜빡이며 충전을 하게 되며, 충전 후 버튼을 누르라는 메시지가 나오면 자동심장충격기 버튼을 누른다.
⑨ 자동심장충격기 버튼을 누르기 전에는 반드시 주변 사람들이 환자에게서 떨어져 있는지 "모두 물러 나세요."라고 외치며 다시 한 번 확인한다.
⑩ 자동심장충격기 버튼을 누르면 환자에게 자동심장충격기을 위한 전기충격이 가해지게 된다.
⑪ 전기충격이 필요 없거나, 전기충격이 주어지고 나서는 즉시 심폐소생술을 재시행한다.
⑫ 자동심장충격기는 2분마다 심장리듬을 자동으로 재분석하므로, 심폐소생술 도중에 기기에서 음성 지시가 나오면 기기의 지시에 따라서 위의 절차를 반복하도록 한다.

자동심장충격기(AED) 사용법

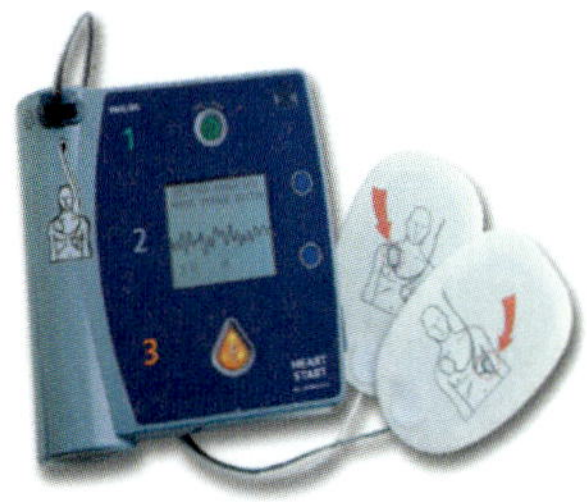	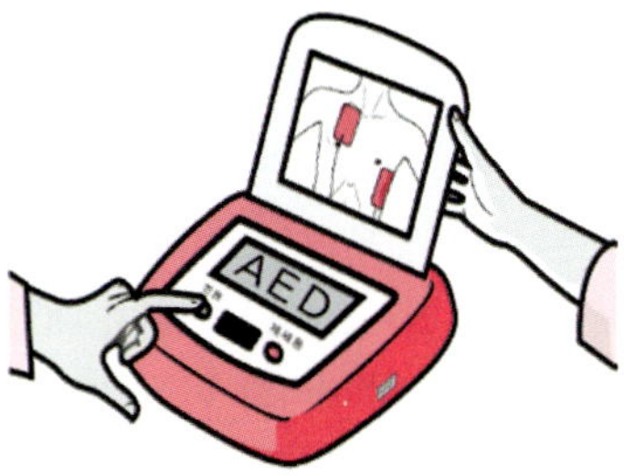
	① 전원을 켠다.
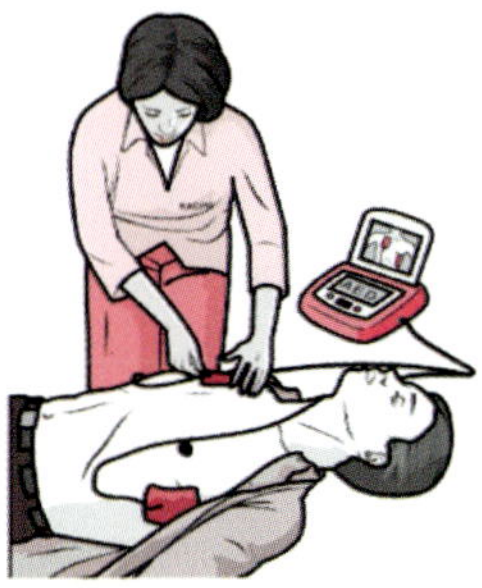	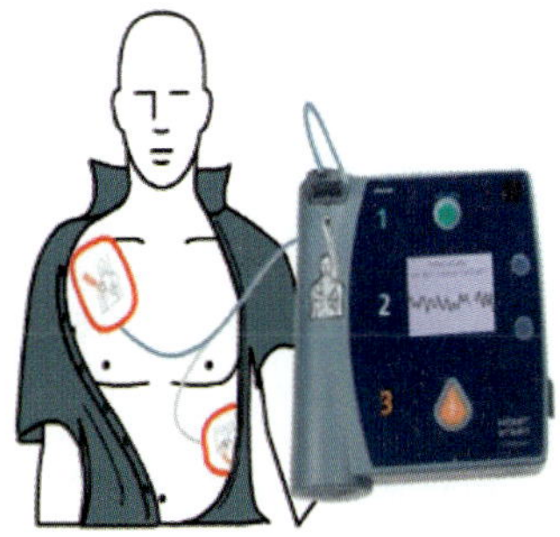
② 패드 1: 오른쪽 쇄골 바로 아래, 패드 2: 왼쪽 가슴 바깥쪽 아래의 겨드랑이 중앙선	
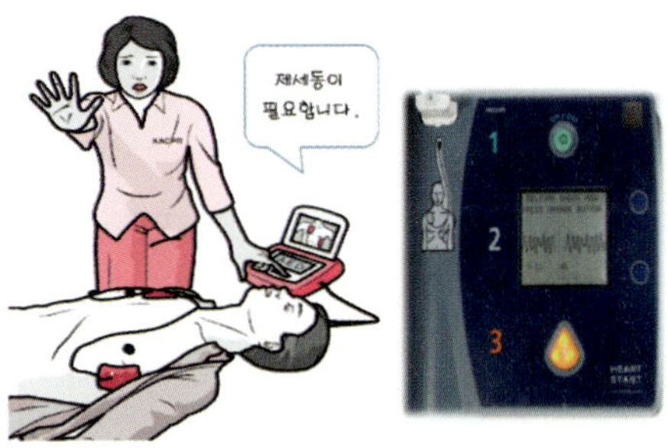	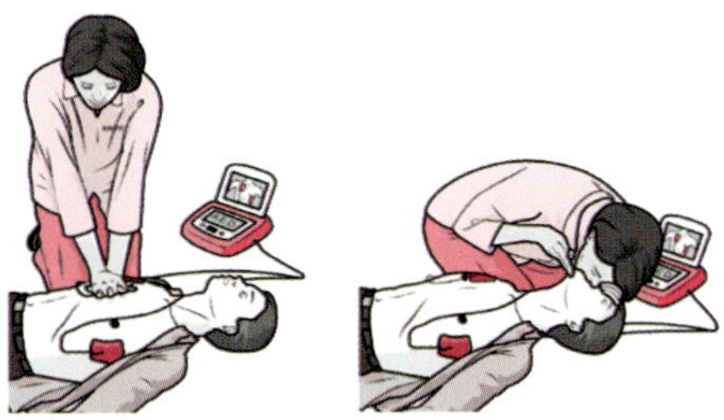
③ 자동 충전 후, 환자와 접촉한 사람이 있는지 확인하고 심장충격기 버튼을 누른다.	④ 심장충격기를 시행한 뒤에는 지체 없이 심폐소생술을 다시 시작한다.

심장충격기가 "제세동이 필요하지 않습니다."라고 분석한 경우에도 심장충격기를 제거하지 않은 상태에서 다시 심폐소생술을 계속 시행한다.

항공기내 심폐소생술 시행 순서

• 심폐소생술은 심정지 이후 4분 이내에 시행되어야 한다.

① 심정지 확인: 환자의 양쪽 어깨를 가볍게 두드리며 반응을 확인한다.
큰 목소리로 "손님, 괜찮으세요?", "눈 떠 보세요?"라고 소리친다.
환자의 몸 움직임, 눈 깜박임, 대답 등 숨을 쉬는지 또는 비정상 호흡을 보이는지 관찰한다. 반응이 없더라도 움직임이 있거나 호흡을 하는 경우는 심정지가 아니다. 심정지는 무반응, 무호흡, 비정상호흡 상태를 말한다.

② 도움 및 신고요청: 환자의 반응이 없으면 즉시 큰소리로 주변 객실승무원에게 도움을 요청한다. 그리고 자동심장충격기(AED)를 요청한다.

③ 가슴압박: 환자의 가슴 중앙에 깍지 낀 두 손의 손바닥 뒤꿈치를 댄다. 손가락이 가슴에 닿지 않도록 주의하여야 하며, 양팔을 쭉 편 상태에서 체중을 실어 환자의 몸과 수직이 되도록 가슴을 압박한다.
가슴압박은 성인은 분당 100~120회의 속도와 가슴이 5~6cm 깊이로 눌릴 정도로 강하고 빠르게 30번 압박한다. 압박할 때는 '하나', '둘', '셋', …, '서른'하고 세어가면서 시행하며, 압박된 가슴이 완전히 이완되도록 한다.

④ 인공호흡: 환자의 목을 뒤로 젖혀 기도를 열고 가슴이 부풀어 오르도록 수동인공호흡기로 2회 실시한다.

⑤ 심폐소생술 반복: 가슴 압박과 인공호흡을 30:2로 의사가 올 때까지 또는 EMCS으로 지상에 의료진의 조언이 있을 때까지 반복한다.

⑥ AED: 자동심장충격기가 도착하면 기계의 지시에 따라 행동한다.

심폐소생술 시행 순서(출처: 대한심폐소생협회)

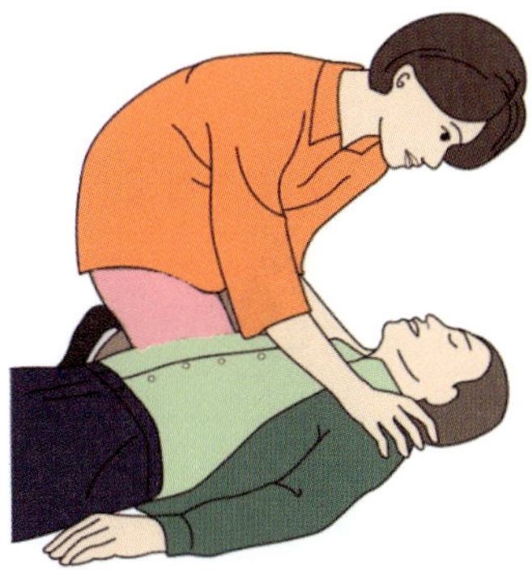

① 반응 확인

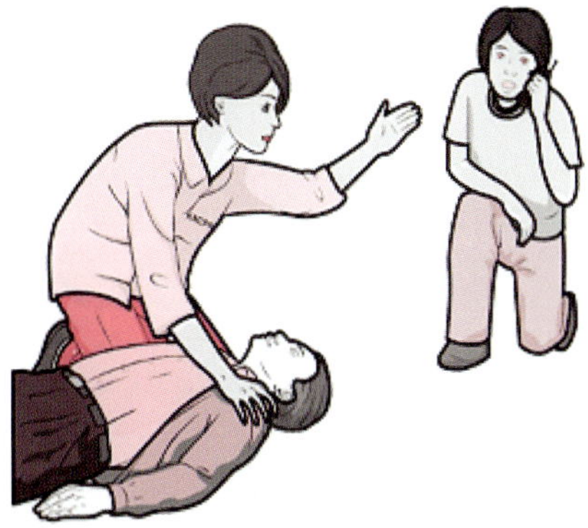

② 도움 및 신고 요청

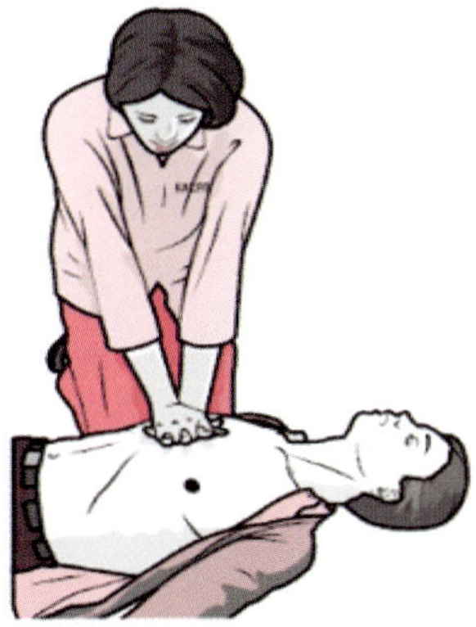

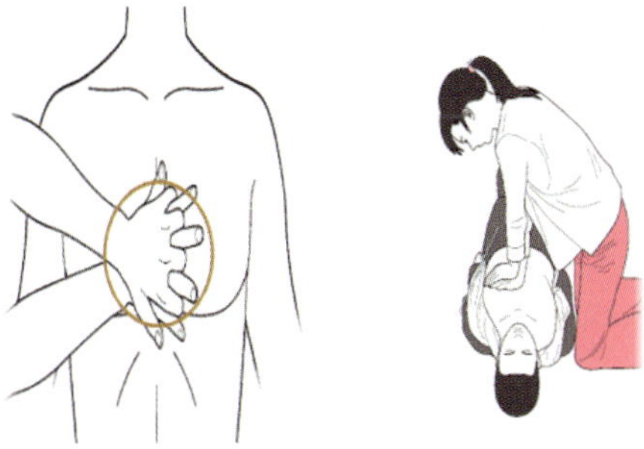

③ 가슴압박(30회)과 가슴압박 위치

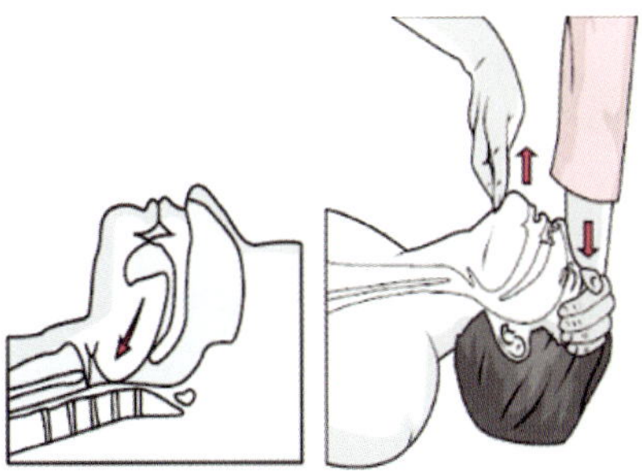

④ 기도 유지

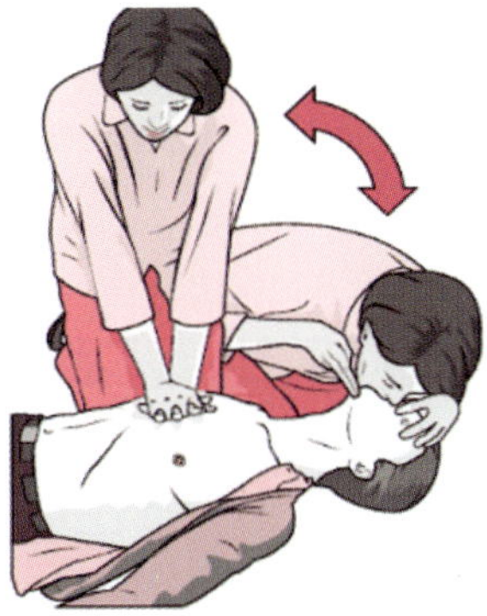

⑤ 인공호흡(2회)

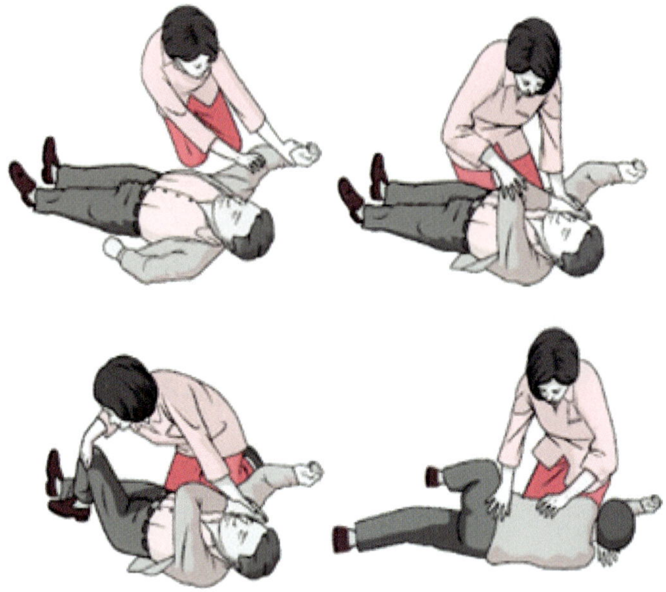

▲ 회복자세: 환자의 심장박동이 돌아왔으나, 아직 의식이 돌아오지 않았을 때 취할 수 있는 자세로 혀나 구토물로 인해 기도가 막히는 것을 예방하고 흡인의 위험성을 줄이기 위한 방법

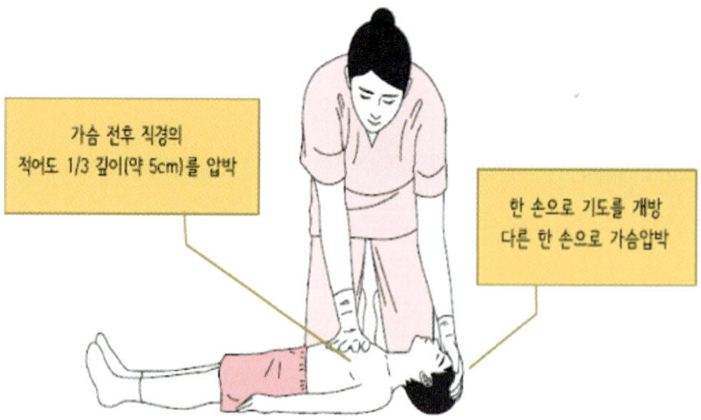

▲ 소아 심폐소생술

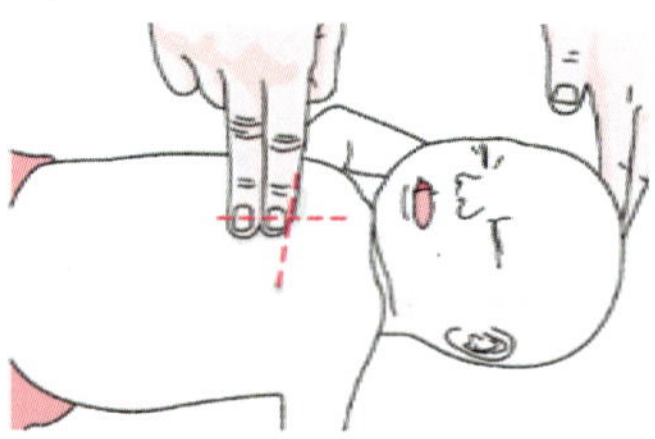

▲ 영아 심폐소생술(두손가락 가슴압박법, 30:2)

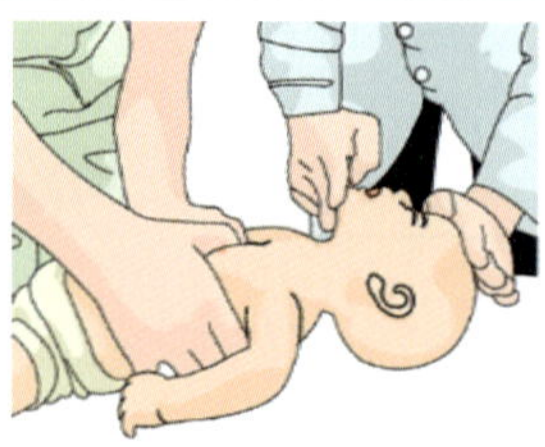

▲ 2인 이상 구조 시(양손 감싼 두 엄지 가슴압박법, 15:2)

연령별 심폐소생술

	성인	소아	영아
나이의 정의	만 8세 이상	만 1세부터 만 8세까지	만 1세 이전의 아기
심정지의 확인	무반응		
	무호흡 혹은 심정지 호흡		
	10초 이내 확인된 무맥박(의료인만 해당)		
심폐소생술 순서	가슴압박-기도유지-인공호흡		
가슴압박 속도	최저 분단 100회 이상(최고 120회 이하)		
가슴압박 깊이	최소 5cm 이상 (최대 6cm)	가슴 깊이의 1/3 (5cm)	가슴 깊이의 1/3 (4cm)
가슴 이완	가슴압박 사이에는 완전한 가슴 이완		
가슴압박 중단	가슴압박 중단은 최소화(불가피한 중단 시는 10초 이내)		
기도 유지	머리 젖히고 턱 들기(Head tilt chin lift)		
가슴압박 대 인공호흡 비율	30:2	30:2(1인 구조자) 15:2(2인 구조자)	
심폐소생술 교육을 받지 않았거나 할 수 없는 구조자	가슴압박 소생술 시행		

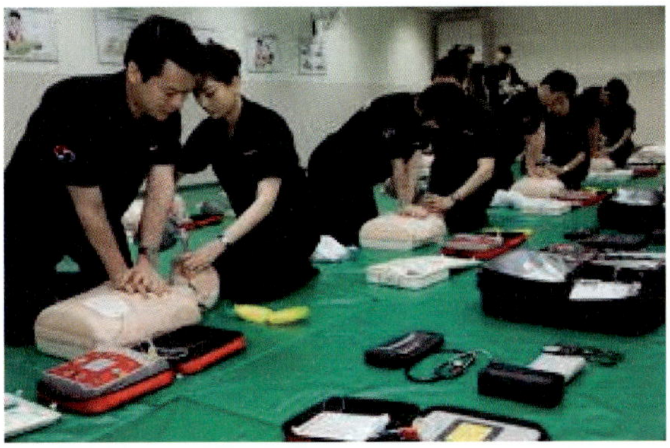

▲ 객실승무원 심폐소생술 훈련

응급처치 장비 사용 시 주의사항

- **구급의료용품(FAK: First-aid Kit)**
  - 의사 처방 없이 사용 가능
  - 사용 전 기장에게 반드시 보고

- **비상의료용구(EMK: Emergency Medical Kit)**
  - 기장에게 보고하여 기장의 판단하에 EMK 약품 및 의료 기구 사용이 가능한 의료인이 사용
  - 의사가 아닌 의료인(한의사, 치과의사, 간호사, 조산사)이 EMK 약품을 사용하고자 할 경우 EMCS 연락
  - EMK LIST 내 ★표시된 일반의약품은 의사 처방이 불필요하며 기장의 허락하에 객실승무원 사용 가능

- **자동심장충격기(AED: Automated External Defibrillator)**
  - 의사 및 응급구조사가 사용
  - 의사 및 응급구조사가 기내에 없을 경우, 기타 의료인 또는 EMCS의 도움 및 지시를 받아 AED 교육을 이수한 객실승무원이 사용 가능

기종별 응급장비 탑재 위치

기종	EMK	RESUSCITATOR BAG	AED	ON-BOARD WCHR
B777-200	A ZONE COATROOM	EMK와 같이	R2 GLY SIDE COMPARTMENT	R2 COATROOM
B777-300	A ZONE COATROOM	EMK와 같이	R2 GLY SIDE COMPARTMENT	R4 COATROOM
A330-200	A ZONE R SIDE 후방 COATROOM	EMK와 같이	9GH 뒤 DOG HOUSE	R4 SIDE COMPARTMENT
A330-300	A ZONE R SIDE 후방 COATROOM	EMK와 같이	11GH 뒤 DOG HOUSE	R4 SIDE COMPARTMENT
A330-300(333Y)	R4 DOOR GLY COMPARTMENT	EMK와 같이	10SEAT DOG HOUSE	R4 GLY 옆 COMPARTMENT
A300-600	C ZONE COATROOM	EMK와 같이	L1 GLY SIDE COMPARTMENT	없음
B737-800/900	없음	R4 DOOR GLY COMPARTMENT 내	없음	없음

항공기내 응급환자 발생 사례

• 진단: 심장마비 의증

유럽을 출발하여 인천으로 향하던 비행기에 한국인 노부부가 탑승하였다. 그 중 남자 승객이 기내식을 드시지 못하여 승무원들이 흰죽을 만들어 제공해 드렸다. 유럽에서 식사를 제대로 못하셨는데 승무원이 제공한 흰죽 한 그릇을 다 드셨다고 매우 감사해하셨다. 그 이후 상태가 호환되어 보였고 두 번째 기내식 서비스 시에도 흰죽을 원하는지 여쭤보고 흰죽을 제공해드렸다. 그런데 서비스가 다 끝나고 도착 2시간 전쯤 기내 화장실에서 쓰러진 채로 발견되었다. 부인이 함께 화장실을 동반하여 남편이 나오지 않으니 승무원을 불렀고 객실승무원이 상태를 파악하고 노크를 하고 불렀으나 대답이 없어 화장실문 비상 고리를 풀고 문을 여니 승객이 쓰러져 있는 것을 발견하였다. 공간이 넓은 항공기 Door 앞으로 환자를 이동시킨 뒤 의식과 호흡 맥박이 없는 상태를 확인한 후 즉시 다른 객실승무원에게 도움을 요청하고 심폐소생술을 실시하였다. 기내의료진을 호출하였으며 AED를 사용하고 CPR을 지속적으로 실시하였으나 반응이 없었다. EMCS을 통해 통제센터 및 항공의료센터와 통화를 하면서 상황을 전달하였고 기내에 탑승한 의사 또한 EMK를 사용하였으나 회복 되지 않아 의사가 사망을 선언하게 되었다. 이코노믹 클래스에 빈 좌석이 없어, Main Deck 비즈니스석에 탑승한 한 명의 승객에게 양해를 구한 뒤 Upper Deck 비즈니스석으로 좌석이동을 시키고, 비어 있는 Main-Deck 비즈니스석의 뒷좌석 앞 아래공간에 사망 환자를 누이고 담요로 덮은 뒤 비즈니스 객실 온도를 최하로 내리고 목적지까지 도착하여 후속 처리를 진행하였다.

• 진단: 폐쇄공포증 의증

서울 출발 국내선에서 Door를 닫는다는 사무장 방송이 나간 뒤 앞쪽에 탑승한 40대 여성 승객이 항공기 앞쪽 Door로 뛰쳐나오며 막무가내로 문을 열어 달라고 하며 내리겠다고 소동을 피웠다. 여승무원(객실 사무장)은 즉시 이유를 물으니 숨이 안 쉬어져 답답하다고 호소했다. 차분히 안정을 취할 수 있도록 대화를 유도했고, 속옷을 느슨하게 하도록 했으며, 휴대용 산소통을 사용하여 호흡을 편하게 할 수 있도록 도움을 주었다. 그러나 사실 산소를 개방하지는 않았다. 승객의 마음을 안정시키기 위한 행동이었을 뿐이다. 승객은 곧 마음의 안정을 찾았고 자기 자리로 돌아가는 것을 매우 창피해 하여, 승무원의 뒤로 몸을 숨기고 좌석으로 안내해 드렸으며 비행 중에도 아무 일 없이 목적지에 무사히 도착할 수 있었다.

Chapter 03

응급환자 후속 관리

1. 응급환자 심리상태와 지속적 관리

1) 응급환자의 심리상태와 지속적 관리

응급환자 후속관리란 발병 당시 응급환자의 상태가 심각하지는 않으나 적시에 적절한 의학적 조치가 이루어지지 않아 위급한 상황으로 진행될 수 있는 질병에 있어서 그 악화 가능성을 미연에 방지하기 위한 절차를 의미한다. 따라서 객실승무원은 기내 응급환자 상태가 악화되지 않도록 환자의 상태를 지속적으로 점검하며 관심을 가져야 한다. 또한 다른 탑승객의 여행이 방해되지 않도록 신속하고 정확하게 조치를 취하는 것도 중요하다.

응급환자 발생 시 응급처치는 물리적인 치료와 정신적인 안정감을 함께 제공해야 하며, 응급환자의 상태가 악화되지 않게 후속관리를 하여야 하며, 환자의 심리적 상황까지 관심을 가지고 세심한 배려를 해야 한다.

응급환자와의 효과적인 의사소통을 위해서는 부드럽고 온화한 목소리로 환자의 불안을 덜어 주어야 하고 천천히 환자가 알아들을 수 있도록 말하며 간결하게 의사소통하도록 한다. 객실승무원은 응급환자의 기능회복을 위해 정서적으로 침착한 어투와 행동으로 신뢰감을 줄 수 있어야 하며, 응급처치 시에는 응급처치 상황을 환자에게 설명해야 한다. 환자의 심리반응에 대해 잘 이해하여 긍정적인 심리를 가질 수 있도록 지속적으로 관심을 갖도록 한다.

2) 응급환자의 심리적 반응의 일반적 유형과 대응

기내 환자에게 응급처치를 행하는 것은 환자의 질환을 완전하게 치료하는 것이 아니라 위급한 상황을 넘길 수 있도록 신속하게 조치를 취하여 안전한 상태가 될 수 있도록 최선을 다하는 데 의미가 있다. 응급상황의 환자는 긴급한 조처를 필요로 하며, 치료를 받지 못했을 때는 큰 문제가 생길 수 있다. 더구나 적합한 전문 의료인의 진료를 받지 못하는 항공기 객실이라는 제한적 상황에서 응급환자의 심리적 불안감은 지상에서보다 더욱 커질 수 있다. 일반적으로 응급상황에서 개인은 불안과 스트레스, 무력감을 느끼게 되며, 의존성 또한 높아지게 된다. 어느 정도까지는 정상적인 반응으로 볼 수 있지만, 그 정도가 심하여 응급처치와 기능회복에 방해가 될 정도가 되면 비정상적인 반응으로 볼 수 있다. 인간의 감정과 신체적 기능은 상호의존적으로 영향을 주므로 정도가 심한 비정상적인 반응은 환자의 증상을 악화시킬 수 있다. 또한 많은 응급상황의 환자들은 자신의 신체적 증상의 위험을 실제보다 확대하거나 왜곡하여 인지하고 해석하는 경향이 있는데, 이것은 심리적 불안이 큰 경우에 더욱 그러하다. 따라서 객실승무원은 지속적인 관심과 보살핌으로 환자의 심리적 상태를 잘 파악하여 불안감을 감소시키고 안정감을 주어야 한다.

응급환자의 심리적 반응의 일반적 유형과 대응

유형	응급환자 상태	대응요령
보편적 반응	• 눈물을 흘린다. • 위장계통의 증상을 보인다. (오심[1], 구토, 설사) • 발한, 빈뇨, 근육의 긴장, 과호흡 증상이 나타난다.	• 따뜻한 관심과 배려로 환자와 공감대를 가진다.
우울 반응	• 말이 없어지고 멍한 상태가 된다. • 상태에 대해 무감각한 느낌으로 대응한다.	• 기분을 전환하도록 격려한다. • 감정이입하여 공감하다. • 환자에게 지속적인 관심을 표현한다.
심인성 반응	• 특별한 이유 없이 신체에 부분적 마비가 온다. • 심한 오심과 구토 증세를 보인다.	• 안정시키고 편안한 감정을 갖도록 한다. • 따뜻한 관심을 표현하여 회복의 희망을 준다. • 증상이나 상황으로부터 환자의 관심을 돌릴 수 있도록 한다.
불안 반응	• 쉬지 않고 빠르게 계속 말을 한다. • 주의력이 극도로 약해진다. • 신체적으로 과잉행동을 한다.	• 기분 전환을 유도한다. • 세심하게 관찰하며 육체적 활동을 유도한다. • 환자와 논쟁을 피한다.
히스테리 반응	• 계속 울거나 판단력이 흐려진다. • 통제되지 않으려고 거칠게 행동한다.	• 친절하게 대하며 공감하고 있음을 알려준다. • 자극을 주지 않도록 하며, 요구하는 도움을 적극적으로 제공한다.

1) 가슴속이 불쾌하고 울렁거리며 구역질이 나면서도 토하지 못하고 신물이 올라오는 증상이다.

3) 아동 응급환자와의 의사소통

아동은 성인보다 낯선 환경이나 낯선 사람에 대한 불안감이 크며, 예기치 못한 응급상황에서는 더 큰 불안감이 나타나기 때문에 이러한 불안감을 완화시키는 것에 중점을 두어야 한다. 보호자가 동반하는 경우에는 보호자와 협조하여 상황에 대응할 수 있어 의사소통이나 불안감 완화가 상대적으로 용이한 편이지만, 보호자 없이 탑승하는 아동(UM: Unaccompanied Minor)의 경우에는 우선적으로 아동이 안정감과 신뢰감을 가질 수 있도록 친근하고 부드러운 태도로 아동의 눈높이에 맞는 대화를 하는 것이 중요하다. 그렇다고 질문을 많이 하는 것은 오히려 좋지 않으며, 알아듣기 쉽도록 정확하고 직접적인 언어를 사용하는 것이 좋으며, 가벼운 신체적인 접촉, 즉 손을 잡아주거나 등을 토닥여 주기 등으로 아동이 심리적인 안정감과 친근감을 갖도록 돕는다. 그러나 문화적 차이를 고려해 사전에 동의를 구하는 것이 좋으며, 동성의 객실승무원이 행하는 것이 자칫 오해를 불러일으키지 않으니 주의하도록 한다. 말씨는 부드럽고 친절하게 하며 감정에 맞추어 따뜻하게 공감을 표현하도록 한다.

▲ **보호자 없이 탑승한 아동(UM: Unaccompanied Minor)**

비동반 소아(UM: Unaccompanied Minor) 환자 발생 사례

진단: 정신적 불안감에서 오는 스트레스 의증

하와이에서 인천으로 향하던 비행기에 10세의 여학생이 보호자 없는 비동반 소아(UM: Unaccompanied Minor)로 탑승을 했다. 탑승 시에는 건강에 아무 이상이 없었으나 첫 번째 식사 서비스 시 가슴과 배에 통증을 호소하며 구토 증세를 보이며 울음을 터트렸다. 긴급히 기내의료진 호출(Doctor Paging)을 하여 탑승한 의사선생님의 도움을 받아 응급처치를 시행했다. 소화제를 복용토록 하였고, 식사는 안하는 것이 좋다고 하였고, 옆 좌석에 객실승무원이 동승하여 지속적으로 따뜻하게 돌보아주었다. 다행히 울음을 그치고 구토 증상도 보이지 않게 되었고 심신의 안정을 회복하게 되었다. 심지어 배고픔을 호소하여 의사의 조언에 따뜻한 우유로 우선 요기를 채우게 한 뒤 가벼운 식사를 하도록 도와주었다. 기내에 탑승한 여러 승무원들이 많은 관심과 애정을 쏟으니 아동은 완전히 회복하게 되었고 웃으며 무사히 부모님께 인도되었다.

2. 응급환자 후속 관리 절차

1) 착륙 후 공항 협조 체제와 절차

응급환자 발생 후 응급조치를 실시했음에도 환자의 증상이 더욱 악화되어 생명에 지장이 있다고 판단되면, 기장의 최종 판단에 따라 최종 목적지가 아니더라도 착륙허가가 가능한 가까운 공항에 임시 착륙할 수 있다. 착륙이 결정 났을 시에는 환자의 상태에 따라 사전에 필요한 응급장비와 함께 전문 의료진의 대기 요청을 하여 응급환자 지원이 신속하고 순조롭게 진행되도록 조치한다. 최종 목적지까지 비행이 가능하다면 더욱 구체적인 의료 요청을 할 수 있다. 기장은 착륙 후 지상 의료지원이 필요하다고 판단되면 요청할 수 있다. 객실승무원은 게이트 도착 시 전문 의료진이 응급환자에게 최대한 신속하게 접근할 수 있도록 나머지 승객들에게 착석해 줄 것을 요구하는 기내방송을 실시한다.

착륙 후 인계할 응급환자에 관한 모든 참고사항을 지상에 대기하는 의료진에게 전달해야 한다. 도착 후 공항 의료진에게 환자가 인도될 때까지 객실승무원은 반드시 환자 옆에서 지속적인 도움을 준다. 객실승무원이 교대될 때는 응급환자 상태에 관한 기본 상황을 교대 팀에게 알릴 수 있도록 보고서를 작성하여 전달해야 한다.

필요 시 상황을 목격한 주변 승객의 진술서를 첨부하여야 하며, 국제보건규정(IHR: International Health Regulations)에 따라 각국의 공중보건기구는 항공기에서 발생한 질병 및 사망에 대해서 입국 전 통보를 요구하고 있다. 따라서 질병 등의 의료사고에 대하여 입국 전 해당 국가에 반드시 통보해야 한다.

기내에서 사고 또는 멀미 등으로 인하여 발생한 것이 아닌 발진, 두드러기, 발열, 오한, 설사 등의 증세가 발생할 경우와 사망 사고가 발생할 경우 기장에게 해당 사항을 보고하고 항공기 입출항 신고서(GD: General Declaration[2]))에 관련 내용을 기입해야 한다. 발생 환자에 대해서 최대한 자세한 정보를 기록해야 한다.

---

2) GD: General Declaration, 항공기 입출항 허가를 받기 위해 관계기관에 제출하는 서류의 일종이며, 항공편의 일반사항과 승무원명단 승객명단 등이 수록된 문서로 승무원들도 각 체류지에 도착하여 이민국을 통과할 때 이것을 제출하게 된다.

의료 지원 요청 사항

- 앰뷸런스(앰뷸런스 대기의 명확한 하기 도어(DOOR) 위치 및 기타사항을 전달받는다.)
- 전문 의료인 대기

항공기 입출항 신고서(GD: General Declaration)에 기재 내용

- 환자 인원수
- 성별
- 나이
- 증상
- 출발지
- 환자가 취식한 음식(식중독으로 예상될 경우)

▲ 휠체어 승객 탑승 장비

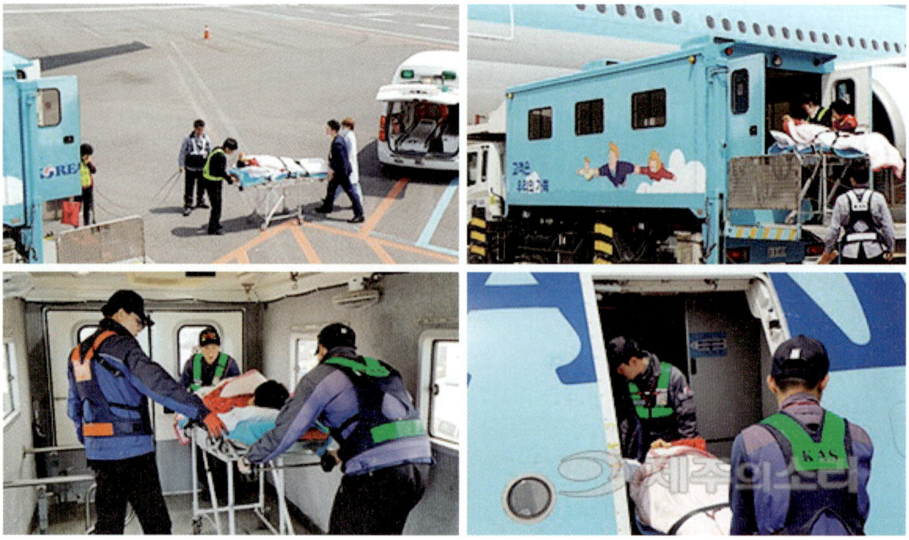

▲ 지상 의료지원

응급환자에 관한 전달내용

- 환자의 성별
- 생년월일(나이)
- 주소 및 연락처
- 동반자 유무
- 병력
- 약품 소지 여부
- 응급처치 내용과 활력징후
- 기타사항

2) 기내 사망환자 발생 시 절차

승무원은 공식적으로 승객의 사망을 선고하지 않아야 한다. 탑승 중인 자격이 있는 의료인가권자에 의해 사망이 선고되면, 의료인과 종합통제부의 합의에 의해 그 비행은 목적지까지 계속 할 수 있다. 사망승객이 발생한 상황에서 다른 나라로 입국 시에는 신속하게 현지 공중보건기관에 통보를 해야 한다. 만일 사망 선고가 되지 않았다면 의식이 없는 상태로 간주하여 적절한 응급처치를 계속 시행해야 한다.

사망환자 발생 시 절차

① 사망자는 좌석에 앉힌 상태로 좌석벨트로 묶고 담요로 덮어 둔다.
② 이와 같은 사실을 승객들이 알지 않도록 조심한다.
③ 가능하다면 사망자 주위의 승객을 다른 좌석으로 이동시켜 배정해 준다.
④ 사망자의 개인 소지품은 잘 보관하여 도착지 공항에 전달한다.
⑤ 착륙 후 기장은 사망진단서를 발행할 수 있도록 협조하게 된다.
⑥ 객실 사무장은 보고서를 작성하여 제출한다.

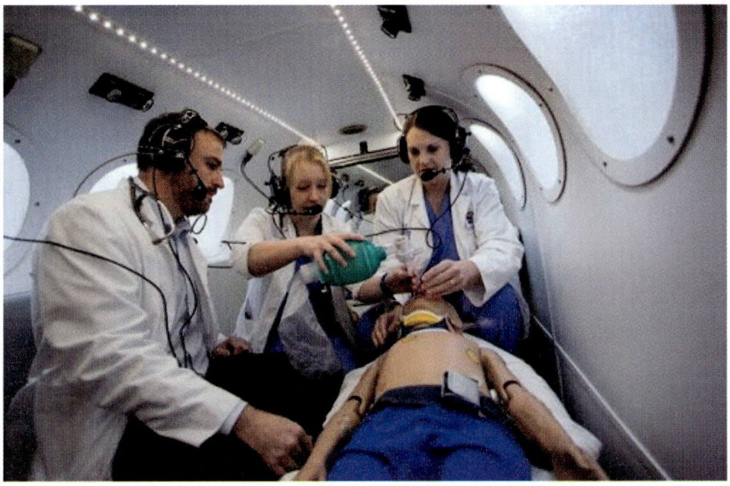

3. 응급환자 발생 내용 및 대처상황 기록

비행 중 응급환자가 발생하면 응급환자 발생 내용 및 대처상황을 기록하여야 한다. 비행구간, 승객 인적사항과 승객에게 조치를 취한 기내 탑승 의료인의 성명, 연락처, 업무분야, 상황발생 장소 및 시간, 발생 내용 및 객실승무원과 의료진의 조치사항, 사용된 기내 의료장비, 시간대별 조치사항을 구체적이고 상세히 작성한다.

1) 경미한 환자에 관한 응급처치 보고서 작성

비행 중 경미한 증상을 보인 환자에게 응급처치를 시행하였고 착륙 후 별도의 의료지원이 필요하지 않은 경우, 회사 복귀 후 회사의 일정한 보고서 양식이나 온라인 보고서를 작성하여 제출한다.

경미한 증상을 보인 환자 보고서 작성 내용

① 항공편명
② 승객좌석 번호
③ 동반자 유무
④ 응급환자 최초 발생 시간
⑤ 응급환자의 증상과 징후
⑥ 응급처치 내용

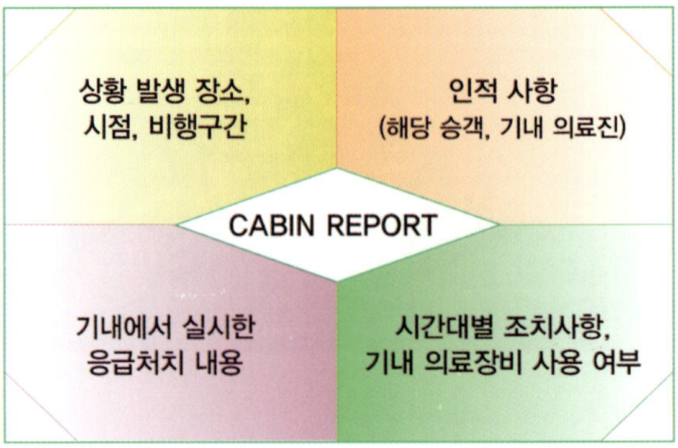

2) 중증환자의 응급처치 보고서 작성

비행 중 중한 증상을 보인 환자에게 응급처치를 시행하였고, 의사를 호출하여 구급의료용품(FAK: First-aid Kit), 비상의료용구(EMK: Emergency Medical Kit) 내용물을 사용했을 경우, 응급처치에 대한 내용과 세부상태를 의사가 직접 의료정보 기록지에 작성하도록 객실승무원은 안내해야 한다. 의료정보 기록지는 비상의료용구(EMK), 구급의료용품(FAK) 안에 보관되어 있다.

객실 사무장 · 캐빈 매니저는 회사 복귀 후 경증환자 보고서 내용과 회사의 일정한 보고서 양식이나 온라인 보고서를 작성하여 제출해야 하며 필요 시 상황을 목격한 주변 승객의 진술서를 첨부하도록 한다. 승객이 진술서 작성을 원하지 않는다면 승객의 좌석번호와 연락처만이라도 기록한다.

보고서 사례

Portion(구간)	BKK/ICN(방콕 출발 인천행)
PAX(Passenger, 승객)	171명
제목	18. JAN. 12, TW(편명)102, 알레르기 환자 발생 건
내용 및 증상	• 이륙 후 어린이 승객(女) 피부 발진 증상 보임 • 피부가 빨갛게 달아오르고 두드러기 같은 것이 나타남 • 승무원 기장 보고 및 계속 Monitoring • 보호자 빈 좌석으로 변경 후 어린이 좌석에 눕힘 • 해당 승객과 일행은 탑승 전 방콕에서 저녁식사를 하였음
응급처치	• 환자에게 얼음 팩 제공 • 좌석 변경하여 환자가 편안하게 안정을 취할 수 있도록 조치함 • 모든 승무원 적극 Care • 추가: 승객이 알레르기 약을 달라고 하지 않았으므로 객실승무원이 먼저 약의 유무를 전달하지 않음
기타 (증인, Complain, 등)	• 비행 중 그 이상의 징후는 보이지 않았으며 하기 시 훨씬 괜찮은 모습으로 하기 • 피부가 민감한 승객에게는 건조한 기내환경으로 인해 위와 같은 증상이 나타날 수도 있음 • 환자 인적사항 확보 완료

I can do it

1. 응급환자 발생 여부를 신속히 파악하고 보고할 수 있다.

2. 응급환자 발생 시 응급처치 장비를 활용하여 대응할 수 있다.

3. 응급환자의 심리 상태를 파악하여 지속적으로 관리할 수 있다.

4. 응급환자 관련 후속 조치 내용을 기록하고 보고할 수 있다.

PART

3

상황별 응급처치

학습목표

1. 기내에서 응급환자 발생 시 분류별로 적합한 응급처치를 할 수 있다.
2. 기내에서 응급환자 발생 시 탑승의사나 의료진의 응급처치에 필요한 적합한 장비를 제공할 수 있다.
3. 기내에서 응급환자 발생 시 탑승의사나 의료진의 응급처치를 함에 있어 곁에서 보조할 수 있다.

Chapter 01

호흡기계 증상 및 응급처치

1. 호흡기계

호흡기계는 공기 중 신진대사에 필요한 산소를 흡입하여 에너지 대사의 결과로 생긴 이산화탄소 방출에 관여하는 신체기관 계통이다. 호흡작용을 하는 기관으로는 코의 외관인 외비, 비강, 인두, 후두에서 허파(폐)로 통하는 엄지손가락 정도 굵기의 관 모양의 기관과 기관에서 양쪽 허파로 갈라져서 폐의 입구까지 이르는 기관지 그리고 허파로 구성되어 있다. 해부학적으로 호흡기계는 공기가 입과 코를 지나 허파에 도달하기까지의 통로인 기도, 가슴에 위치한 허파, 공기가 기도를 통해 허파까지 이동하여 가스교환이 이루어지도록 운동을 하는 호흡근과 가슴우리로 나눈다.

들숨과 날숨은 가로막을 포함한 호흡근과 가슴우리의 움직임을 통해서 압력차에 의한 공기 흐름이 발생하고 평상시에는 들숨은 능동적 운동에 의해서, 날숨은 수동적으로 탄력반동에 의해서 이루어진다. 허파는 오른허파와 왼허파로 나뉘며 말단에는 가스교환이 이루어지는 다수의 허파꽈리가 있다. 기도는 공기가 입과 코를 지나 허파에 도달하기까지의 통로이며 상(上)기도와 하(下)기도로 구분된다. 상기도는 코 안에서 인두까지의 부분이고, 하기도는 후두, 기관, 기관지로 이어지는 부분이다.

비행 중인 항공기내에서 이러한 기관의 기능의 이상으로 발생할 수 있는 증상으로는 저산소증, 과호흡, 기도폐쇄, 천식이 나타날 수 있다.

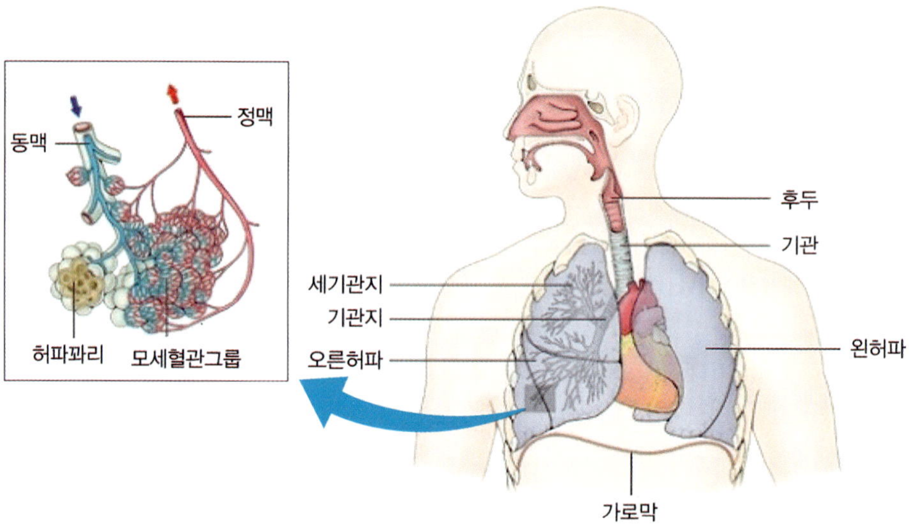

▲ 호흡기계

2. 호흡기계 증상별 응급처치

1) 저산소증

(1) 저산소증 정의

저산소증(Hypoxia)은 산소 운반과 대사과정의 장애로 인하여 몸 전체 혹은 신체 일부에서 적절한 산소공급이 이루어지지 않아 산소가 결핍되어 있는 상태이다. 저산소증은 기내 감압현상 시 발생할 수 있다. 저산소증의 종류는 총 4가지이다. 저산소성 저산소증(Hypoxic Hypoxia)은 동맥혈액 내에 있는 산소분압이 정상보다 낮은 경우이며, 빈혈성 저산소증(Anemic Hypoxia)은 빈혈이나 심한 출혈 후 헤모글로빈 양이 신체가 필요로 하는 산소를 공급하기에 너무 적거나, 존재하는 헤모글로빈이 전혀 기능을 못할 때 생기게 되며, 국소적 울혈성[1]저산소증(Stagnant Hypoxia)은 신체의 어느 부위라도 혈액 순환이 감소되거나 방해되면 생기는데 사지에 순환의 방해로 발생할 수 있으며, 출혈을 막기 위해 지혈대를 사용하거나 차가운 곳에 노출되었을 때도 일어날 수 있다. 조직독성 저산소증(Histotoxic Hypoxia)은 혈액량, 혈액의 산소공급은 정상이지만 조직의 세포가 산소를 제대로 이용하지 못하는 경우에 발생한다.

(2) 증상 및 징후

혈액 속에 산소농도가 낮으면 경동맥소체에서 뇌에 경고를 보낸다. 경고를 받은 뇌는 몸에 다음과 같은 명령을 보내는데, 호흡이 빨라지고 심박동수가 증가하며, 팔, 다리, 손과 발의 말초혈관이 팽창한다. 초기 증상은 집중력 장애, 사고력 장애, 미세하게 근육을 조절하는 능력이나 섬세하거나 숙련된 행동을 수행하는 능력이 감소하고 그 후 두통, 어지럼증, 구역질, 빠른 호흡 및 심박동수 증가, 판단력 장애, 정서불안, 의식 혼란, 운동력 상실 등의 증상으로 진행된다. 심한 저산소증의 경우, 뇌기능의 장애로 의식 상실을 초래하며 호흡조절 중추의 마비로 호흡정지가 일어날 수 있다.

- 얕고 빠른 호흡과 호흡하기가 힘들고 숨이 가쁘다.
- 두통, 어지러움, 구역질 증상이 나타난다.
- 피로감을 느끼며 깊은 잠에 빠지거나 계속 자려고 한다.
- 불안해하며 초조감을 느낀다.
- 피부의 따끔거림을 느끼며 더워진다.

---

1) 어떤 병이나 증상이 혈액순환의 장애로 일어나는 성질이다.

- 판단력이 떨어지고 시력이 저하된다.
- 신체적 균형감각을 상실한다.
- 피부색이 변한다(청색증－입술, 잇몸, 눈 주위, 손톱에 잘 나타남)
- 뇌기능의 장애로 의식을 잃는다.

(3) 응급처치

혈액 내 산소분압을 높여 주기 위해 수혈 및 외부에서 추가적인 산소공급을 실시해야 한다. 호흡 정지가 일어났지만 심장박동이 멈추지 않은 경우에는 인공호흡을 실시하여 뇌에 충분한 산소를 공급한다. 만일 심장박동이 멈추었다면 즉시 심폐소생술을 시행한다.

① 환자를 안정시키고, 심장에 부담이 가지 않도록 반쯤 앉은 자세로 머리와 어깨를 기대고 무릎을 구부리게 한다.
② 혈액순환과 호흡을 호전시키기 위해서 조이는 옷을 느슨하게 하여 산소를 제공한다.
③ 환자가 치료약을 소지하고 있는지 확인한다.
④ 기내 의료인의 도움을 청하여 의료인의 도움이 있기 전까지 환자의 상태를 상세히 관찰한다.
⑤ 환자가 무의식, 무호흡, 맥박이 촉진되지 않으면 심폐소생술을 시작하고 기내에 구비되어 있는 자동심장충격기(AED)를 사용한다.
⑥ 호흡이 멈추었지만 심장이 계속 작동한다면 인공호흡을 통하여 뇌에 충분한 산소를 제공해야 한다.
⑦ 활력징후를 관찰한다.

필요 응급장비

Resuscitator Bag, 청진기, 자동혈압계, 자동체온계, AED, O_2 Bottle

(4) 응급처치 사례

『기내에서 호흡곤란 온 불독, 산소마스크 씌워 구조』 -YTN-

2018년 객실승무원이 비행기 내에서 호흡곤란 증세를 보인 반려견을 신속한 대처로 구해내 화제가 되었다. 이륙한 지 얼마 지나지 않아 프렌치 불독 '다시'의 혀가 파랗게 변하며 호흡곤란이 일어났다. 이에 견주는 매우 놀라 객실승무원에게 도움을 요청했고, 객실승무원은 프렌치 불독 '다시'가 저산소증임을 한눈에 알아보고 산소를 제공해 숨을 쉴 수 있도록 도왔다. 다행히 '다시'는 산소 호흡기를 끼고 얼마 지나지 않아 정상으로 돌아왔다. 객실승무원들의 신속한 대처와 관심이 생명을 구할 수 있었다.

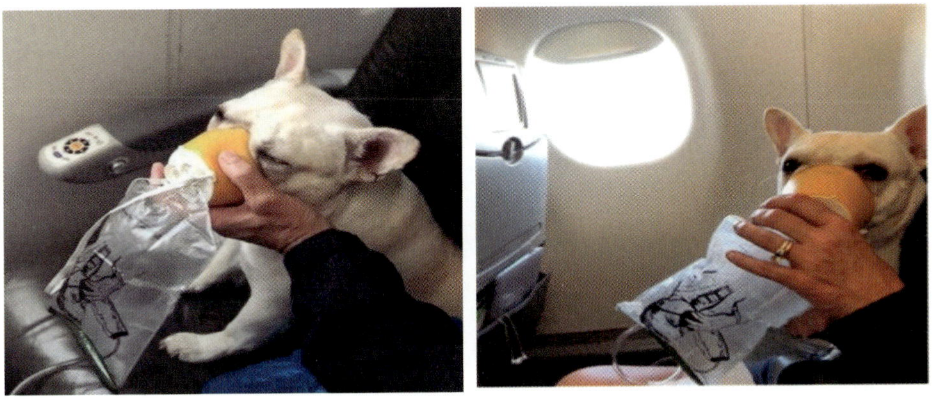

▲ 기내에서 산소 호흡기를 착용하고 있는 프렌치 불독

2) 과호흡

(1) 과호흡의 정의

과호흡(Hyperventilation)은 동맥혈의 이산화탄소 농도가 정상 범위 아래로 떨어져 호흡곤란, 어지럼증 등의 증상이 나타나는 상태이다. 일반적인 호흡은 산소의 흡입과 이산화탄소의 배출이 균형을 이룬 상태에서 자연스럽게 이루어진 것인데, 과호흡은 호흡의 깊이와 속도가 비정상적으로 항진하는 상태로 호흡수는 변하지 않고 호흡의 깊이와 속도가 비정상적으로 증대하는 상태를 말한다. 비행 중 불안, 초조, 공포, 당황, 긴장 때문에 무의식적인 과호흡이 일어날 수 있다. 과호흡 증상은 신체적인 원인과 정신적인 원인에 의해 나타난다. 극심한 흥분 상태에서 호흡이 가빠져서 체내 이산화탄소 농도가 급격히 떨어져 발생하는 현상이다. 일종의 호흡 장애현상으로 자신이 감당하기 어려운 스트레스로 인하여 심장과 폐장의 교류가 원활하게 이루어지지 못할 때 이러한 기묘한 현상이 일어난다. 또한 신체이상 반응 등이 동반되기 때문에 과호흡 증후군이 지속되면 흉통과 부정맥이 발생하고 심할 경우 심장마비가 올 수 있으므로 빠른 대처가 필요하다.

(2) 증상 및 징후

① 호흡의 욕구가 과도하게 증가되어 호흡이 깊고 빨라진다.
② 어지러움을 느끼고 시야가 흐려지고 메스꺼움을 느낀다.
③ 손발에 저림, 경련 또는 뻣뻣해지거나 근육에 힘이 없어지는 것을 느낀다.
④ 균형감각을 상실한다.
⑤ 부정맥이 발생하거나 흉통이 발생할 수 있다.
⑥ 심할 경우 기절하거나 혼수상태에 빠질 수 있다.

(3) 응급처치

① 먼저 환자를 편안한 상태로 눕힌 뒤 꽉 조이는 옷을 풀어 호흡과 순환이 원활하도록 한다.
② 천천히 심호흡을 들이마실 때는 코로, 내쉴 때는 입을 오므려서 천천히 내쉬도록 한다.
③ 증상이 매우 심할 경우 페이퍼백요법(구토대)을 이용한 호흡법(자신의 숨으로 호흡하는 방법)을 유도한다.
- 구토대를 입과 코에 대고 숨을 천천히 6~12번 정도 호흡하게 한다. 자신이

뱉어 낸 이산화탄소(CO_2)를 들여 마시므로 이산화탄소가 다시 몸속으로 돌아가 이산화탄소 농도를 안정적으로 만들어 줄 수 있다. 비닐봉지의 경우 얼굴에 너무 밀착시키면 질식의 위험이 있으므로 주의가 필요하다.

- 종이봉투를 너무 꽉 조이지 말고 종이봉투 안에서도 약간의 바깥 공기로 호흡이 가능하게 한다.

④ 환자에게 호흡을 참으면 증상이 완화된다는 것을 설명하고 실행할 수 있도록 도와준다.

⑤ 불안감과 공포, 정신적 스트레스를 제거할 수 있도록 도와준다.

⑥ 정신적인 원인에 의해 발생한 경우 병에 대한 불안 자체가 증상을 악화시킨다. 그래서 환자의 증상이 심각한 신체적 질환 때문에 발생하지 않았다는 점을 인식시켜주어야 한다.

필요 응급장비

좌석 앞에 비치된 구토대, 기내 휴대용 산소통(승객이 산소부족을 호소하며 흥분되어 있는 경우, 코와 입에 산소마스크를 씌워 주되 O_2 Bottle은 작동시키지 않는다)

(4) 응급처치 사례

『휴가 중 국제선에서 호흡곤란 응급환자 구한 소방관』

네팔 카트만두로 향하는 대한항공 기내에서 응급환자가 발생해 기내에 탑승한 소방관이 가지고 있던 산소포화도 측정기와 기내에 있던 혈압측정기, 혈당측정기를 활용해 환자상태를 확인했다. 산소가 필요하다고 판단되어 O_2 Bottle로 산소를 공급하였고, 심정지에 대비한 자동심장충격기(AED)를 준비했다. 약물치료도 필요하다고 판단하여 EMCS(항공의료센터)를 통해 의료 자문과 의사 처방을 받은 뒤 약물을 투약했다. 신속한 응급처치로 1시간 뒤 환자의 통증과 호흡곤란은 가라앉았고 카트만두 공항에 무사히 도착했다.

3) 기도폐쇄

(1) 기도폐쇄의 정의

허파로 통하는 통로인 기도가 염증 또는 이물질 등의 이유로 부분 혹은 전체적으로 폐쇄되는 것을 기도폐쇄(Airway Obstruction)라 한다. 주로 식사 도중에 음식물이 목에 걸려 발생하거나 감염 등에 의해 기도세포가 부어올라 기도가 막히는 경우에 생긴다. 기도가 막히면 산소공급이 되지 않아 호흡곤란뿐만 아니라 다양한 증상이 나타날 수 있다. 특히, 산소공급이 되지 않으면 의식을 잃을 수 있으며 최악의 경우 사망 사고로 이어 질 수 있기 때문에 신속한 응급처치가 필요하다.

(2) 증상 및 징후

음식물이 기도에 막힌 상태라면, 우선 환자의 상태를 살펴야 한다. 증상은 기도폐쇄가 완전한 폐쇄인지, 부분적인 폐쇄인지에 따라 다르다. 부분적인 폐쇄일 경우에는 숨이 가쁜 증상만 나타나 말을 하거나 안절부절못하는 모습을 보인다. 기도가 완전히 막힌 것이 아니기에 이때는 스스로 기침과 재채기를 할 수 있도록 유도해 이물질을 제거하도록 한다. 이물질이 더 깊숙이 내려가 완전히 기도가 폐쇄될 수 있으므로 이 상태에서는 등을 두드리지 말아야 한다. 목 안의 이물질이 보이면 손가락으로 조심스럽게 제거할 수 있지만, 보이지 않는 경우 이물질을 꺼내려고 하면 더 깊숙하게 들어갈 수 있어 자제해야 한다.

심한 폐쇄라면 극히 당황하는 모습을 보이며, 숨소리가 비정상적으로 들리기도 하고, 목소리의 변화, 청색증, 의식저하 등이 일어날 수 있다. 또한 의식을 잃어 입으로 숨을 불어넣을 수 없는 상태에서 발견되기도 한다.

완전한 폐쇄는 급히 치료하지 않으면 사망하게 된다. 쌕쌕거리는 숨소리, 호흡곤란, 이차적인 감염에 따른 발열 등이 있을 수 있으며, 일반적인 증세로는 심한 호흡곤란이 일어나고, 호흡을 하기 위해 목이나 배 부위 근육을 사용하게 되며, 기도를 통하는 공기가 감소하기 때문에 피부가 창백해진다. 호흡을 할 때 쌕쌕거리는 소리가 들리는 등 비정상적인 호흡음이 발생하고, 심한 경우 쇼크를 일으키기도 한다.

하지만 승객의 상태가 말을 하지 못하고 숨을 제대로 쉬지 못하며 얼굴이 새파랗게 질렸다면, 기도폐쇄 상태이므로 즉시 하임리히법을 시행해야 한다.

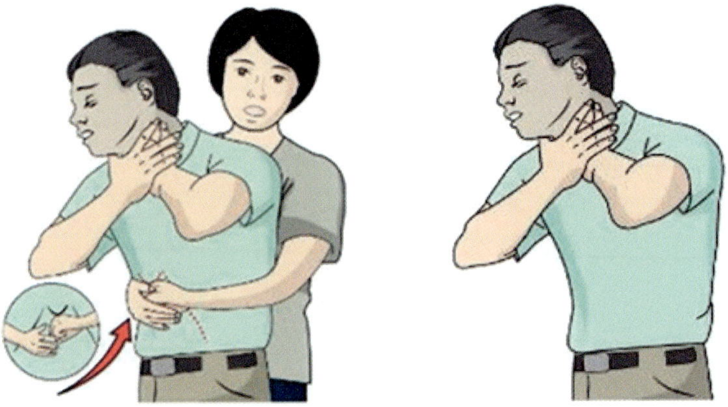

▲ 기도폐쇄

(3) 응급처치

호흡상태가 정상이고 의식이 있을 때는 계속 기침을 하도록 유도하는데, 그래도 이물질이 나오지 않거나 위험하다고 판단되면 즉시 기내의료진 호출(Doctor Paging) 방송을 취해야 한다. 주의할 점은 이물질을 꺼낼 때는 손가락으로 잡지 말고 손가락 끝으로 훑는 것이 좋다.

의식이 있는 환자에서 만약 완전한 기도폐쇄로 인해 말을 하거나 숨을 쉴 수 없다면, 하임리히 요법(Heimlich Maneuver)으로 생명을 구할 수 있다. 하임리히법이란 음식이나 이물질 등이 목에 걸려 질식 상태에 빠졌을 때 실시하는 응급처치법이다.

성인의 복부 밀어내기

① 승객의 등 뒤에서 배꼽과 명치의 중간에 엄지손가락을 접은 상태에서 주먹을 쥔 손을 올린다.
② 다른 손으로 주먹을 쥔 손 뒷부분을 감싸 빠르게 위로 밀어 올린다.
③ 이물질이 나올 때까지 시행한다.
④ 이물질을 꺼낸 뒤에 의식이 없고 호흡이 없으면 즉시 심폐소생술을 실시한다.

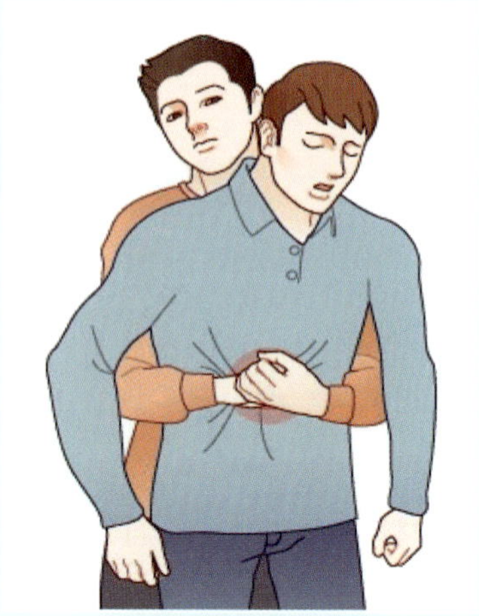

▲ 성인 복부 밀어내기

어린이의 복부 밀어내기

① 한쪽 주먹을 아이의 배꼽 바로 위에 놓고 엄지를 배로 향한다
② 다른 손으로 주먹을 감싸 빠르게 위로 밀어 올린다.
③ 이물질이 나올 때까지 시행한다.

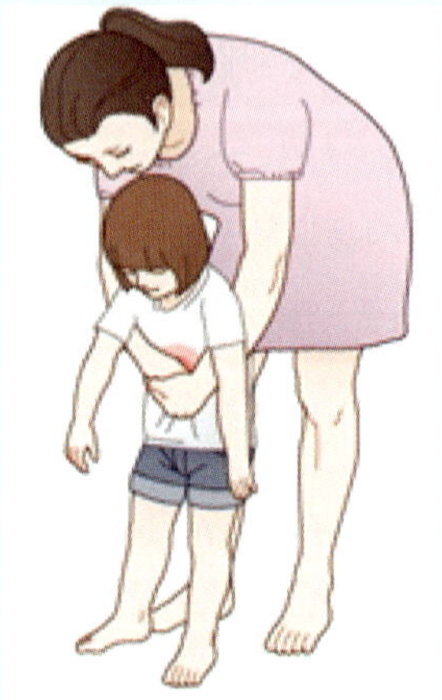

▲ 어린이 복부 밀어내기

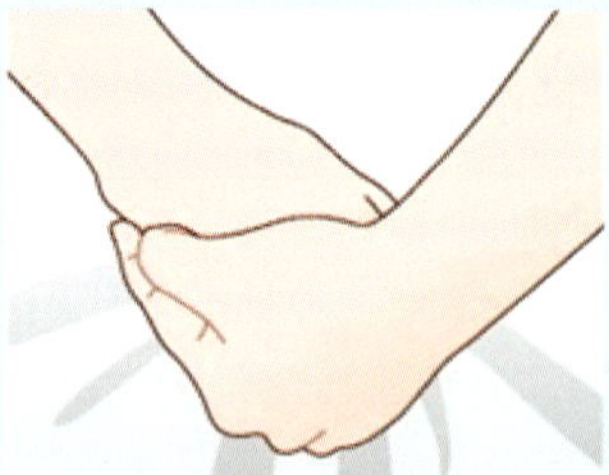

▲ 복부 밀어내기 손 모양

영아의 복부 밀어내기

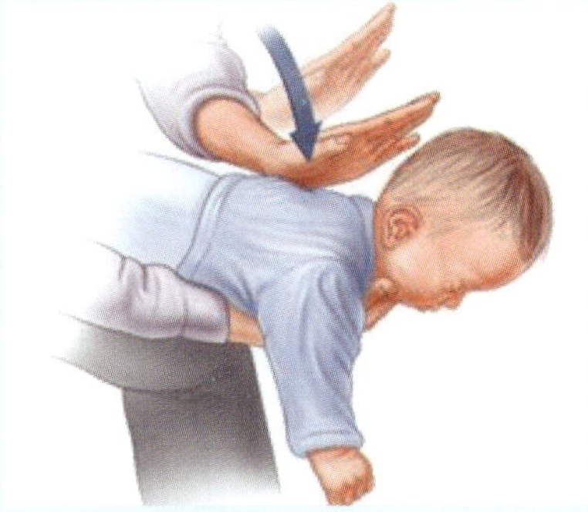

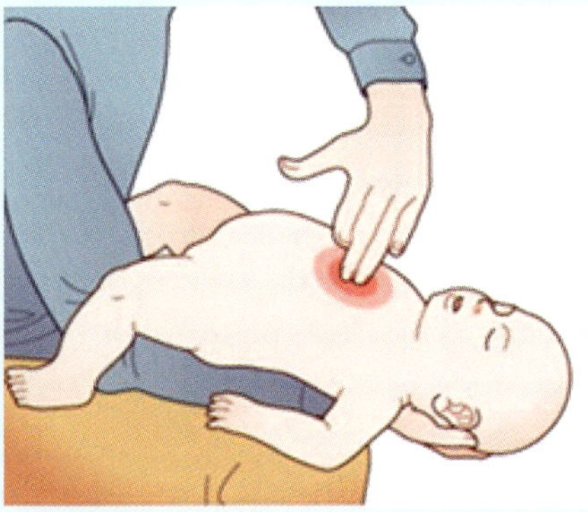

▲ 영아 복부 밀어내기

① 발바닥을 손가락으로 건드려 아이의 상태를 확인한다.
② 한 손으로는 아이의 턱을 받치고 다른 손으로 아이의 머리와 목뒤를 받쳐 뒤집는다. 이때 아이의 얼굴이 바닥으로 향하게 기울여야 한다.
③ 영아의 머리를 가슴보다 낮게 하고, 영아를 안은 팔을 허벅지에 고정한 뒤, 손바닥으로 영아의 어깻죽지 사이를 5회 두드린 뒤, 이물질이 나왔는지 확인한다.
④ 이물질이 나오지 않으면 뒤집어 흉부 압박을 해야 한다. 영아의 등을 받치고 머리를 가슴보다 낮게 해 가슴 중앙을 4cm 깊이로 5회 압박한다.
⑤ 이렇게 등 두드리기 5회, 가슴 압박 5회를 실시한다.

(4) 응급처치 사례

2019년 8월 서울 김포공항을 떠나 일본 오사카로 향하던 대한항공 항공기에서 기도가 막혀 호흡곤란을 일으킨 어린아이에게 승무원이 수차례에 걸쳐 하임리히법을 시행했음에도 호전 기미가 보이지 않았다. 어린이 승객은 호흡이 전혀 없는 상태에서 의식을 잃었다. 승무원이 돌아가면서 30여 회 이상 강한 압박으로 응급조치를 이어갔다. 심폐소생술을 시도하려는 순간 기적처럼 환자의 흉부 쪽에서 폐로 공기가 들어가는 소리가 들림과 동시에 코와 입에서 '후우'하는 소리가 나며, 환자의 호흡이 돌아오기 시작했다. 승객이 호흡을 시작하여 의식을 찾을 수 있도록 기내 뒤쪽 빈 공간에 눕힌 후 환자를 보살폈다. 환자는 승무원의 질문에 고개를 끄덕이는 반응을 하는 등 빠르게 정상을 회복했다. 객실승무원은 환자의 부모님과 입안의 이물질을 확인한 결과, 환자의 기도를 막은 것은 빠진 어금니 유치임을 발견했다. 객실사무장은 운항승무원을 통해 휠체어를 탑승구에 대기시키는 등 필요한 조치를 오사카 지점에 요청했으며, 기내 좌석 중 비어 있는 가장 앞쪽으로 승객 일행을 앉도록 해 최대한의 편의를 제공했다. 착륙 후 승객은 부축 없이 스스로 걸어 나오는 등 상태가 호전됐지만, 즉시 병원 응급실을 방문할 것을 권했다.

4) 천식

(1) 천식의 정의

천식(Asthma)이란 폐로 연결되는 통로인 '기관지'의 질환으로, 알레르기 유발 물질에 노출되었을 때 염증 반응에 의해 기관지가 심하게 좁아지면서 기침이나 천명(숨을 쉴 때 쌕쌕거리는 소리), 호흡곤란, 가슴 답답함이 반복적으로 발생하고, 발작적인 기침을 심하게 하는 질환이다. 염증으로 기관지 점막이 부어오르고 기관지 근육이 경련을 일으키면서 점액이 분비되고 기관지가 막혀 숨이 차게 되고, 이것이 반복되면 영구적인 폐 기능 저하를 초래할 수도 있다.

천식은 크게 유전적 요인과 환경적 요인으로 나눌 수 있다. 유전적 요인은 태어날 때 갖고 있던 알레르기 체질에 환경적 요인이 더해져 천식이 나타난다. 환경적 요인은 집 먼지 진드기, 과격한 운동, 꽃가루, 동물의 털, 황사나 매연 등과 같은 오염된 공기 등이 있으며, 흡연이나 강한 향수 냄새도 천식 발작의 원인이 될 수 있으니 피하는 것이 좋다. 음주 또한 혈관에 영향을 미쳐 발작이 일어날 수 있다.

(2) 증상 및 징후

① 가슴이 갑자기 답답하고 숨쉬기가 어렵다.

② 발작적으로 기침을 한다.

③ 숨 쉴 때 쌕쌕거리는 휘파람 소리가 난다.

④ 입술이 청색증이 나타나고 얼굴 안색이 창백하다.

⑤ 말하기 어려워한다.

⑥ 맥박이 빨라진다.

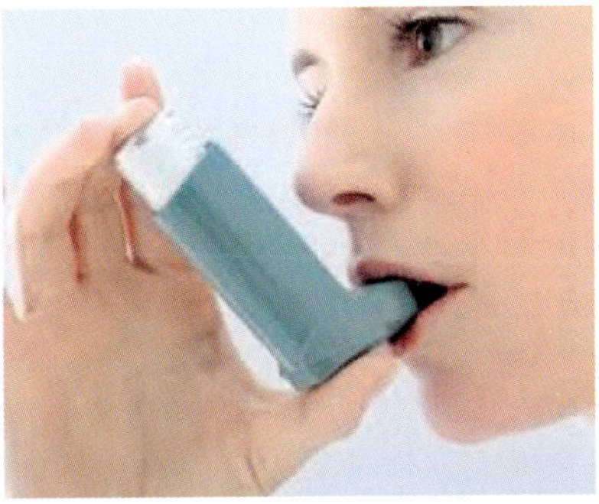

▲ 정량식 흡입기

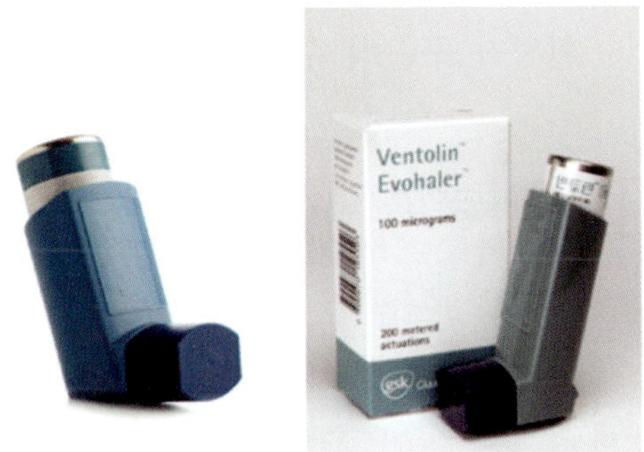

▲ 벤토린

(3) 응급처치

높은 고도와 낮은 습도는 천식 환자와 만성폐쇄성폐질환 환자가 견디기 힘든 조건이므로 호흡곤란을 호소할 경우 즉시 기내에 비치되어 있는 산소를 공급해 주도록 한다. 또 기관지 확장제의 투여가 도움이 된다. 환자 본인이 흡입형 치료제를 갖고 있을 때는 충분히 흡입할 수 있도록 도와주고 물이나 음료수를 자주 마시게 하여 수분을 충분히 공급해 줘야 한다. 천식 발작이 일어났을 때 눕히는 것보다 앉히는 것이 호흡하기 더 수월하기 때문에 환자의 상체를 비스듬히 세워 숨이 덜 차오르게 한다. 등을 쓰다듬거나, 불안을 가라앉히도록 이야기를 해 주며 안심시키는 것이 좋다. 미지근한 물을 마시게 하거나 환자가 숨을 길게 내 쉴 수 있도록 해야 하며, 천천히 깊게 숨을 쉬게 해 주며 숨을 잘 쉴 수 있도록 옷의 단추를 풀고 증상 완화제를 투여하고 10분 간격으로 환자의 호흡과 맥박을 측정하도록 한다.

① 승객을 안정시키고 천천히 깊게 숨을 쉬도록 해 주면서 최대한 편안하게 몸을 조일 수 있는 물건(반지, 시계 등 포함)을 제거하고 옷의 단추를 풀어준다.

② 천식환자는 대부분 의사에게 천식 발작이 올 경우 어떻게 대비하라는 행동지침을 알고 있다. 본인이 소지하고 있는 천식 약에 대해 물어보고 투여한다.

③ 천식환자들은 거의 벤토린을 소지하고 있기에 환자가 소지하고 있는 벤토린 완화제 투여를 도와준다. 기관지 확장 흡입기를 4번 흡입시킨 후, 1분 간격으로 흡입해 총 8회까지 흡입할 수 있도록 한다.

④ 환자가 약을 소지하고 있지 않다면 필요 시 의사 처방하에 EMK 내 벤토린 흡입제를 제공할 수 있다.

⑤ 환자가 꾸준히 수분을 섭취하도록 돕는다.

필요 응급약품

① EMK 내 벤토린 흡입제, 아미노필린 등

② 증상완화제인 벤토린은 천식 증상이 갑자기 심해졌을 때 사용하는 응급 약물이다.

③ 벤토린을 3~4번 흔들어 약물을 투여한다. 이때 숨을 완전히 내쉰 뒤 1회 2번으로 펌프를 하고 흡입하도록 한다.

(4) 응급처치 사례(출처: 세계일보)

2015년 스페인을 출발해 미국으로 향하던 에어캐나다 여객기에서 미국 뉴멕시코주 로스웰파크 암대학(the Roswell Park Cancer Institute)에서 로봇수술 의학자로 재직하고 있는 쿠르시드 구루는 웅성대는 승객들을 발견하고는 무슨 일인가 싶어 자리에서 일어났다.

당시 기내에는 천식환자 아기(2세)가 타고 있었다. 구루는 비행 도중 아기가 발작을 일으키더니 순식간에 산소레벨이 떨어졌다는 것을 알았다. 목이 터져라 우는 아기는 금방이라도 숨이 넘어갈 듯 헐떡댔다.

승객들 틈을 파고든 구루는 아기의 상태가 심각하다고 판단했다. 그는 단 한 번도 소아과를 맡은 적이 없지만, 중요하지 않았다. 지금은 아기를 살리는 게 가장 급하다고 구루는 생각했다.

산소 측정기로 잰 아기의 산소레벨은 87% 정도에 불과했다. 손을 쓰지 않았다가는 아기가 죽을 수도 있었다. 그러나 문제가 있었다. 아기 부모가 챙긴 천식치료약이 화물칸 속 여행용 가방에 있다는 사실이었다.

응급상황을 위해 설치된 호흡기는 아기에게 무용지물이었다. 너무나 커서 아기가 쓰기에는 부적절했다.

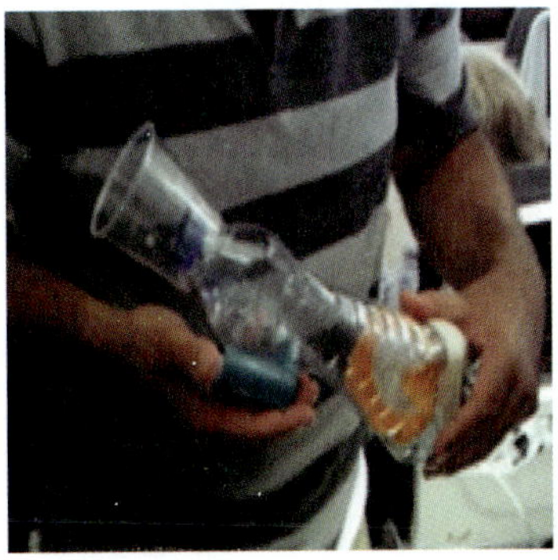

구루는 물통과 플라스틱 컵을 달라고 하여 물통을 자르고 컵에 구멍을 뚫은 뒤, 통에 산소마스크를 끼워 넣어 플라스틱 컵의 입대는 부분을 아기 얼굴크기에 맞게 만들었다. 아기는 처음에 장비를 밀쳐냈으나 구루는 "꼭 잡아달라"고 아기 부모에게 소리쳤고, 그의 말을 들은 부모는 아기 몸을 강하게 지탱하며 산소가 들어가도록 유도했다. 30분 정도 지나자 아기는 거친 숨소리가 조용해지며 안정을 되찾았고 측정기 검사 결과 체내 산소 레벨이 95%까지 올라갔다. 위기를 넘긴 아기의 울음은 잦아들었고, 착륙 후 무사히 치료받은 것으로 알려졌다.

5) 호흡장애

호흡장애(Dyspnea)란 호흡곤란이라고도 말하며, 주관적으로 숨을 쉬는 데 불편함을 느끼는 상태를 지칭한다. 이 상태는 생리적, 심리적, 환경적, 사회적 요인들 간의 상호작용으로 발생한다. 일반 인구의 약 9~13%가 호흡곤란을 호소하며, 70세 이상 환자에서는 37%까지 그 증상을 호소한다. 질환이라고 보기는 어렵지만 발열이 지속되는 상태, 악성 종양이나 만성 질환 등으로 호흡기관에 영향을 미치는 상태, 비행 중인 높은 고도에 있을 때도 호흡곤란이 나타날 수 있다. 객관적인 소견인 과호흡(Hyperpnea)과는 다르게 구분된다.

호흡곤란의 원인

- 급성: 불안/과호흡증, 천식, 흉부 외상, 심부전 및 폐부종, 폐색전증, 자발성 기흉, 기도 막힘 등
- 만성: 기도, 폐실질, 폐혈관, 흉막, 흉곽 및 호흡근육 등 거의 모든 폐 관련 질환

호흡곤란의 종류

- 기좌호흡(Orthopnea): 누우면 호흡곤란이 심해지고 일어나 앉거나 몸을 앞으로 숙이면 덜해지는 경우를 말한다. 심부전, 기관지 천식, 만성폐쇄성폐질환 등에서 관찰된다.
- 편평호흡(Platypnea): 일어나 앉으면 더 심하고 누우면 편해지는 호흡곤란을 말하며, 환기/관류의 불균형에 의한 것으로 추정되는데, 만성폐쇄성폐질환이나 폐 절제술 후 간폐증후군 등에서 관찰된다.
- 측위호흡(Trepopnea): 좌측 또는 우측을 아래로 하고 옆으로 누우면 호흡곤란이 심해지는 경우를 말하며, 심장질환이나 한쪽 폐에 심한 이상이 있을 때 나타난다.

(1) 증상 및 징후

환자가 주관적으로 "숨쉬기가 어렵다", "숨쉬기가 불편하다", "숨이 가쁘다", "조금만 움직여도 숨이 차다" 등으로 표현한다.

① 숨쉬기를 괴로워하며 가끔씩 천천히 소리를 내면서 호흡한다.
② 과거의 병력을 확인한다.

(2) 응급처치

① 환자가 소지하고 있는 약이 있으면 복용하도록 한다.
② 산소를 공급할 수 있으나 장시간 공급할 필요는 없다.
③ 승객을 안정시킨다.
④ 의식이 있으면 편한 자세로 앉도록 한다.
⑤ 활력징후를 확인한다.

⑥ 증상이 심해지면 기내 의료인의 도움을 받는다.

⑦ 천식이나 만성폐쇄성폐질환 환자로 기관지 확장제를 처방 받았으나 소지하고 있지 않으면 의사처방 하에 벤토린 흡입제를 제공한다.

필요 응급약품 및 장비

① EMK 내 벤토린 흡입제

② 증상완화제인 벤토린은 천식 증상이 갑자기 심해졌을 때 사용하는 응급 약물이다.

③ 벤토린을 3~4번 흔들어 약물을 투여한다. 이때 숨을 완전히 내쉰 뒤 1회 2번으로 펌프를 하고 흡입하도록 한다.

④ Resuscitator Bag 내 전자체온계, 청진기, 자동혈압계

⑤ O_2 Bottle

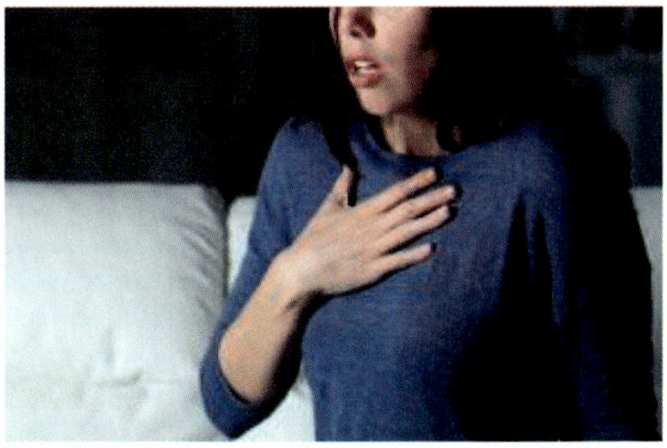

Chapter

02

심장 및 순환계 증상 및 응급처치

1. 심장 및 순환계

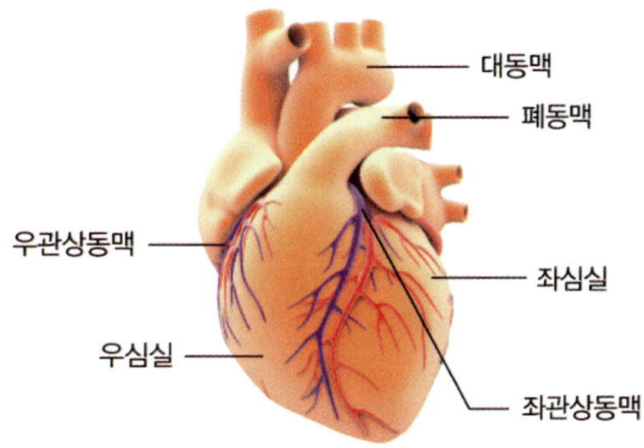

▲ 관상동맥

심장은 강한 근육으로 이뤄져 있으며, 두 가지 중요한 일을 한다. 펌프 작용을 하여 혈액을 신체의 각 조직에 공급하는 것과 심장 자체에 피를 공급받는 일을 한다. 심장이 혈액을 온 몸으로 뿜어내기 위해서는 수축과 이완을 반복하는데 심장은 하루에 약 10만 번씩 펌프질을 한다. 심장이 펌프질하기 위해서는 산소가 필요한데 심장 자체에 피(산소)를 공급해 주는 역할을 하는 것이 관상동맥이다. 관상동맥이 좁아지거나 막혀서 심장 근육으로 가는 산소와 영양 공급이 부족하면 협심증이나 심근경색이 발생하게 된다.

순환기관은 심장과 혈관의 모든 신체기관으로 심장, 혈액, 혈관, 림프계로 이루어져 있다. 순환계는 혈액과 림프를 만들어 이것을 운반하는 혈관계와 림프관계, 혈액을 내보내는 펌프로 된 심장, 혈액과 림프를 생성 또는 파괴하는 골수, 비장, 림프절 등으로 구성되어 있다. 신체 내에서 혈액이나 림프액을 만들고, 그것을 순환시켜 호르몬과 항체, 영양분, 물, 이온 등을 수송하고, 대사결과로 생긴 노폐물을 제거하며 산소 및 이산화탄소를 교환하는 기능을 한다.

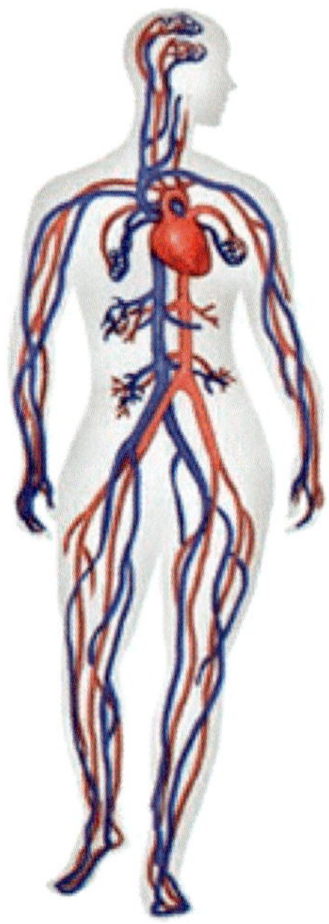
▲ 순환기계

순환계에서 발생하는 질환으로는 고지혈증이나 고혈압, 뇌졸중 등이 있다.

항공기내에서 심장과 순환계로 응급상황이 발생하면 환자의 생명 유지를 위해 발견 즉시 신속하게 응급처치를 해야 한다. 주로 기내에서 발생한 증상들은 심장마비, 협심증, 고혈압, 실신, 쇼크, 출혈, 뇌졸중이었다. 그 증상과 응급처치에 대해 알아본다.

2. 심장 및 순환계 증상별 응급처치

1) 심장마비

(1) 심장마비의 정의

심장마비(Heart Attack)란 심장의 기능이 갑자기 정지되거나 심실세동[1] 또는 심

1) 심장의 박동에서 심실의 각 부분이 무질서하게 불규칙적으로 수축하는 상태이다.

실빈맥[2]과 같은 악성 부정맥이 발생한 상태를 말한다. 심장마비로 인해 뇌손상을 입거나 사망에 이를 수도 있다. 심장마비를 일으키는 원인으로는 급성 심근경색증, 협심증 등과 같은 관상동맥질환, 심근질환, 대동맥질환, 판막질환 등 심장의 구조적인 문제가 있는 질환들이 원인으로 알려져 있다. 이중 관상동맥질환이 가장 흔하며, 관상동맥 질환자 사망의 약 50%가 돌연 심장사고이며, 그 중 급성 심근경색증 환자가 약 20%에 해당한다. 갑작스러운 심장마비 환자 중 평소 건강하다고 생각했던 사람이 50% 이상을 차지한다. 따라서 여러 가지 원인과 지상과 다른 기내 환경으로 인해 갑작스러운 심장병으로 발생하는 돌연사가 생기기도 한다.

국토교통부에 따르면 최근 3년간 항공기 탑승객 요청에 의해 이륙 전에 항공기에서 하기한 사례 중 약 55%가 공황장애나 심장이상 같은 건강상 이유인 것으로 조사됐으며, 미국 항공기 승객이나 승무원이 비행 중 사망하는 사고의 86%가 심장마비인 것으로 알려져 있다.

(2) 증상 및 징후

① 가슴 중앙 부분에 갑작스러운 압박감과 통증을 호소한다.

② 가슴 중앙으로부터 어깨, 목, 팔 등에 통증이 나타난다.

③ 호흡곤란 증세가 나타나며 메스꺼움을 호소하고 기침을 한다.

④ 식은땀을 흘리며, 어지럽고 현기증이 나타나며 실신한다.

(3) 응급처치

심장마비는 즉각적인 심폐소생술을 시행하는 것이 무엇보다 중요하다.

① 환자의 의식을 확인하고 의식이 있다면 최대한 편안하게 하고, 몸을 조일 수 있는 벨트 등을 제거하고 옷의 단추를 풀도록 한다.

② 환자가 의식이 있는 경우에는 병력에 대해 물어보고 소지하고 있는 약이 있다면 즉시 복용할 것을 권유한다.

③ 환자가 의식이 없는 경우에는 도움을 요청하고 바닥에 눕힌 후 가슴압박을 시행한다.

---

2) 심장의 심실 안에서 매우 빠른 박동을 하게 되어 매우 불안정한 맥박이 만들어지는 상황이다.

④ 신속하게 기내의료진(Doctor Paging)의 도움을 요청한다.

필요 응급장비

① Resuscitator Bag 내 전자체온계, 청진기, 자동혈압계,
② 기내 O_2 Bottle,
③ AED

(4) 응급처치 사례

2018년 10월 인천국제공항을 출발해 미국 시카고로 향하던 아시아나항공 여객기에서 70대 남성이 이륙 2~3시간 만에 심장마비 증세를 보이다 쓰러졌다. 객실승무원들이 응급조치를 하고 탑승객 가운데 전문의를 찾아 심폐소생술을 실시했으나 곧 사망 판정이 내려졌다. 생존 가능성이 있었다면 절차에 따라 조치를 취했겠지만, 기내에 탑승한 의사가 사망 판정을 내려 회항 또는 일본 등에 비상착륙하지 않고 시카고로 계속 비행을 했다. 도착 후 시신과 여권을 경찰에 인계하였고, 시카고를 관할하는 광역자치구의 쿡 카운티 검시소가 부검을 실시한 결과, 사망한 탑승객 심장에 문제가 있었던 것으로 판단했으며, 사인은 심장마비였다.

사고 발생 당시 기내에 객실승무원 포함 약 170명이 타고 있었으며, 사망자는 동반자 없이 혼자 이동 중이었다. 일부 탑승객들은 사고 발생 후 시카고 도착까지 약 10시간 동안, 폐쇄된 공간인 기내 좌석에 시신을 둔 채 식사까지 해야 하는 상황을 겪고 나서 트라우마가 생겼다는 등의 호소를 했다.

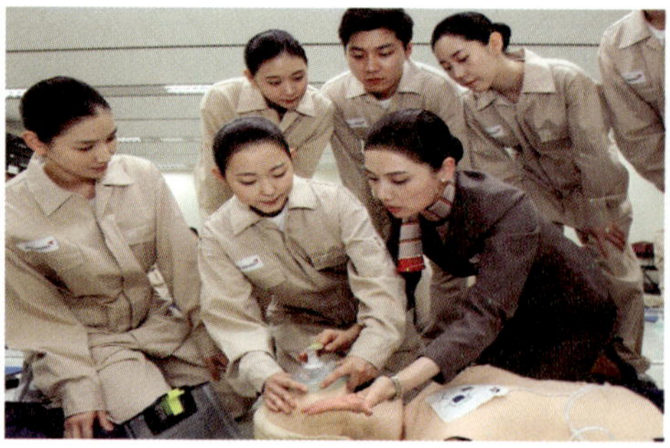

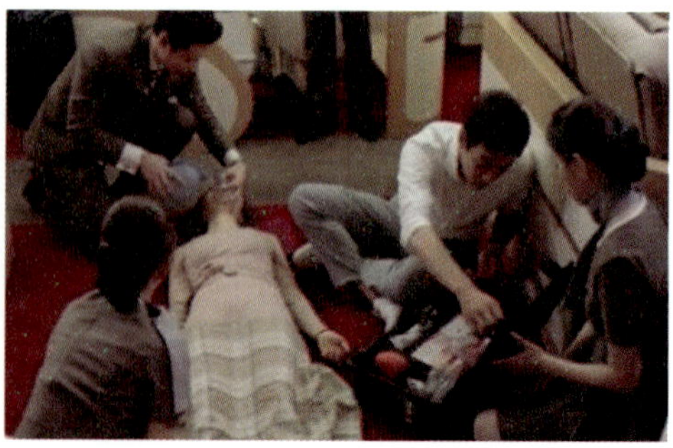

2) 협심증

(1) 협심증의 정의

협심증(Angina Pectoris)이란 산소와 영양분을 받고 활동하는 심장의 심장혈관에 동맥경화증, 혈전, 경련수축 등의 원인으로 협착되어 심근[3]에 허혈[4]이 생기면서 나타나는 질환을 말한다. 동맥경화증, 혈전증, 혈관의 수축 및 연축[5] 등의 원인에 의해 3개의 관상동맥[6] 중 어느 한 곳에서라도 급성이나 만성으로 협착[7]이 일어나는 경우, 심장의 전체 또는 일부분에 혈류 공급이 감소하면서 산소 및 영양 공급이 급격하게 줄어들어 심장근육이 이차적으로 허혈 상태에 빠지게 된다. 이러한 상황을 협심증이라고 한다.

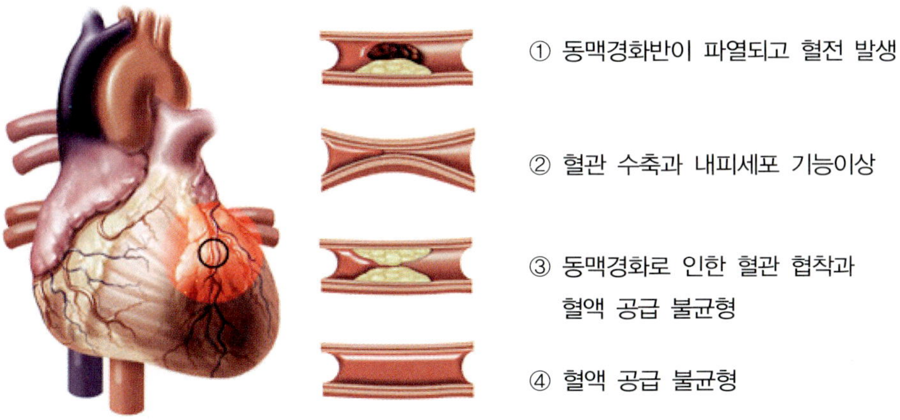

▲ 협심증

3) 심장벽의 중층(심근층)을 이루고 있는 두꺼운 근육
4) 혈류가 절대적 또는 상대적으로 부족한 상태
5) 1회의 자극으로 근육이 오그라들었다가 이완되어 다시 본래의 상태로 되돌아가는 과정
6) 관상동맥은 머리에 쓰는 왕관(王冠)처럼 심장 주위를 둘러싸고 있기 때문에 붙여진 이름이며 심장에 산소와 영양분을 공급하는 역할을 담당
7) 수축 등의 원인에 의해 혈관 등의 통로의 지름이 감소하는 것

(2) 증상 및 징후

협심증 증상은 왼쪽 가슴에서의 통증을 느끼게 되며, 가슴을 쥐어짜는 듯하고 가슴이 답답하게 느껴지는가 하면 숨이 잘 쉬어지지 않는다. 심장은 미세한 근섬유가 감싸고 있어서 근육이 수축하므로 심장을 쥐어 짤 수가 있다. 근육이 제 기능을 하지 못하면 심장을 펌핑할 수가 없고 이로 인하여 통증이 나타나는 것이다.

① 가슴의 정중앙 또는 약간 좌측 부위에 쥐어짜는 것처럼 통증을 호소한다.
② 호흡이 잘 안 되고, 가빠지기도 하며, 숨이 차다는 느낌을 호소한다.
③ 좌측 어깨 또는 좌측 팔의 안쪽의 통증을 호소하기도 한다.
④ 식은땀을 흘린다.
⑤ 경우에 따라서 흉통을 호소하면서 갑작스런 실신이나 심장마비를 일으키는 경우도 있다.

(3) 응급처치

① 편안한 자세로 휴식을 취하게 한다.
② 상체는 올리고, 옷과 장신구 등은 풀어 느슨하게 한다.
③ 산소를 공급한다.
④ 기내의료진(Doctor Paging)의 도움을 받게 하고 니트로글리세린이 처방된 경우 혀 밑에 넣어준다.

필요 응급장비

- 전자체온계, 청진기, 자동혈압계, 기내 O_2 Bottle, EMK 내 니트로글리세린
- 니트로글리세린 정제(또는 스프레이): 피부에 접착제 형태로 부착함으로써 흡수되도록 하며, 협심증 환자에게 흉통을 감소하는 효과가 있다.

(4) 응급처치 사례

2019년 8월 미국에서 한국으로 향하던 아시아나항공에서 85세 남성이 쓰러졌다. 환자는 85세로 과거 협심증으로 스텐트 시술을 받은 이력이 있는 한국인이었다. 기내의료진 호출(Doctor Paging) 방송을 듣고 캐나다 마취과 레지던트 2년차, 한국 산부인과 의사, 미국 방사선과 의사, 응급의학과 전문의 네 분이 나왔다. 의사가 4명이나 모이다보니 혼란스럽기도 해 그 중 응급의학과 전문의가 하겠다고 하였고, 다른 분은 자리로 돌아갔다. 환자를 일등석으로 옮겨 눕힌 후 과거 병력을 물으니 협심증으로 스텐트 시술을 받았으며 응급상황에 대비해 협심증 치료제인 '니트로글리세린'을 가지고 있다고 하였다. 혈압은 60mmHg 정도였고 부정맥도 있었다. 탈수 증상이 있어 수액 처치를 하려 했지만 고령이어서 혈관이 잘 보이지 않았다. 환자에게 물어보니 기내에서 위스키를 두세 잔 정도 마셨다고 했다. 고령인데다 술을 마셔 탈수현상이 심해지고 혈압도 떨어진 것으로 판단했다. 옆에서 꾸준히 수분을 섭취할 수 있도록 했고 수동혈압계로 꾸준히 혈압도 확인했다. 두세 시간 후 인천 공항에 도착할 때 쯤 그 환자는 회복됐고 무사히 비행기에서 내릴 수 있었다.

이 전문의는 "늘 있는 일인 것 같아서 당황하지 않는다. 법적인 문제 때문에 닥터 페이징에 응하기 꺼려진다. 하지만 의사로서 나가지 않을 수 없다."며 "하지만 기내에서는 수동혈압계와 청진기만 쓸 수 있어서 진료하는 데 어려움이 있다."고 말했다.

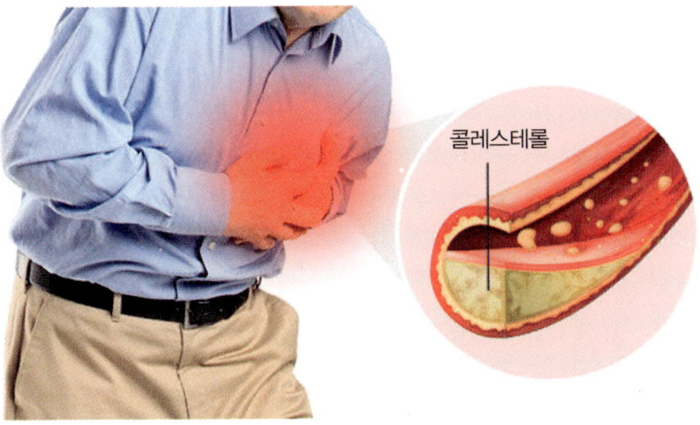

3) 뇌졸중

(1) 뇌졸중의 정의

뇌졸중(Stroke)은 매우 응급을 요하는 질환이다. 뇌에 혈류 공급이 중단되면 빠른 시간 내에 뇌세포는 죽게 되고 돌이킬 수 없는 결과를 초래할 수 있다. 뇌졸중은 뇌혈관질환이라고도 하는데, 뇌혈관이 막혀서 발생하는 뇌경색 또는 허혈성 뇌혈관 질환과 뇌혈관이 터져서 발생하는 뇌출혈 또는 출혈성 뇌혈관질환으로 나뉜다.

비행 중 승객사망의 원인으로 가장 많이 대두되는 질병으로 객실승무원 및 기내 의료진의 신속한 응급조치가 필요한 질병이다.

(2) 증상 및 징후

뇌졸중의 증세는 원인에 관계없이 갑작스러운 신경기능의 장애로 나타난다.

① 갑작스러운 두통을 호소하고 구토를 한다.
② 반신마비나 신체 일부에 마비가 온다.
③ 신체 일부의 감각마비와 힘이 빠지며 손과 발을 잘 움직이지 못한다.
④ 언어장애(실어증 혹은 발음장애), 안면신경장애를 보인다.
⑤ 신체의 균형을 잃고 쓰러지거나 매우 심하게 어지러움을 호소한다.
⑥ 경련을 일으키며 혼수상태에 빠질 수 있다.

(3) 응급처치

① 넥타이나 보정속옷, 벨트처럼 순환을 방해할 수 있는 것들을 풀어주고 베개나 수건을 겹쳐 환자의 어깨 밑을 받쳐주면서 목이 일직선이 되게 하여 머리가 뒤로 젖혀지게 하여 충분한 기도를 확보한다.
② 의식이 없는 상태라면 평평한 바닥에 눕히고 입 속에 공기의 흐름을 방해하는 이물질 여부를 확인하고 이물질이 있다면 기도를 막지 않도록 입안의 이물을 제거해 준다.
③ 고개를 돌리지 않으면 폐렴이 발생할 수 있다.

주의해야 할 행동

① 몸을 흔들어 깨우거나 손을 따는 행동은 하지 않는다.
: 손을 따게 되면 뇌압이 급격히 높아져 더 큰 문제가 생긴다.

② 의식이 없는 상태에서 약이나 물을 먹이는 행동을 하지 않는다.
: 약이나 물이 기도로 들어가 숨을 멎게 할 수 있다.

③ 가슴으로 안아 머리를 숙이는 행동을 하지 않는다.
: 호흡하는 데 문제가 생길 수 있다.

의식 여부에 따른 응급처치

<table>
<tr><th>의식이 있는 승객</th><th>의식이 없는 승객</th></tr>
<tr><td colspan="2">기도를 유지한다.</td></tr>
<tr><td>산소를 공급한다.</td><td>머리를 높여준다.</td></tr>
<tr><td>몸을 따뜻하게 한다.</td><td>산소를 공급한다.</td></tr>
<tr><td colspan="2">기내의료진(Doctor Paging)의 도움을 받거나 EMCS을 통해 자문을 요청한다.</td></tr>
</table>

필요 응급장비

전자체온계, 자동혈압계, 기내 O_2 Bottle, 혈당측정기

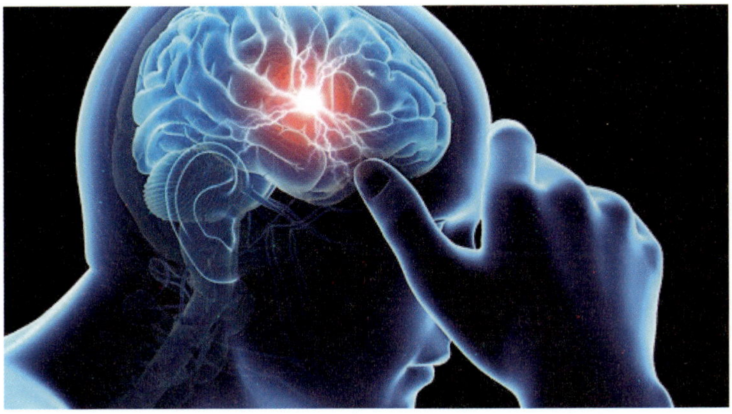

4) 쇼크

(1) 쇼크의 정의

쇼크(Shock)는 급성질환이나 상해 등 다양한 원인으로 인해 심한 혈압 저하가 발생하여 조직으로 전달되는 산소량이 감소하여 발생하는 세포 및 조직의 산소 부족 상태로 정의된다. 신체에 충분한 혈액순환이 되지 않는 상태로 조직에 산소부족이 발생하고 이산화탄소 등의 대사산물이 축적을 일으킨 상태이다.

쇼크는 저혈량성 쇼크, 심인성 쇼크, 폐쇄성 쇼크, 분포성 쇼크로 분류할 수 있다.

- **저혈량성 쇼크:** 심한 구토나 설사로 인한 탈수나 출혈, 즉 혈관 내로 흐르는 혈액의 양이 감소하여 발생한다.
- **심인성 쇼크:** 급성 심근경색이나 부정맥 등 심장의 기능이 정상적으로 작동하지 못하여 혈액을 말초혈관으로 보내지 못하여 발생한다.
- **폐쇄성 쇼크:** 정맥계에서 생성된 색전이 그 경로를 통해 우심방, 우심실을 거쳐 폐동맥을 폐쇄하는 폐색전증일 때, 심장을 둘러싸고 있는 막 사이에 혈액이 고여 심장을 누르게 됨으로써 심박출량이 감소하여 쇼크에 이르는 심낭압전일 때, 공기가 가슴막 공간으로 들어가기는 하지만 빠져나오지 못하게 되어, 가슴막 공간 내에 양압이 생겨서 세로칸을 밀어붙여 호흡곤란을 초래하는 긴장성 기흉일 때 발생한다.
- **분포성 쇼크:** 미생물에 감염되어 발열, 빠른 맥박, 호흡수 증가, 백혈구 수의 증가 또는 감소 등의 전신에 걸친 염증 반응이 나타나는 상태인 패혈증일 때, 부신기능의 저하 또는 결손일 때, 항원, 항체 면역 반응이 원인이 되어 발생하는 급격한 전신 반응인 아나필락시스 상태일 때 발생한다.

(2) 증상 및 징후

① 맥박이 빠르고 약하다.

② 피부가 차갑고 끈적거리며 창백하다.

③ 호흡이 빠르다.

④ 체액의 손실로 갈증을 호소한다.

⑤ 위장으로 공급되는 혈액의 부족으로 위장운동이 저하되어 오심과 구토 증세를 보인다.

⑥ 동공이 확대되고 초점이 없고 빛에 대한 반응이 느려진다.

⑦ 정신이 혼미하고 불안과 두려움의 증상을 나타낸다.

⑧ 혈압이 저하됨에 따라 의식이 혼미해지며, 결국에는 의식이 소실된다.

(3) 응급처치

① 체온은 바닥에 빼앗기므로 담요를 깔고 승객을 눕히고 혈액순환이 잘되게 한다.

② 환자가 토하는 경우에는 몸을 옆으로 누이고 입안의 이물질이 기도로 넘어가지 않도록 흘러나오도록 한다.

③ 환자의 증상에 따라 바람직한 자세를 취하게 한다.

④ 출혈로 인한 쇼크(Shock) 시에는 우선 지혈을 하고 골절부위에는 부목을 대준다.

⑤ 환자가 따뜻한 체온을 유지할 수 있도록 담요를 덮어준다. 단 고열로 인한 쇼크(Shock) 시에는 정상체온을 유지시켜준다.

⑥ 매우 메스꺼워 하거나 구토를 할 때는 마실 것을 주어선 안 된다.

⑦ 환자가 물을 요구할 때는 생수나 따뜻한 물을 마시게 하는 게 좋으며 어른은 120cc(반 컵 정도), 1세에서 12세까지의 어린이에게는 어른의 반인 60cc 정도, 유아에게는 약 30cc 정도를 천천히 15분 이상에 걸쳐서 조금씩 천천히 자주 주는 것이 바람직하다.

⑧ 안색이 창백한 환자일 경우 다리를 올려 주되 다리를 30cm 이상 들어 올리지 않는다. 30cm 이상 높아지면 복부 내 장기가 가로막(횡격막)을 밀기 때문에 호흡에 지장을 주게 된다.

쇼크(Shock) 환자의 증상에 따른 응급처치 자세

환자의 증상	응급처치 자세
호흡이 곤란한 경우	반신을 일으켜 뒤에 기댄다. 호흡이 곤란할 때 이용되고 호흡을 편하게 해 주는 가장 기본적인 자세이다. 급성 심장병(심장쇠약)이나 전색(혈관에 생긴 피떡 등이 떨어져 작은 혈관을 막는 증상)이 일어났을 때 적합하다.
무의식 환자인 경우	옆으로 눕혀 회복자세를 취해야 한다.
안색이 창백하고 다리에서 피가 많이 나는 경우	안색이 매우 창백해질 때에는 발쪽을 20~30cm 정도 높혀 눕힌다. 이 체위는 쇼크 때에나 다리에서 피가 많이 날 때 적합하다. 다리를 올려주면 다리의 피가 다시 심장으로가 주요기관으로 혈액이 순환된다.
뇌 내출혈이 의심되거나, 머리 · 목 · 가슴에 부상이 있는 경우	머리를 높혀 위를 보게 하고 눕힌다.

필요 응급장비

EMK 내 후두경(Laryngoscope: 질식한 사람의 기관을 확장하여 관찰, 진단, 치료하는 용도로 사용)

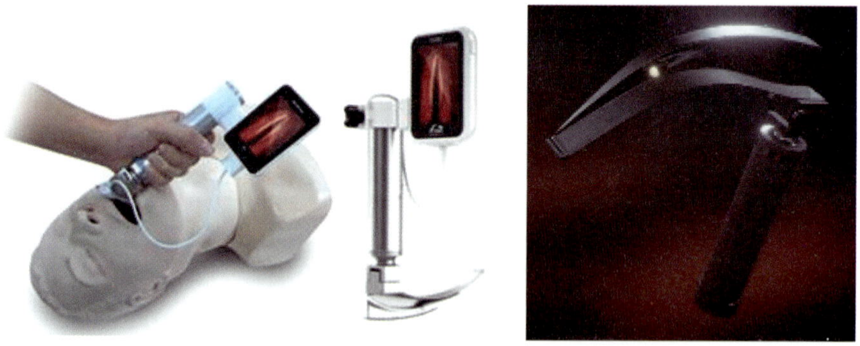

▲ 후두경

(4) 응급처치 사례

2019년 12월 캄보디아에서 인천으로 향하던 대한항공 여객기에서 캄보디아 여성이 쓰러졌다. 닥터페이징을 하였고 의사는 맥박이 약하고 의식이 없으며 체온이 35.8도까지 떨어져 신속한 조치가 필요하다고 하였다. 객실승무원들의 도움을 받아 활력징후(Vital Signs, 체온 · 호흡 · 맥박 · 혈압 등의 측정값)와 혈당을 체크한 뒤 환자의 턱관절을 세게 눌러 입을 벌린 뒤 기도를 확보하여 산소마스크를 씌워 산소를 공급했다. 이 과정에서 목에 갑상선 수술 흔적을 발견하였고 갑상선기능저하증으로 인한 의식불명 또는 저혈당 상태에서 의식을 잃거나 혼수상태에 빠진 '저혈당 쇼크'로 판단했다. 안정적 호흡을 되찾고 의식이 깨어나자 저혈당 쇼크 가능성을 고려해 주스를 마시게 했다. 환자에게 물어보니 최근 갑상선호르몬제를 복용하지 않았다고 했다. 환자가 의사 옆자리로 자리를 옮겨 인천공항에 도착할 때까지 수시로 상태를 관찰했다.

쇼크(Shock) 시 응급처치법

- 기도를 유지하고 필요에 따라 지원요청 또는 심폐소생술을 시행한다.
- 출혈부위를 직접압박 방법으로 지혈한다.
- 다리 부분을 15~25cm 정도 높여 혈액이 심장이나 뇌로 가도록 한다(흉부나 뇌손상 환자 제외).
- 골절부위를 부목으로 고정시켜서 출혈유발과 쇼크악화를 방지한다.
- 쇼크 상태의 환자를 조심스럽게 다루며, 옷이나 담요 등으로 덮어서 체온을 유지한다.
- 가급적 환자를 눕힌 상태로 유지한다. 그러나 심한 심장발작이나 폐질환 후에 쇼크에 빠진 환자는 앉거나 상체를 약간 뒤로 젖혀 앉은 상태에서 호흡을 잘하는 수가 있다.
- 구토가 심한 경우에는 얼굴을 옆으로 돌려서 토하는 음식물이 기도를 막지 않도록 한다.

[주의] 환자에게는 먹을 거나 마실 것을 주지 않는다. 위장운동이 저하되어 있으므로 토할 수 있다.

5) 실신

(1) 실신의 정의

실신(Fainting)은 뇌에 혈액 부족으로 일시적으로 의식을 잃는 것을 말한다. 인사불성 또는 기절이라고도 한다. 피로나 수면부족 외에 장시간 서 있거나, 오랫동안 병상에 누워 있다가 일어섰을 때, 또는 히스테리, 간질, 임신초기, 동맥경화증, 쇼크, 가스중독, 저혈압증, 자율신경실조증 등이 원인이 된다. 소리가 들리지 않거나 주위가 캄캄해짐과 동시에 의식이 없는 상태가 되며, 그 중에는 일어난 일을 모두 기억하고 있는데도 수족이 움직이지 않고, 말을 할 수가 없는 경우도 있다. 호흡은 정상이므로 질식의 걱정은 없다.

2009~2013년 동안 항공기 응급 환자의 수가 10배 이상 급증했다고 조사되었는데, 그 중 기내에서 가장 많이 발생하는 환자는 '실신'인 것으로 조사되었다. 실신 환자의 대부분은 심장질환이 있는 경우가 많았다. 이 기간 동안 2,818명의 기내 응급환자가 발생하였으며, 해당 기간에 15명이 기내에서 사망하였고, 응급환자로 인해 15차례 항공기가 회항하였다. 기내에서 객실승무원이 응급처치를 한 경우는 52%이고, 승객 중 의료인이 응급처치를 한 경우는 47.8%로 조사되었다. 환자별로 실신환자가 많은 이유는 장시간 비행에서 좁은 공간에 부동자세로 앉아 있어 혈액이 다리에 몰려 뇌로 가는 혈류량이 감소하여 발생하게 된다. 기내에서 발생하는 환자의 대부분인 90%는 착륙 전에 완전히 회복되었지만, 나머지 10%는 착륙 후 병원으로 이송되는 경우가 많다. 대부분의 이송환자는 화상환자이거나 실신환자이다.

원인별 실신환자

① 반사나 신경성 실신

가. 청소년이나 젊은 성인에게 가장 흔한 미주신경성 실신은 장시간 서 있거나, 배가 심하게 고프거나, 밀집된 더운 환경이거나, 매우 피곤한 상태에 놓였을 때 발생한다.

나. 특정 상황에 따라 심한 기침이나 배뇨, 배변, 식사를 할 때 복압의 증가로 실신하는 미주신경성 실신은 방광, 위장, 기관지 등에 위치한 기계적 자극의

수용기(mechanoreceptor)[8]의 자극에 의해 교감신경이 억제되고, 미주신경이 활성화되어 발생한다.

다. 주로 노인에게 많이 발생하는데 꽉 끼는 셔츠를 입을 때, 면도를 할 때, 고개를 돌릴 때 등 목에 압박이 가해질 때 실신이 발생한다.

② 기립성 저혈압

주로 위약한 사람이나 노인에게서 자주 발생하는데 일반적인 상황에서 갑작스러운 기립으로 혈류가 중력의 영향을 받아 아래쪽으로 몰리게 된다. 정맥환류의 감소가 일어나게 되고, 혈압이 떨어지게 된다. 혈압의 변화를 감지하고 혈압을 높이기 위해 교감신경을 항진시키는 과정에서 문제가 발생하여 혈압이 정상적으로 상승하지 못하고 뇌혈류의 감소를 유발할 수 있다.

③ 심장성 실신

심장의 원인으로 흉통, 호흡곤란, 가슴의 불편감 등을 실신 전에 호소하는 경우가 많다.

④ 약물 유발성 실신

심혈관계, 중추신경계에 작용하는 약물들로 인해 실신이 유발되는 경우가 있다.

⑤ 정신과적 실신

갑작스럽게 발생하는 경련, 의식저하, 마비 등으로 검사상 원인을 발견할 수는 없지만, 스트레스가 선행하며 심리적 원인에 의해 발생한다.

(2) 증상 및 징후

① 기절 전에는 얼굴이 창백해지고 무기력해지며 현기증을 느낀다.

② 피부가 끈적거리고 식은땀을 흘린다.

---

8) 소리나 접촉, 근육수축과 같은 기계적 압력이나 왜곡에 의해서 자극되는 수용기이다. 수용기란 각종 자극에 반응하는 감각신경말단이다.

③ 기절 후에는 호흡이 약하고 의식이 없다.

④ 맥박이 느려지거나 빨라진다.

⑤ 식은땀을 흘린다.

(3) 응급처치

졸도했을 때는 호흡을 체크하여 호흡이 정상이면 실신에 대한 응급처치를 한다. 즉, 가만히 뉘어놓고 의복을 풀어주며 머리는 수평으로 하고 다리는 약간 높인다. 2~3분 안에 정신이 들지만, 의식의 회복이 늦을 때는 암모니아를 맡게 하거나 냉수로 얼굴을 닦아 준다. 정신이 들어도 20~30분간은 휴식을 취하도록 한다. 호흡이 정상이 아닌 때는 뇌빈혈만이 아니라 중추신경의 중대한 이상이 예상되므로 급히 기내의료진 호출(Doctor Paging)을 하여 도움을 받는다.

기절 전 응급처치

① 혈액 순환을 위해 머리를 심장 위치보다 낮추어 눕히고, 발쪽을 20~30cm 정도 높혀 눕힌다.

② 꽉 조인 옷을 느슨하게 해 준다.

③ 이마에 냉찜질을 해 준다.

기절 후 응급처치

① 혈액 순환을 위해 머리를 심장 위치보다 낮추어 눕히고, 발쪽을 20~30cm 정도 높혀 눕힌다.

② 호흡이 있고 맥박이 뛰면 암모니아 흡입제를 환자의 코 밑에 대어 의식이 회복되도록 돕는다.

③ 꽉 조인 옷을 느슨하게 해 준다.

④ 이마에 냉찜질을 해 준다.

⑤ 의식이 돌아오면 마음을 안심시키고 따뜻한 음료를 제공한다.

⑥ 활력징후를 체크한다.

필요 응급장비

Resuscitator Bag 내 얼음주머니, 전자체온계, 청진기, 혈압측정기, FAK 또는 EMK 내 암모니아 흡입제

(4) 응급처치 사례

2019년 12월 인천 출발 LA(로스앤젤레스)로 향하던 아시아나 항공기에서 저호흡증으로 한국인 30대 초반 한국 여성이 실신하였다. 당시 비행기에는 한의사 부부가 탑승 중이었는데, 부부는 닥터페이징 안내방송을 듣자마자 환자가 있는 곳으로 달려갔다. LA 공항에 도착하기까지 2시간 정도 남은 비행기 안에는 여성이 전신을 떨면서 저호흡증과 의식저하 상태에 놓여 있었다. 여성은 좌석에 앉아 있다가 갑작스레 호흡이상이 생겨 자리에서 일어서다 쓰러져 의식이 저하된 상태였다. 남한의사는 맥을 짚으며 진료를 실시했고, 마침 기내에 가지고 탄 왕진가방에서 침을 꺼내 자침을 시작했다. 여한의사는 환자에게 지압과 마사지 또한 병행했다. 이윽고 30분 후 서서히 환자의 의식이 돌아왔고, 무사히 LA에 도착할 수 있었다.

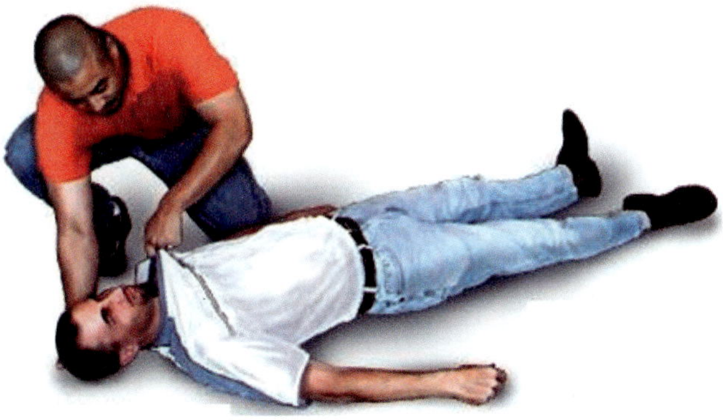

6) 고혈압

(1) 고혈압의 정의

미국의 국립보건원(NIH)과 세계보건기구(WHO)에 의하면 성인에서 수축기 혈압 즉 최고혈압이 140mmHg 이상이거나 이완기 혈압 즉 최저혈압이 90mmHg 이상일 때를 고혈압(Hypertension)이라고 정의한다. 최고혈압이란 심장이 피를 쥐어짤 때 측정되는 혈압이고, 최저혈압은 심장이 이완되어 혈액을 받아들일 때의 측정치를 의미한다. 120/80이란 수축기 때 120mmHg, 이완기 때 80mmHg란 뜻이다. 고혈압은 만성적으로 동맥의 혈압이 올라간 상태를 말한다. 운동 직후 혈압을 측정해 주는 것은 바람직하지 않고 안정된 상태에서 측정하는 것이 정확한 측정치를 알 수 있다. 고혈압은 관상동맥질환과 뇌졸중, 신부전 등 전신에 걸쳐 다양한 합병증을 일으키며 환자의 생명과 건강을 직접적으로 위협한다. 그러나 일반적으로 고혈압은 증상이 없으므로 혈압을 측정해 보기 전까지는 진단이 되지 않는다.

기내는 지상보다 기압이 낮고 산소 농도가 떨어져서 고혈압 환자에게 영향을 끼칠 수 있다. 그래서 고혈압 환자는 저산소증의 위험이 높다. 혈액 내에 산소가 감소하게 되면 붓고 혈전이 생길 수 있다. 고혈압 환자는 상비약을 들고 탑승하고 여분의 약을 넉넉하게 챙겨야 하며, 만약을 대비하여 처방전도 함께 가지고 가는 게 좋다. 기내에서 제공하는 조금 짠 과자나 땅콩이 혈압을 높일 수도 있으니 주의해야 하며, 술은 탈수를 야기하고 정맥이 늘어나게 하기 때문에 술은 마시지 않아야 하며 수면제나 진정제도 피하는 게 좋다.

(2) 증상 및 징후

① 가슴의 답답함을 호소한다.
② 호흡이 곤란하다.
③ 이명 현상이 나타난다.
④ 머리 뒷골이 당기고 아픔을 호소하며 뒷목을 잡는다.
⑤ 어지럽고 메스꺼움을 나타낸다.

(3) 응급처치

① 편한 자세를 취하도록 도와준다.

② 과거 병력에 대해 물어본다.

③ 승객이 소지하고 있는 안정제나 고혈압 치료제를 복용하도록 한다.

필요 응급장비

Resuscitator Bag 내 청진기, 혈압측정기

(4) 응급처치 사례

2015년 11월 인천에서 인도 뭄바이로 향하던 항공기에서 한국여성(62세)이 두통과 흉통을 호소하였다. 기내의료진 호출(Doctor Paging) 방송을 하였고 기내의료진이 혈압을 측정하니 혈압이 높은 상태였다. 평소 고혈압이 있어 약을 복용하고 있으며 비행 1시간 전에 약을 복용한 상태였다. 환자는 어지러움과 구토 증상을 호소하여 의료진에 의해 고혈압으로 진단되었다. 기내에 탑재된 EMK 내 PRANOL(혈압약)과 MACPERAN(항구토제)을 각 1정씩 복용한 이후, 혈압 측정 결과 정상적인 수치로 낮아졌고 증상이 회복되어 무사히 도착할 수 있었다.

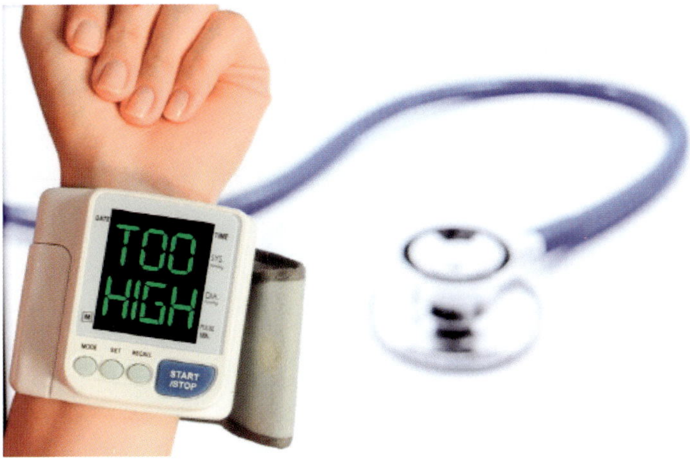

Chapter

03

근골격계 증상 및 응급처치

1. 근골격계

근골격계란 근육과 골격을 이루는 기관을 말하며, 근골격계 질환이란 근육과 골격에 무리한 힘을 사용하거나 오랜 시간에 걸쳐 반복적인 작업을 지속하거나 비뚤어진 자세, 날카로운 면과의 신체접촉, 진동 및 온도 등의 요인으로 인해 근육과 신경, 힘줄, 뼈, 관절 등의 조직이 손상되어 신체에 나타나는 건강상의 장해이다.

비행 중에 준비되지 않은 상태에서 갑작스러운 요동(Turbulence)으로 인해 허리와 발목 등에 골절과 염좌, 타박상 등의 장해를 입을 수 있다. 따라서 좌석에 앉아 있을 때는 항상 좌석벨트를 착용하는 것이 중요하다. 객실승무원 또한 카트(Cart)나 캐리어 박스(Carrier Box) 등 무거운 물건을 이동시킬 때는 적절한 자세를 취하는 것이 필요하다. 또한 2층(Upper deck) 계단 이용 시 급하게 이동을 하는 경우 발목 부상 및 넘어져 상해를 입을 수 있으므로 주의하도록 한다.

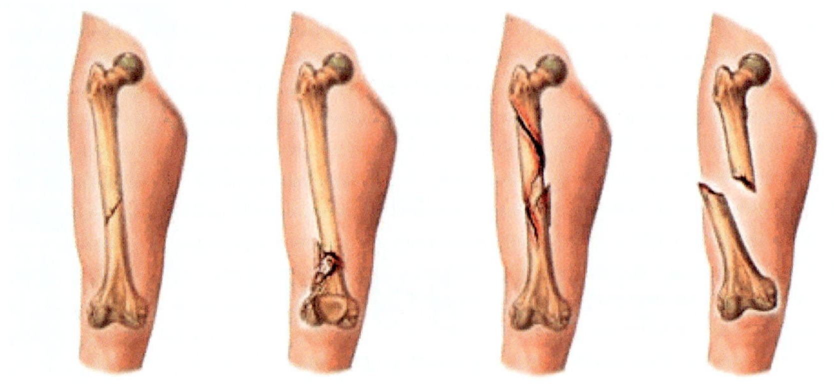

▲ 사선골절 ▲ 분쇄골절 ▲ 나선형 골절 ▲ 복합(개방성)골절

2. 근골격계 증상별 응급처치

1) 골절

(1) 골절의 정의

골절(Fracture)이란 외부로부터 강한 충격이 작용하여 뼈가 부분적으로 또는 완전히 엇나가 뼈의 연속성이 소실된 상태를 말한다. 골절이 발생하면 뼈의 주변에 있는 연부조직[1]이나 장기들의 손상도 흔히 동반된다. 손상 부위의 상태에 따라 뼈가 피부 밖으로 튀어나온 경우 개방성 골절이라고 하고, 골절 선이 여러 개인 경우를 분쇄골절이라고 분류한다.

(2) 증상

골절이 되면 발생한 부위 주변으로 심한 통증이 나타난다. 통증은 근육의 경직, 골편[2]의 중복, 주위 연부조직의 손상이 원인이 되어 발생하며, 골절 부위를 움직이

1) 뼈나 관절을 둘러싸고 있는 연한 부위
2) 뼈의 조각

거나 누를 때 더 심해진다. 손상 부위가 비정상적으로 흔들리고 통증 때문에 움직이지 못해 정상적인 기능을 상실할 수 있으며 체액이나 혈액이 손상 부위로 스며들어 붓게 되고 팔다리 모양의 변형이 올 수 있다. 그 외에 신경의 손상이 동반될 경우 감각이상, 저린 느낌, 마비 등이 올 수 있다. 심한 외상으로 인한 골절의 경우 장기 손상 등이 동반될 수 있고, 쇼크(Shock)에 빠지는 경우도 있다.

① 부상부위가 변형된다.
② 부상부위가 부풀어 오른다.
③ 부상부위 주변으로 통증을 느낀다.
④ 부상부위에 저린 느낌이나 마비 증세를 호소한다.
⑤ 부상부위 주변으로 피부가 변색된다.

(3) 응급처치

① 환자가 편안해 하는 자세 그대로 움직이지 않게 한다.
② 출혈이 있는 경우 지혈을 한다. 골절이 되었을 수도 있으므로 무리한 힘을 가하지 않는다.
③ 활력징후를 관찰한다.
④ 다친 부위가 더 이상 움직이지 않도록 부목 등을 이용하여 묶도록 한다.
⑤ 처치를 하다가 무리하게 움직여 상태를 더욱 악화시킬 수 있으므로 주의하는 것이 좋다.
⑥ 부목은 다친 부위의 뼈보다 길어야 하고 부드러운 천으로 감싸 피부에 직접 닿아 손상을 주지 않도록 해야 한다.
⑦ 관절이나 뼈의 단단한 부위가 밖으로 만져지더라도 이를 제자리로 돌리려는 시도를 해서는 안 된다.
⑧ 척추나 골반 뼈 부위를 다친 경우 내부 장기 또는 혈관의 손상으로 출혈이 되어 쇼크에 빠질 위험이 있으므로 환자를 눕힌 자세에서 가급적 전신이 움직이지 않도록 고정하고 기내의료진 호출(Doctor Paging)을 한다.

필요 응급장비

① Resuscitator Bag: 청진기, 혈압측정기, 자동체온계, 탄력붕대(Elastic bandage), 탈지면
② EMK: 멸균거즈
③ FAK: 압박붕대(Bandage compresses), 붕대(Roller bandage), 가위, 삼각건 부목(Wire splint)
④ Medical Bag: 탈지면

부위별 부목 사용방법

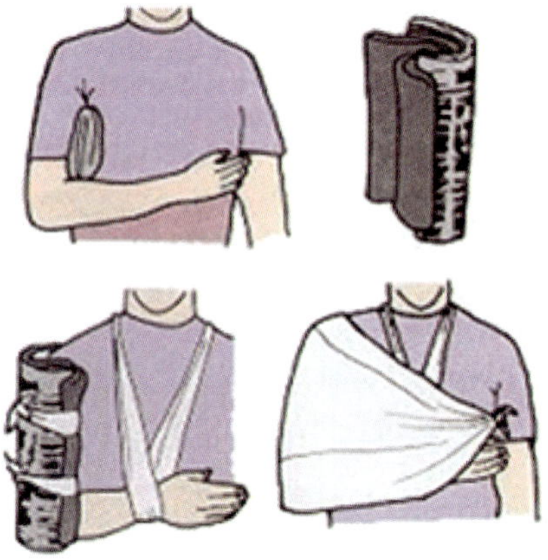

▲ 윗팔뼈 골절

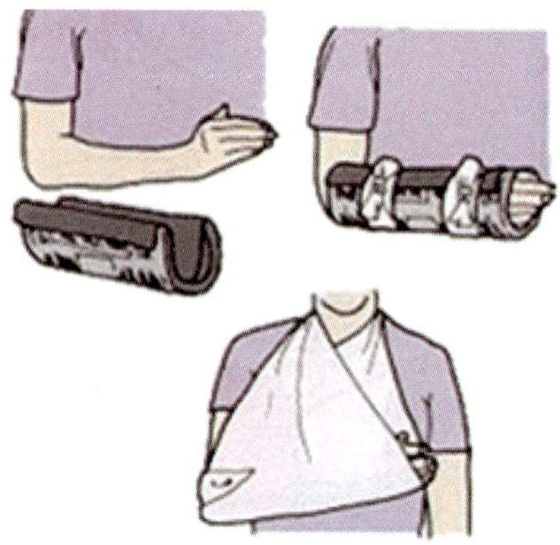

▲ 아래팔뼈 골절

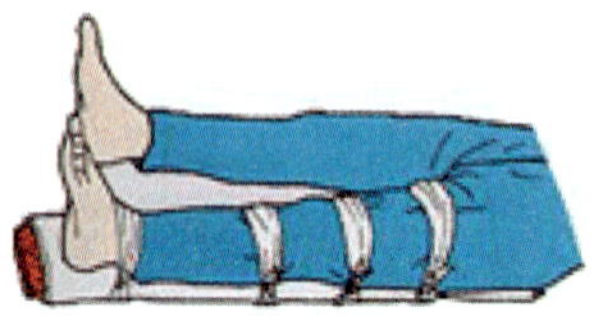

▲ 슬개골 골절

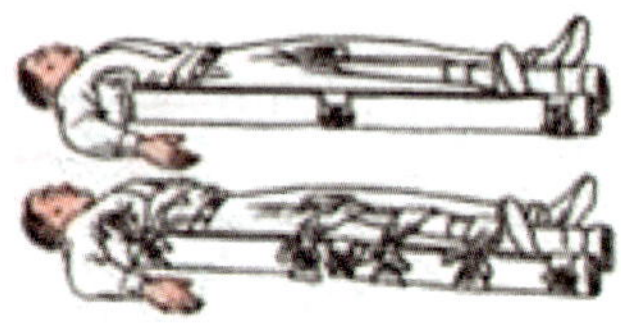

▲ 대퇴골 골절

▲ 척추 골절

▲ 발목 골절

압박붕대 감는 방법

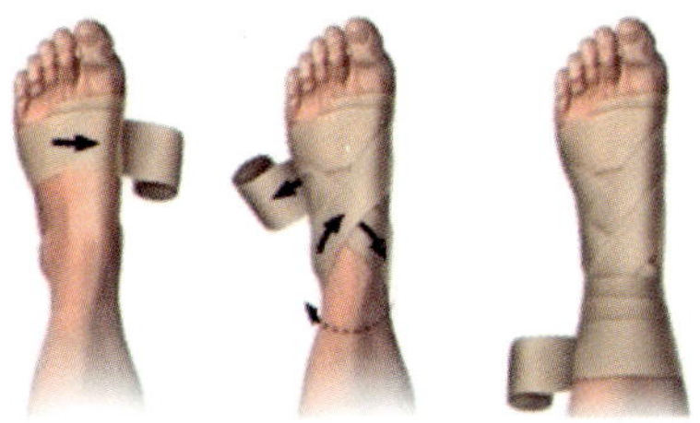

▲ 발목

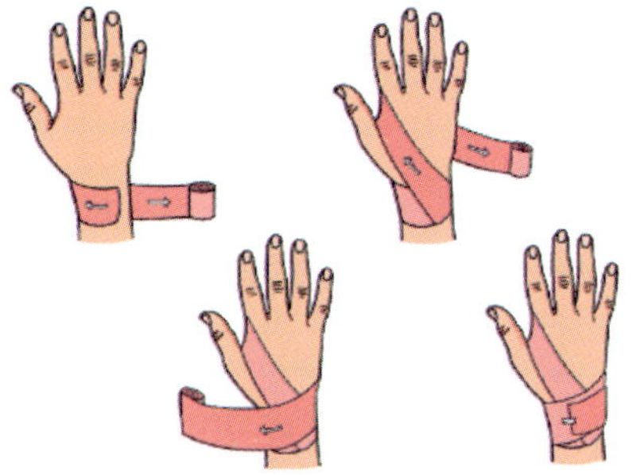

▲ 손목

(4) 응급처치 사례

2015년 인천으로 향하던 국제선 비행기에서 객실승무원(女)과 사무장(女)이 기내식 서비스를 끝내고 착륙 준비를 위해 Galley를 정돈하는 중에 갑작스러운 기류변화로 심한 Turbulence 가 발생했다. 이때 두 승무원은 Galley 상단의 캐리어 박스를 정리하는 중이어서 물건이 떨어지는 것을 막으려다 신체가 공중으로 떠오르고 내려오면서 미쳐 손을 사용하지 못한 상태로 Galley 바닥에 하중이 실리며 객실승무원은 허리가 부러졌고, 사무장은 발목이 부러졌다. 이때 좌석벨트 사인은 꺼져 있었던 상황이어서 Galley에서 작업을 하던 객실승무원들이 심한 부상을 입게 되었다. 그 이후 객실승무원은 비행을 할 수 없는 상황이 되었고 사무장은 발목에 심을 넣는 큰 수술을 두 번을 받았지만 오래도록 다리의 통증으로 비행을 하지 못했다. 다행히 승객들 중에는 부상을 입은 사람은 없었다.

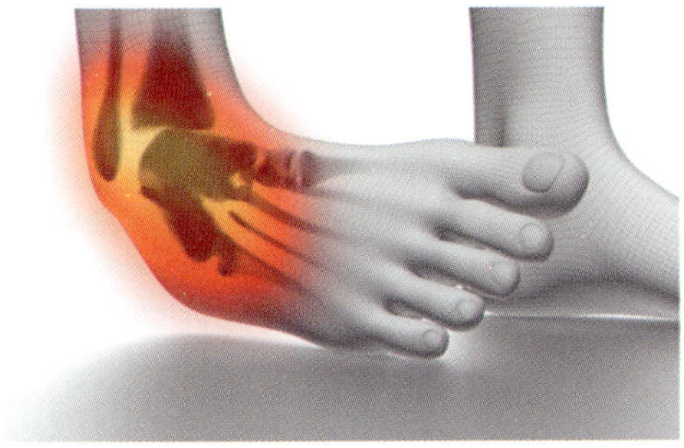

2) 염좌와 타박상

(1) 염좌와 타박상의 정의

염좌란 관절을 지지해 주는 인대 혹은 근육이 외부 충격 등에 의해서 늘어나거나 일부 찢어지는 것을 말하며, 타박상은 외부의 충격이나 둔탁한 힘 등에 의해 연부조직과 근육 등에 손상을 입어 피부에 출혈과 부종이 보이는 경우를 말한다. 타박상은 뼈와 근육에 별다른 이상이 없다면 큰 문제없이 호전되는 것이 보통이다.

(2) 염좌 증상

① 부상 부위가 붓고, 빨개진다.
② 통증이 생기며, 특히 해당 조직을 누르면 통증이 더욱 심해진다.
③ 피부 안쪽의 출혈로 멍이 들기도 한다.
④ 부상 부위 관절은 경직되면서 운동성이 감소하고 무게를 지탱하는 능력이 감소하게 된다.
⑤ 피부가 변색된다.

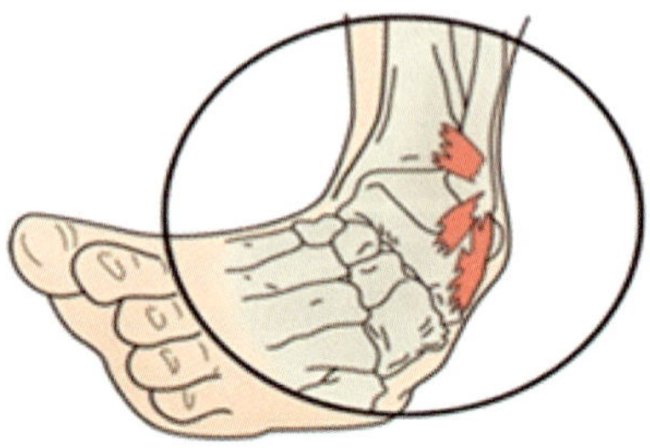
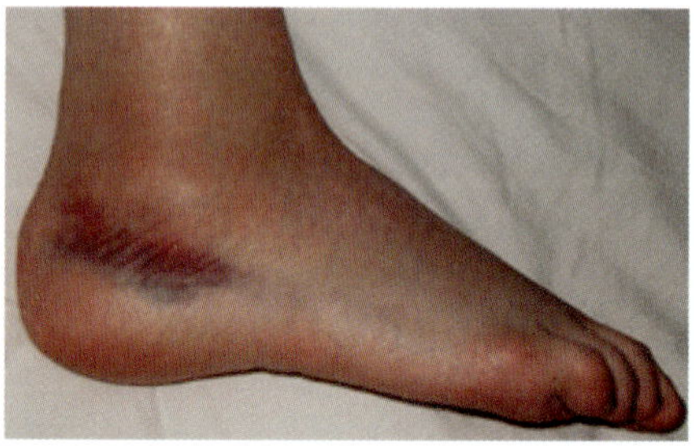

(3) 응급처치

① 환자가 편안해 하는 자세 그대로 해당 부위를 움직이지 않도록 한다.
② 손상의 정도에 따라 활동을 제한하고 압박붕대를 이용하여 고정하거나 부목을 댄다.

③ 발목 염좌와 같이 관절 부위의 인대가 손상된 경우 해당 부위를 심장보다 높게 유지한다.
④ 손상 직후에는 손상 부위의 염증 반응을 감소시키고 부종과 통증을 줄이기 위해서 얼음찜질을 시행한다.
⑤ 부종이 가라앉으면 조직의 경직을 막고 혈액순환을 원활하게 하기 위해 온찜질을 한다.

필요 응급장비

① Resuscitator Bag: 청진기, 혈압측정기, 자동체온계, 탄력붕대(Elastic bandage), 탈지면
② EMK: 멸균거즈
③ FAK: 압박붕대(Bandage compresses), 붕대(Roller bandage), 가위, 삼각건 부목(Wire splint)
④ Medical Bag: 탈지면

(4) 응급처치 사례

2010년 미국 여객기가 난기류 속에 수십 명이 부상을 당했다. 승객 245명과 승무원 19명을 태우고 미국 워싱턴을 출발하여 일본 나리타공항에 도착 예정이었던 미국 유나이티드항공기가 알래스카 상공에서 고도를 낮추던 도중 난기류를 만나 승객 수십 명이 부상을 당했다. 부상을 당한 승객 일부는 요동(Turbulence) 당시 식사시간을 기다리거나 잠을 청하던 상황이어서 난기류에 의한 기체 요동에 미처 안전벨트를 할 시간 없이 기내에서 나동그라졌다. 기내 비품과 승객들의 소지품이 어지럽게 기내를 날면서 순식간에 아수라장이 됐으며 심지어 천장에 구멍까지 뚫렸다.

이 사고로 한국인 포함 승객 18명이 경상을 입었으나, 해당 여객기 기장은 가까운 앵커리지공항에 비상착륙하지 않고 5시간 동안 일본 나리타공항에 착륙해 탑승객의 공분을 샀다.

2019년 12월 비행기 내에서 하기 도중 여자 승객이 10kg 캐리어를 내리다가 뒤에

서 대기 중인 승객의 손에 가방이 떨어졌다. 상대여성은 의자에 손을 올려놓은 상태에 하필 그곳으로 가방이 떨어져 타박상을 입혔고 통증을 호소하였다. 항공기는 도착한 상태였고 승객끼리 사고를 낸 것이라 과실이 있는 승객이 치료비 전액을 배상해 주었다.

Chapter

04

신경계 증상 및 응급처치

1. 신경계

신경계(Nervous System)는 뉴런이라고 하는 신호전달의 가장 기본이 되는 세포와 그 밖에 많은 신경세포로 구성되어 있다. 글리아 세포(Glial Cell)라는 좀 더 보조적으로 작동하는 세포도 있지만 일반적으로 신경세포라고 할 때는 단순히 뉴런만을 가리키기도 한다. 인간의 뇌는 수억 개의 뉴런으로 이루어져 있고, 뉴런들은 매우 복잡하게 조직화하여 정보 처리를 하고 몸의 다른 부위로 정보를 신속하게 전달한다. 자극에 대한 반응, 전달 및 이를 통합하여 판단하고 명령을 전달하는 체제가 신경계이다. 신경계는 중추신경계와 말초신경계로 되어 있다. 중추신경계는 뇌와 척수로 구성되어 있으며 정보를 통합하고 판단하는 신경계이고, 말초신경계는 몸의 감각기관에서 받은 정보를 중추신경에 전달하거나 중추신경계의 명령을 효과기[1)]

1) 신체가 외부의 자극에 능동적으로 작용하기 위한 기관이나 세포. 근육, 선(腺), 선모(腺毛), 편모 등을 말한다.

에 전달하는 기능을 담당한다. 신경전달은 신경계의 가장 기본 단위인 뉴런을 통해 이루어진다.

2. 신경계 증상별 응급처치

1) 경련/발작

(1) 경련/발작의 정의

경련(Convulsive)이란 전신 또는 국소의 근육이 자신의 의사와는 관계없이 급격히 수축, 이완을 반복하는 현상을 말한다. 발작(Seizure)은 병증세가 갑자기 나타났다가 비교적 짧은 시간에 사라지며, 간질이나 어떤 종류의 마비 증세 등에서 볼 수 있다. 공황발작은 인파가 많은 장소나 낯선 곳에 가는 것을 병적으로 꺼리는 현상으로 예기치 않은 상황에서 신체적, 정신적으로 극심한 불안·공포를 느끼는 질환이다.

(2) 증상 및 징후

① 근육이 경직되며 일반적으로 30초 정도 지속된 후 경련을 일으킨다.
② 얼굴색과 입술이 푸른색으로 변한다.
③ 근육이 경직되어 있는 동안 호흡이 중단되거나 혀를 깨물기도 한다.
④ 심하면 소변과 대변을 통제하지 못할 수도 있다.
⑤ 입 주위에 거품이 생기고 푸른색으로 변한다.
⑥ 경련이나 발작이 10분 이상 지속되거나 계속해서 일어날 경우 신속히 기내의료진(Doctor Paging)을 호출하여 도움을 받도록 한다.

(3) 응급처치

① 경련이나 발작을 일으키는 환자를 움직이지 못하도록 해서는 안 된다.

② 음식물을 제공해서는 안 되며, 손가락 등을 환자의 입에 넣지 않는다.

③ 환자의 주변에 날카로운 물건이 있으면 치우고, 테이블도 제자리로 하고 팔걸이 모서리나 좌석 모서리 등 주위를 베개와 담요를 둘러 승객이 상처를 입지 않도록 한다.

④ 구토를 할 경우에는 구토물이 기도로 들어가 질식하지 않도록 몸을 옆으로 돌려놓는다.

⑤ 경련/발작이 끝난 후 활력징후를 관찰한다.

⑥ 필요한 경우 산소를 공급한다.

⑦ 경련이나 발작이 10분 이상 지속되거나 계속해서 일어날 경우 신속히 기내의료신(Doctor Paging)을 호출하여 도움을 받도록 한다.

⑧ 환자가 임산부, 당뇨환자, 발작 도중에 상처를 입은 경우에도 신속히 기내의료진(Doctor Paging)을 호출하여 도움을 받도록 한다.

필요 응급장비

Resuscitator Bag: 전자체온계, 자동혈압계, 기내 O_2 Bottle

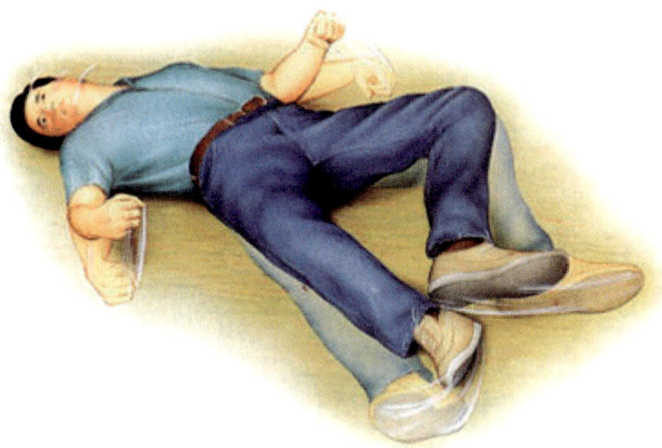

▲ 경련/발작

(4) 응급처치 사례

제주를 출발하여 김포공항으로 향하던 국내선 마지막 시간의 비행기였다. 그날은 승객이 거의 없을 정도로 한적한 상황이었다. 착륙준비를 위해 승객의 안전벨트 착용을 확인하는 중 창측에 혼자 앉아 있던 20대 남자 승객이 갑자기 경련과 발작 증세를 보이며 입에 거품이 나오는 것을 객실승무원이 발견하게 되었다. 신속히 객실승무원이 도움을 주려는데 갑자기 옆자리 승객이 환자의 옆으로 와 "제가 의사입니다."라고 신분을 밝히고, 발작을 일으키는 환자의 입에 갑자기 Mouth to Mouth로 인공호흡을 실시하기 시작했다. 너무도 갑작스러운 상황이었지만 환자는 곧 경련이 멈추었고 정상으로 의식이 돌아왔다. 의식을 찾은 승객은 자기가 발작을 한 것에 대해 매우 미안해하며 이제는 괜찮다고 하였고 의료진 또한 괜찮아졌다고 하며 환자에게 주의사항을 알려주어 무사히 하기하게 되었다. 이에 신속한 응급처치를 한 승객에게 객실승무원은 감사함을 전하기 위해 명함을 요구하였지만 이 의료진은 '당연히 해야 할 일을 한 것이다' 라고 하며 극구 사양하며 하기하였다. 거품이 가득한 입에 아무런 거리낌 없이 응급처치를 시행한 이 분이 참으로 존경스럽다.

2) 불안 및 공포

(1) 불안 및 공포의 정의

불안 및 공포는 누구나 매사에 느낄 수 있는 감정으로 스트레스, 위험, 고통 등이 예상되는 상황이나, 예기치 못한 일이 발생할 수 있는 상황에서 쉽게 경험할 수 있는 증상이다. 불안한 감정은 뚜렷한 원인이 없어도 불쾌하고 모호한 두려움 등으로 표현되는 기분상태이며, 공포는 명확하고 구체적인 대상에 대한 두려움 등으로 표현되는 기분상태이다.

항공기 탑승 중에 불안 증상이 발생하는 데는 여러 가지 원인이 있을 수 있지만, 본인이 가지고 있던 질환의 증상(심장마비, 협심증, 천식 등)이 나타날까 봐 염려하는 것이 주된 요인이 되기도 한다. 또한 해외여행으로 인한 시차, 음식 등의 이유로 수면부족과 신체의 컨디션이 저조해지고 전신적으로 높은 스트레스를 받은 상태일 때 나타날 수 있으며, 고소공포 및 폐쇄공포로 인해 발생할 수도 있다.

한국인 1,000명의 흔한 불안 증상 10가지

① 자주 소화가 잘 안 되고 뱃속이 불편하다. (49%)
② 어지러움(현기증)을 느낀다. (44%)
③ 가끔씩 심장이 두근거리고, 빨리 뛴다. (41%)
④ 가끔씩 몸이 저리고 쑤시며, 감각이 마비된 느낌을 받는다. (36%)
⑤ 신경이 과민해져 왔다. (36%)
⑥ 침착하지 못하다. (33%)
⑦ 흥분된 느낌을 받는다. (32%)
⑧ 편안하게 쉴 수가 없다. (31%)
⑨ 자주 얼굴이 붉어지곤 한다. (31%)
⑩ 매우 나쁜 일이 일어날 것 같은 두려움을 느낀다. (27%)

(2) 증상 및 징후

① 감정으로 나타나는 불안 증상

- 안절부절못한다.
- 공포 또는 지나치게 놀란다.
- 항공기 사고 등 걱정을 표현한다.
- 긴장된 모습을 보이며, 쉽게 편안해지지 않는다.
- 공황발작(불안발작)을 보이기도 한다.
- 짜증을 잘 내고 예민함을 표출한다.

② 신체로 나타나는 불안 증상

- 근골격계: 근육의 긴장, 통증(두통, 어깨통증, 요통 등)을 호소한다.
- 신경계: 떨림, 오한, 손발 저림, 손발 차가움, 어지러움, 현기증, 쓰러질 것 같음, 식은 땀, 입마름, 집중곤란, 수면장애 등을 호소한다.
- 심혈관: 심장이 빨리 뛰거나 벌렁거림, 가슴통증, 답답함, 흉부 불편함을 호

소한다.

- 호흡기: 호흡곤란을 느낀다.
- 소화기: 음식을 삼키기 어려워함, 소화불량, 복통, 설사, 변비, 신경성위염, 과민성대장염 증상을 보인다.
- 비뇨기: 소변이 자주 마려워 하고, 소변을 본 후에도 시원하지 않은 느낌으로 자주 화장실을 이용한다.

③ 공황장애

- 몸이 떨리거나 후들거려 한다.
- 숨이 막히고 답답함을 호소한다.
- 흉통 또는 가슴의 불쾌감을 나타낸다.
- 메스꺼움 또는 복부 불편함을 호소한다.
- 어지러워하고, 쓰러질 것 같음을 호소한다.
- 죽을 것 같은 공포감과 미칠 것 같은 두려움을 호소한다.
- 추워하거나 화끈거리는 느낌을 호소한다.

(3) 응급처치

① 편안히 심호흡을 하도록 유도하고 스트레칭으로 근육이완을 하도록 돕는다.

② 따뜻한 음료를 제공한다.

③ 스트레스를 경감시키고 정서적으로 안정을 취하도록 지지해 준다.

④ 다른 것에 집중하기 등의 주의분산 방법을 사용한다.

⑤ 필요한 경우 산소를 공급한다.

필요 응급장비

Resuscitator Bag: 전자체온계, 자동혈압계, 기내 O_2 Bottle

(4) 응급처치 사례

2018년 11월 인천에서 홍콩으로 향하던 항공기에서 20대 여성이 공포감을 느끼며 호흡곤란을 호소했다. 평소 정신과 약을 복용하고 있다고 하였으나 평소 복용하던 약이 떨어져 집에 있던 예전 약을 비행 1시간 전에 복용했다고 하였다. 일행에게 안정을 취할 수 있도록 대화를 유도하도록 부탁했고, 산소를 제공해 주려 하였으나 괜찮다고 하여 사무장이 관심을 주며 상태를 수시로 관찰하였더니 무사히 홍콩에 도착할 수 있었다.

Chapter

05

소화기계 증상 및 응급처치

1. 소화기계

소화기계(Digestive System)는 구강에서 섭취한 음식을 인두, 식도, 위, 소장과 대장으로 이동하여 소화운동, 소화액분비 및 흡수의 기능을 통해 섭취된 음식물을 흡수 가능한 인자로 만들어 신체 내부로 이동시키고 나머지 분비물을 항문으로 내보내는 작용을 한다.

2. 소화기계 증상별 응급처치

1) 복통

(1) 복통의 정의

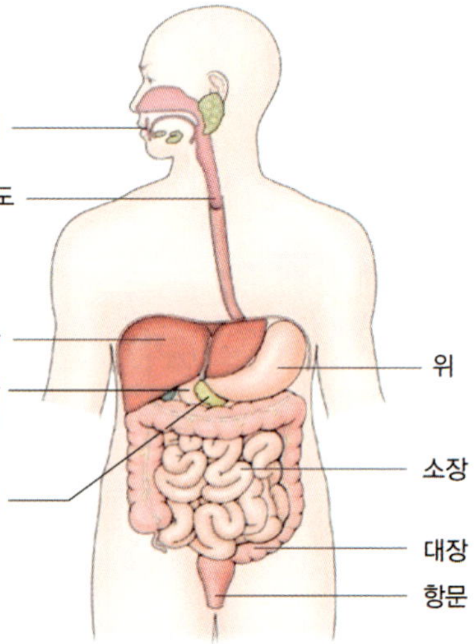

▲ 소화기계

복통(Abdominal Distress)은 위에서부터 치골[1] 아래 이상의 부위에서 발생되는 동통을 지칭한다. 짧은 시간에 생명에 지장을 줄 수 있는 급성 질환에서 기능장애에 의한 만성 질환까지 다양한 질환으로 나타난다. 복통은 주로 복강 내에 있는 위, 소장, 대장, 간, 담낭 및 췌장과 같은 소화기관에서 생기지만, 간혹 심장, 허파, 콩팥, 자궁, 난소 등 복강 외에 위치한 기관에서 유발되기도 한다. 또한 전신질환이나 신경계 질환에 의해서도 복통이 발생할 수 있다. 이렇듯 복통의 원인은 매우 다양하므로 승객이 복통을 주된 증상으로 호소하는 경우 우선 병력을 물어보면 그 원인을 파악하기가 용이하다.

(2) 증상 및 징후

① 복부 통증이 광범위하게 나타난다.
② 메스꺼움을 느끼거나 구토를 한다.
③ 설사나 변비 증세가 나타난다.
④ 복부가 팽창한다.
⑤ 열을 동반하기도 한다.

1) 골반의 앞면을 구성하는 골 조직

(3) 응급처치

① 편안하게 안정시킨다.

② 구토가 일어날 경우 기도가 막히지 않도록 대비한다.

③ 호흡을 체크하고 호흡이 약하거나 호흡곤란 증상이 보이면 산소를 공급해 준다.

④ 음식물을 제공하지 않는다.

⑤ 쇼크(Shock)에 대한 응급처치를 실시한다(181쪽 참고).

필요 응급장비

- **Medical Bag**
  - 베스타제: 소화불량, 식욕부진, 과식, 식체, 성인 1회 1정, 1일 3회 식후에 복용
  - 정로환: 설사, 체함, 성인 및 15세 이상 1회 4정, 소아: 11~14세 1회 3정, 8~10세 1회 2정 1일 3회 식후에 복용
  - 부스코판: 위 · 십이지장궤양, 식도경련, 위염, 장염
  - 겔포스 엠: 위산과다(위염, 위 · 십이지장궤양에 관련된 것도 포함), 속쓰림, 위부 불쾌감, 위부 팽만감, 성인 1회 1포
- **쇼크(Shock) 시**

  EMK 내 후두경(Laryngoscope: 질식한 사람의 기관 확장하여 관찰, 진단, 치료하는 용도로 사용)

(4) 응급처치 사례

2019년 뉴욕발 인천행 아시아나 항공기에 엄마와 함께 탑승했던 어린이(8)가 출발 후 1시간 30분이 지났을 무렵 갑작스러운 고열과 복통이 시작되었다. 객실승무원들은 차가운 물수건으로 몸을 닦아주는 등 응급처치를 했지만, 같은 항공편에 탑승 중이던 의사로부터 "병원으로 이송해야 한다."는 소견을 듣고 긴급 회항을 결정했다. 기장과 객실승무원 등 25명은 함께 탑승한 승객 470여 명에게 양해를 구하고 인근에 있는 미국 알래스카주 앵커리지 국제공항으로 비상착륙을 실시했다. 이

과정에서 아시아나항공은 안전한 착륙을 위해 비행기 무게를 줄이고자 항공유 15톤(2,000만 원 상당)을 공중에 버렸고, 승객들은 예정시간보다 4시간가량 늦게 인천국제공항에 도착했지만 '긴급 회항으로 지연되어 죄송하고 협조에 감사하다'는 기장과 객실승무원의 기내 방송에 470여 명 승객들은 박수로 화답했다. 무사히 위기 상황을 넘긴 어린이 승객의 아버지는 아시아나 측에 감사의 메시지를 전했다.

2) 식중독

(1) 식중독의 정의

식중독(Food Poisoning)은 물이나 식품의 섭취로 인해 인체에 유해한 미생물이나 유독물질이 인체 내로 유입되면서 나타나는 감염질환 또는 독성반응을 나타내는 질환이다. 식중독에 걸리면 주로 소화기 증상인 복통, 구토, 설사, 발열 등의 증상이 나타난다. 신경마비, 근육 경련, 두통, 발열, 두드러기 등의 증상을 간혹 보일 수 있다. 식중독은 기내식이 원인인 경우보다는 비행 탑승 전 음식물 섭취로 인한 경우가 많다. 따라서 증상 발생 사이의 시간 간격을 통해 원인을 추측할 수 있다. 식중독을 일으키는 식중독균은 40~60℃ 사이 온도에서 잘 증식하고 번식 속도는 세균마다 차이가 있으나, 대부분 35~36℃ 내외에서 번식 속도가 가장 빠르다. 따라서 무더운 6~8월에 세균성 식중독의 위험이 가장 높으니 객실승무원들은 기내위생에 더욱 주의하는 것이 필요하다. 그러나 최근에는 위생관념 향상 덕에 부패한 음식에 의한 세균성 식중독보다는 바이러스성 식중독이 증가하고 있는 추세다. 대표적인 바이러스는 노로바이러스와 로타바이러스가 있는데, 노로바이러스는 살아 있는 유해세균을 다량 섭취 시 일어나는 것으로 감염력이 매우 높으나 감염 후 24~48시간의 잠복기를 거쳐 설사, 구토, 두통, 발열, 근육통 등의 증상을 유발하고 3일 이내 자연 치유된다. 로타바이러스는 6개월~2세 사이의 영유아에게 가을 및 겨울철 설사질환을 일으키는 질환이다. 독소형 식중독은 세균이 죽어도 독소는 그대로 남아 있으므로 가열해도 남은 독소를 통해 중독이 발생할 수 있으므로, 이들 바이러스성 식중독은 예방이 최선이므로 이를 위해서는 손을 자주 씻으며, 식품을 조리할 때는 85℃ 이상에서 1분 이상 가열한 후 조리해야 하며, 채소류 등 비가열 식품은 물에 1분 이상 담가두었다가 흐르는 물에 깨끗이 씻은 후 섭취하는 것이 좋다.

(2) 증상 및 징후

① 속이 메스껍거나 구토를 한다.
② 복통과 두통을 호소한다.
③ 설사를 한다.
④ 오한과 열이 발생할 수도 있다.

(3) 응급처치

① 좌석 등받이를 최대한으로 젖히고 편안한 자세로 안정을 취하게 한다.
② 충분히 수분을 제공하되 차가운 생수는 제공하지 않는다.
③ 두드러기 증상을 보이면 환부에 냉찜질을 해 준다.
④ 상태가 심각하면 기장과 협의하여 가까운 공항에 비상 착륙할 수 있도록 조치한다.
⑤ 같은 기내식을 먹은 다른 승객에게도 증상 및 이상 여부를 확인한 후 보고 시 그들의 인적사항을 기재하여 제출한다.

필요 응급장비

- Medical Bag: 얼음주머니
- Resuscitator Bag: 얼음주머니

(4) 기장과 부기장이 서로 다른 음식을 먹게 된 계기

1975년 도쿄에서 파리로 가는 일본항공 여객기에서 승객 196명과 승무원 1명이 식중독에 걸렸던 사건이 벌어졌다. 조리사가 상처 난 손으로 음식을 만들었고, 10시간 넘게 실온에서 보관된 햄이 문제를 일으킨 것이다. 다행히 경유지에서 교대한 조종사는 미리 식사를 하고 탑승해 기내식을 먹지 않아 운항에는 지장이 없었지만, 이 사건은 조종사가 승객과 다른 기내식을 먹도록 하는 계기가 됐다. 기장과 부기장이 서로 다른 음식을 먹는 것도 같은 이유다. 1990년대 초까지 이런 기내식 사고는 이어졌다. 기내식 식중독 사고는 전 세계적으로도 수십 년에 1~2건 발생하는데, 엄청난 항공 탑승 수요에 비하면 매우 안전한 편이다.

▲ **터키항공 비즈니스 클래스에는 요리사가 동승해 서비스한다.** (출처: 터키 항공)

Chapter

06

변압증 증상 및 응급처치

1. 변압증

변압증(變壓症, Dysbarism)이란 신체 내부의 각종 조직, 체액, 체강 등에서 나타나는 기압의 변화로 일어나는 모든 증후군을 말하며, 즉 신체 외부의 기압 변화로 몸속에 있는 여러 군데의 공간에 들어 있는 기체의 부피에 영향을 주어 몸속 기체를 기화시켜 문제를 발생시키는 것을 말한다. 예를 들면 내장 속의 가스팽창, 중이염 등으로 변압증으로는 체강통과 감압증으로 크게 나눌 수 있다.

2. 변압증 증상별 응급처치

1) 위장계통

(1) 위장계통의 정의

비행 중 객실 기압은 0.8기압으로 우리 신체의 1기압에 비해 다소 낮은 편이다. 이로 인해 위나 장에 정상적으로 존재하는 가스들이 팽창하여 트림이나 방귀로 배출되게 된다. 그러나 배출이 잘 되지 않으면 배가 더부룩해지며 심한 통증을 느끼게 된다. 그 외에 가스가 차는 음식, 즉 신선하지 않은 과일, 유당, 효소가 없는 탄수화물, 단백질 등을 섭취하였거나 식사를 급하게 하였을 때 가스가 차기 쉽다. 이런 것들을 섭취하면 박테리아의 먹이가 되어서 가스를 방출하기 때문이다. 건강하다면 문제가 되지 않지만 과로나 스트레스, 불규칙한 식습관, 과음으로 과민성 대장을 호소하는 환자나 중환자에게는 고통스러울 수 있다.

(2) 증상 및 징후

① 현기증이 나타난다.
② 메스꺼움을 호소한다.
③ 복부에 통증이 나타난다.
④ 호흡곤란을 일으키기도 한다.

(3) 응급처치

① 복부의 가스가 자연스럽게 배출될 수 있도록 객실 통로(Aisle)를 걸어 다니거나 가벼운 운동을 한다.
② 불안한 감정이 사라지고 안정감을 취할 수 있도록 돕는다.
③ 피로하지 않도록 주의한다.
④ 탄산음료, 껌, 채소류 등을 제공하지 않는다.

2) 중이염

(1) 중이염의 정의

중이염(Tympanitis)은 가운데 귀(중이)에 발생하는 모든 염증을 말하며, 귀 고막 안쪽 중이에 세균이나 바이러스가 감염되어 발병하는 질환이다. 중이염은 귀의 유스타키오관을 통해 발생하는데, 유스타키오관의 입구는 중이강 내의 공기가 밖으로 쉽게 배출되지만, 밖의 공기가 중이강 내로 들어올 때는 특별한 행동을 취해 주지 않으면 공기가 못 들어오는 경우가 흔하다. 항공기가 이륙할 때보다는 착륙 시 급하강할 때 가장 많이 발생하고, 깊이 잠수하거나 높은 산을 등반한 때에도 빈발한다. 평소 별 문제가 없더라도 비염이나 축농증이 심해지거나 코감기가 걸리면 이관 기능이 일시적으로 떨어져 비행기를 탈 때 통증이 심해질 수 있다. 중이염일 경우 조직의 손상이 일어나며, 심하면 고막이 파열 되고 출혈이 나타나기도 한다. 감기의 합병증 중에서 가장 흔한 것이 중이염이므로 감기에 걸렸을 때 귀가 아픈 증상이 동반되면 항공기 탑승을 자제하도록 한다. 감기 원인균이 중이에 침투한 것으로 급성중이염을 일으킬 가능성이 있기 때문이다. 특히 아이들은 성인에 비해 이관발달이 미성숙해 증상이 더 심할 수 있다. 아이가 비행 중에 귀를 잡거나 이유 없이 운다면 중이염을 의심해 봐야 한다. 중이염의 과거력이 있거나 평소 중이염으로 고생한 분들이라면 항공기 탑승 전 비점막 수축제를 사용하는 것이 도움이 된다. 비점막 수축제는 코(비강)안의 점막의 부종으로 인한 코막힘(비폐색) 해소에 도움을 주며, 일정량씩 분무되는 용기에 들어 있는 무색투명한 액이다.

또한 이륙하거나 착륙할 때 기압 차이 때문에 순간적으로 귀가 먹먹해지거나 심한 통증이 생기는 '기압성 중이염'은 고도의 차이 때문에 고막 안쪽의 외이도와 중이강의 공기압 조절이 원활하지 않아 점막이 충혈되거나 귀를 찌르는 것 같은 통증과 함께 현기증, 이명, 난청 등이 발생하는 것이며, 기압차가 오래 지속되면 중이 점막에 부종이 생기고 고막 안쪽으로 물이나 고름이 차는 '삼출성 중이염'이 생길 수 있다.

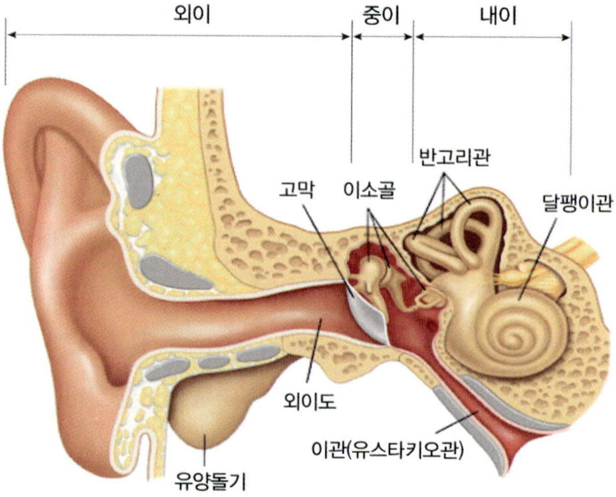

▲ 가운데 귀(중이)와 유스타키오관의 위치

(2) 증상 및 징후

① 열이 난다.

② 귀에 통증을 느낀다.

③ 구토 증상이 나타난다.

④ 심하면 고름이 나온다.

⑤ 고막 안에 물이 차 소리가 잘 들리지 않는다.

(3) 응급처치

① 침을 삼키거나 하품을 한다.

② 물을 조금씩 여러 번 나누어 마시게 한다.

③ 유아일 경우 젖병에 우유나 물을 넣어 먹인다.

④ 발살바(Valsalva)를 할 수 있도록 방법을 알려준다.

⑤ 필요시 진통제, 비점막 수축제 등을 제공한다. 비점막 수축제는 코(비강)안의 점막의 부종으로 인한 코막힘(비폐색) 해소에 도움을 준다.

⑥ 활력징후를 확인한다.

중이염 예방법

기압성 중이염의 증상을 완화하기 위해서는 비행기에서 이착륙 시 물이나 침을 삼키거나, 사탕을 먹거나 껌을 씹고, 하품을 하며, 코와 입을 막고 숨을 내쉬고, 귀마개를 쓰는 것이 도움이 된다. 무언가를 먹거나 삼키면 평소 닫혀 있던 이관이 자연스럽게 열리면서 기압차를 줄이게 되고, 귀마개를 하면 외이와 내이의 압력을 조절해 귀 통증을 감소시키고 외부의 소음을 차단해 귀 자극을 최소화할 수 있다. 어린아이를 데리고 비행기를 타는 경우 아이의 경우 이관의 길이가 짧아 중이염이 쉽게 발생할 수 있기 때문에 미리 병원을 방문해 중이염이나 감기 등 검사를 받고 아이의 상태를 정확히 확인하며, 이착륙 시 사탕을 빨게 하는 것이 도움이 될 수 있다.

발살바(Valsalva) 방법

코를 엄지와 검지 손가락으로 막고 입을 다물고 코를 풀듯이 공기를 코로 불어넣는다. 이때 한꺼번에 오래 불어 넣는 것보다는 여러 번 나누어 조심스럽게 불어 넣는 것이 효과적이다.

이는 비강 내 압력을 형성하여 이 압력이 유스타키오관을 통하여 중이 내로 강제로 유입되게 하는 방법이다.

필요 응급장비

- Medical Bag: 타이레놀
- Resuscitator Bag: 얼음주머니
- FAK: 나리스타-S[코 스프레이로 효능효과는 코감기(급성비염), 알레르기성 비염 또는 부비동염에 의한 증상 완화], 타이레놀

(4) 응급처치 사례

2019년 7월 비행 중에 A씨는 고막이 터질 것처럼 심한 귀 통증을 호소했다. 침을 삼키고 물을 마셔도 별 소용이 없어 객실승무원은 발살바 방법을 하도록 알려주어 일시적으로 증상이 완화되었다. 하지만 비행기에서 내린 이후에도 아픈 증상이 지속되면 난청으로 진행될 수 있으므로 통증이 지속될 시 병원을 가도록 권유하였다.

3) 부비동염

(1) 부비동염의 정의

부비동은 비강(코의 안쪽에 있는 빈 곳) 점막이 팽창하여 동굴 모양으로 만들어지는데 사춘기에 거의 완성된다. 8개의 부비동은 각각의 배출구멍을 통해 코 속과 교통이 이루어진다. 부비동 점막은 코 점막과 연결되어 있어 코 속에 염증이 쉽게 부비동 내로 퍼진다. 이것이 부비동염(Sinusitis)으로 흔히 축농증이라고 불린다. 부비동염의 가장 큰 원인은 감기로 점막이 부어 코가 막히고 배출 구멍이 좁아지면서 부비동에 환기와 배설이 이루어지지 않아 고름 같은 분비물이 차게 된다.

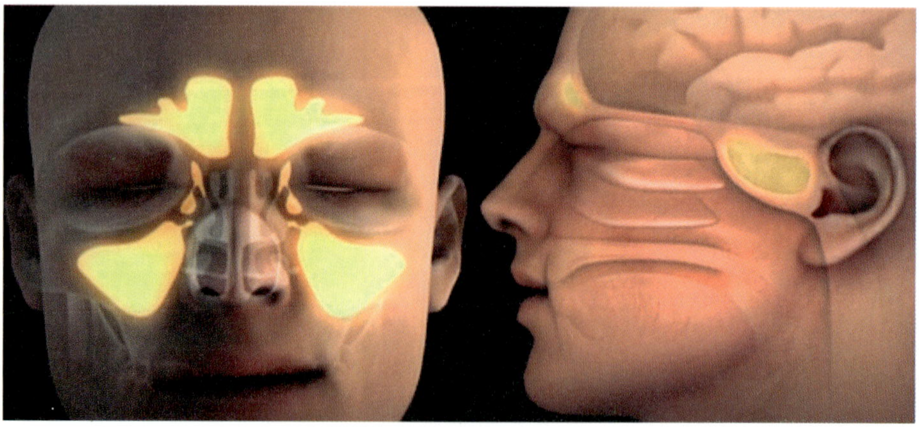

▲ 부비동 위치

(2) 증상 및 징후

① 부비동이 위치한 이마와 광대뼈에 통증을 느끼거나 위쪽 치아까지 통증을 느낀다.
② 코가 막히고 두통을 호소한다.

(3) 응급처치

① 발살바를 하게 한다.
② 비점막 수축제 등을 제공하여 코에 분사하도록 한다. 비점막 수축제는 코(비강) 안의 점막의 부종으로 인한 코막힘(비폐색) 해소에 도움을 준다.
③ 통증이 심하면 타이레놀 등의 진통제를 제공한다.

필요 응급장비

- Medical Bag: 타이레놀
- FAK: 나리스타-S[코 스프레이로 효능효과는 코감기(급성비염), 알레르기성 비염 또는 부비동염에 의한 증상 완화], 타이레놀

(4) 사례[출처: 시사저널(http://www.sisajournal.com)]

2019년 6월 필리핀에서 인천으로 향하던 항공기가 여압장치 고장으로 긴급회항을 하였다. 일부 승객은 비행기가 급하강을 할 때부터 비행기에서 내릴 때까지 고막에 심한 통증과 두통을 호소하였고, 이후에도 통증을 느꼈다. 한 승객은 종합병원 검진 결과 '양쪽 감각신경성 난청' 진단을 받았고, 양측 귀의 신경이 많이 손상돼 일상생활의 지장이 없으려면 보청기를 해야 한다는 권유를 받았다. 중이염으로 인한 난청이 있기는 했지만 이 사건 발생 전과 비교해 난청이 악화됐다고 주치의는 판단했다. 다른 승객 역시 '우측 감각신경성 난청'에 대해 통원치료를 받았고, 한 승객은 고막의 기타 장애, 급성 부비동염, 우측 고막 내 출혈 진단을 받아 약물 치료를 받았다. 이 승객은 사건 이후 항공기 탑승 과정에서 우측 귀의 통증을 지속적으

로 겪고 있다. 보청기 사용이 필요한 승객은 500만 원, 나머지 승객들은 100만 원의 손해배상소송을 제기했다.

4) 치통

(1) 치통의 정의

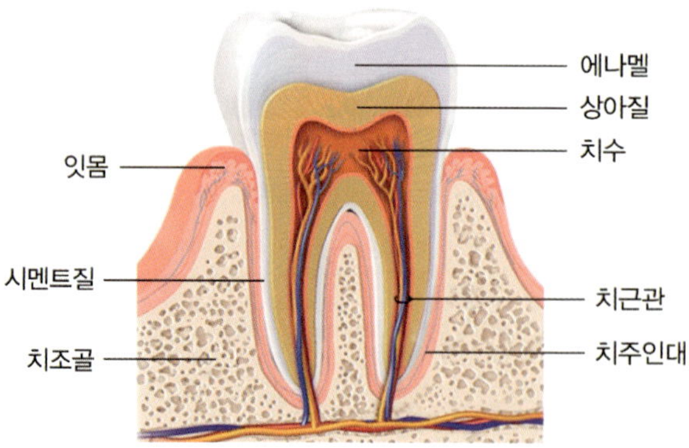

▲ 치아구조

치통(Toothache)은 치아 자체의 통증뿐만 아니라, 치아를 턱뼈에 지탱시키고 있는 치주 조직의 통증도 치통에 포함된다. 치통은 보통 항공기 이륙 시(30,000ft 이상) 나타나며, 때로는 착륙 시에도 위쪽의 치아 여러 개가 한 번에 통증이 나타나기도 한다. 이것은 위턱 부분에 있는 뼈의 통증으로 부비강통을 의심해야 한다.

치수염인 경우는 심한 통증이 있는데, 특히 급성 화농성치수염인 경우는 치수가 부패하여 가스를 발생하고, 치근 주위에 염증이 있다면 항공기 이륙 시 염증 부위에서 미량의 가스가 외부로 배출되지 못하게 되어 심한 통증을 느끼게 된다. 치아에 구멍을 뚫어 고름과 가스를 제거하면 통증은 없어진다. 또한 충치의 살아 있는 치수 조직 혹은 변질된 치수가 기압변화에 자극되어 비행 중 치통을 유발할 수도 있다.

(2) 증상 및 징후

① 치아 내 통증을 느낀다.

② 찬 음식이 닿을 때 통증을 느끼고 더 진행된 경우에는 뜨거운 음식에 통증을 느끼게 된다.

(3) 응급처치

① 양치질을 하되 양치물이 차거나 뜨거운 것은 사용하지 않는다.

② 진통제를 복용한다.

필요 응급장비

- Medical Bag: 타이레놀
- EMK: 아스피린

(4) 항공성 치통 예방법

비행기에서 갑작스런 항공성 치통이 느껴질 땐 입 속에 찬물이나 얼음을 머금으면 통증 완화에 도움이 된다. 충치나 잇몸질환이 있다면 기내에서 가급적 양치를 삼가는 것이 좋다. 칫솔질보다는 깨끗한 물수건으로 부드럽게 이를 닦거나 구강청결제와 치실을 사용하는 것이 좋다. 높은 고도로 잇속과 잇몸 혈관이 확장돼 있는 상태에서 잇몸을 압박하는 칫솔질을 할 경우 잇몸 손상을 유발할 수 있기 때문이다. 항공성 치통은 비행기 안에서는 심하게 나타나다가 다시 지상으로 내려오면 곧 괜찮아지는 경우가 많아 잊어버리고 방치하기 쉽다. 이미 항공성 치통을 겪은 사람은 충치나 잇몸 내부에 질환이나 문제가 생겼다는 신호이므로 치과를 방문해 검진을 받는 것이 좋다.

5) 감압증

(1) 감압증의 정의

비행 중 여압장치의 고장이나 항공기의 구조적 문제, 그리고 기타 요인에 의하여 객실 기압이 낮아져, 기내 압력이 서서히 빠져 나가게 되면 감압증(Decompression Sickness)이 발생하게 된다. 감압증은 최소 0.5기압이나 고도 18,000ft 이상에서 발생한다. 감압증은 깊은 바다를 잠수할 때도 발생할 수 있는 질환이므로 비행 전 잠수를 하여 감압증이 발생하였다면 항공기 탑승을 하지 않는 것이 좋다. 대부분의 증상은 정상 고도로 내려오면 보통 사라져 큰 문제가 되지 않지만, 흉통이나 중추신경장애는 생명에 큰 위협을 주는 문제를 일으키므로 각별히 주의해야 한다.

▲감압 시 산소마스크 Drop

▲Drop 된 산소마스크 착용

(2) 증상 및 징후

① 가슴이 타는 듯한 통증을 호소한다.

② 관절 및 관절 주위에 압박감이나 심한 통증을 호소한다.

③ 피부가 따끔거리거나, 가렵고 심하면 피부발진(피부나 점막에 돋아난 작은 종기 현상)이 나타난다.

④ 시야가 흐려지고 두통이 나타난다.

⑤ 발열, 발한, 현상이 나타난다.

⑥ 움직임이 둔해진다.

(3) 응급처치

① 감압으로 발생된 통증이나 증상들은 항공기가 강하한 이후에는 사라진다.

② 쇼크(Shock)가 온 승객에게는 조이는 옷을 느슨히 풀어주고, 다리를 올려주고 고개를 한쪽으로 돌린 자세를 취해 주며, 체온 유지를 위해 담요를 제공하고 필요 시 산소를 제공한다.

③ 신체 활동을 줄여야 한다.

필요 응급장비

- O_2 Bottle

(4) 응급처치 사례[출처: 시사저널(http://www.sisajournal.com)]

2015년 12월 김포를 출발해 제주로 향하던 제주항공 여객기가 여압장치 문제로 급하강하였다. 비행기가 급하강하면서 산소마스크가 내려왔고, 승객들은 귀에 통증을 호소하며 극심한 불안과 공포에 떨었다. 사고 즉시 국토교통부는 조사에 나섰고, 조사 결과 사고 여객기의 조종사가 공기압 조절 스위치를 켜지 않았기 때문인 것으로 드러났다. 조종사는 객실 기압이 낮아지고 객실여압 경고음이 발생하자 스위치를 작동시키고 고도를 하강했다. 이후 여압시스템 기능은 회복됐으나 객실여압이 충분히 안정되지 않은 상태에서 비행기는 상승했고, 귀 통증을 호소하는 승객이 발생하자 다시 재하강했다. 비행기가 오르락내리락하는 상황에서 산소마스크 착용이 조치됐으며, 비행기는 비상착륙을 했다. 당시 제주항공은 6억 원의 과징금 처분을 받았다. 제주항공은 2011년 7월에도 이륙한 지 6분이 될 때까지 기내 공기공급 스위치를 켜지 않아 급하강한 사건으로 과징금 1,000만 원, 해당 조종사의 1개월 업무정지 처분을 받은 바 있다.

Chapter

07

기타 기내질병 증상 및 응급처치

1. 당뇨병

1) 당뇨병의 정의

당뇨병(Diabetes Mellitus)은 우리 몸의 각 부분에 보내지는 주요 에너지원인 당분이 우리 몸에서 에너지로 사용되지 못하고 혈중에 남아 있게 되어 소변으로 배출되는 것을 말한다. 인슐린의 분비량이 부족하거나 정상적인 기능이 이루어지지 않는 등의 대사질환의 일종으로, 혈중 포도당의 농도가 높아지는 고혈당을 특징으로 하며, 고혈당으로 인하여 여러 증상 및 징후를 일으키고 소변에서 포도당을 배출하게 된다. 정상인의 혈당은 약 80~150mg/dL(데시리터당 밀리그램)로 일정하게 유지되며 우리 몸의 각 부분에 보내지는 에너지의 주요 공급원이 된다. 저혈당증이란 여러 가지 원인에 의해서 혈당이 정상 수치 이하로 감소함으로써, 신체기관에 공급되는 포도당의 양이 감소하고 다양한 증상을 나타내는 상태를 뜻한다.

당뇨병 환자는 체내에서 혈당을 잘 가져다 쓰지 못하므로 먹은 양만큼 포도당 사용을 못해 충분히 먹어도 항상 배고픔을 느낀다. 포도당 수치가 너무 높아 신장에 도달한 혈중 포도당이 소변으로 배출하게 되는데 이때 물도 같이 나가게 되어 소변을 자주 보게 된다. 소변으로 포도당과 물이 나가게 되므로 항상 갈증을 느껴 물을 자주 마시게 된다. 높은 혈중 포도당은 망막의 작은 혈관을 손상시켜 시야가 흐려지고, 실명으로 이어질 수도 있다.

2) 증상 및 징후

(1) 혼수상태 이전

① 입안이 마르고 갈증을 느낀다.

② 초조한 감정을 나타내며 혼란스러운 감정상태가 고조된다.

③ 복통을 호소하며 구토 증세가 나타난다.

④ 점차 의식이 혼미해진다.

(2) 혼수상태

① 깊은 호흡을 내쉬며 한숨을 쉬는 것처럼 호흡을 한다.

② 맥박이 느려지기도 하고 빨라지기도 한다.

③ 피부가 뜨거워지면서 붉게 변하고 건조한 상태가 된다.

3) 응급처치

① 승객에게 병력이 있는지 물어 본다.

② 병력이 있다면 소지하고 있는 약을 복용하도록 한다.

③ 필요한 경우 산소를 제공한다.
④ 기장에게 즉시 알리고 신속히 기내의료진 호출(Doctor Paging)을 한다.

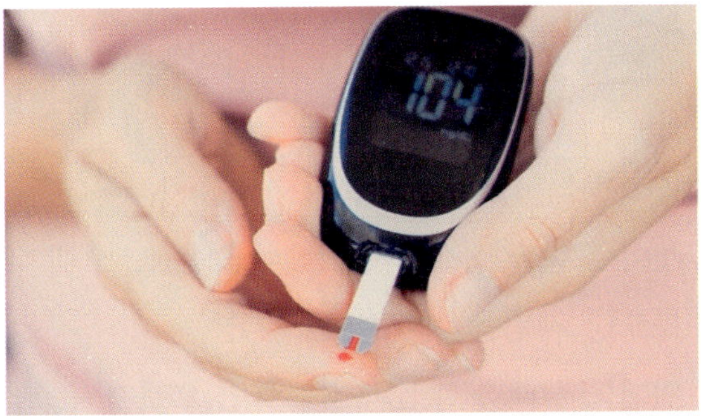

4) 저혈당증

(1) 저혈당증의 정의

혈중 포도당이 정상 수치 이하로 감소하여 발생하는 병적인 상태를 말한다. 정상인의 혈액 속에 함유되어 있는 포도당 즉 혈당은 약 80~150mg/dL(데시리터당밀리그램)로 일정하게 유지되어 우리 몸의 각 부분에 보내지는 에너지의 주요 공급원이 된다. 저혈당증(Hypoglycemia)이란 여러 가지 원인에 의해서 혈당이 정상 수치 이하로 감소함으로써 신체기관에 공급되는 포도당의 양이 감소하고 다양한 증상을 나타내는 상태를 뜻한다.

(2) 증상 및 징후

① 저혈당이 발생하면 뇌와 신경기관에 공급되는 포도당이 부족해지고, 뇌신경계는 에너지 부족을 느끼게 되어 신체의 자율신경계를 작동시키게 된다. 그 결과로 현기증, 피로감이 발생할 수 있다.
② 심해지면 간질 발작과 의식 소실이 발생할 수 있으며 사망할 수도 있다.
③ 저혈당을 극복하기 위해 교감신경이 항진되어 혈압이 상승되고 가슴이 두근

거리고 떨림이 발생한다.

④ 부교감신경의 작용으로 식은땀과 공복감 등이 발생할 수 있다.

⑤ 호흡이 빠르고 얕아진다.

(3) 응급처치

의식이 있는 경우

① 탄수화물 15mg이 포함된 음식을 섭취해야 하므로, 오렌지주스 반잔(150mL), 사탕 3~5개, 포도당 사탕을 제공한다.

② 15분이 지난 뒤에도 상태가 호전되지 않으면 오렌지 주스를 좀 더 제공한다.

의식이 없는 경우

① 환자를 옆으로 눕히고 뺨 안쪽에 설탕가루를 넣고 잘 녹아 흡수될 수 있도록 뺨 바깥쪽에서 천천히 문질러준다.

② 계속해서 설탕 2~3ts 정도를 같은 방법으로 넣어준다.

③ 15분이 지나도 상태가 호전되지 않으면 다시 설탕을 위와 같은 방법으로 제공한다.

④ 필요한 경우 산소를 제공한다.

⑤ 활력징후를 계속 확인한다.

⑥ 기장에게 즉시 알리고 신속히 기내의료진 호출(Doctor Paging)을 하여 도움을 받도록 한다.

필요한 기내 응급장비

- O_2 Bottle
- Resuscitator Bag 내 전자체온계, 청진기, 자동혈압계

혈당 정상 참고수치

- 공복 혈당 정상 참고수치: 100mg/dL 미만
- 식후 2시간 이내 혈당 정상 참고수치: 140mg/dL 미만

(4) 응급처치 사례

2007년 4월 제주에서 부산으로 가는 비행기에서 40대 초반 남성 승객이 좌석에서 정신을 잃고 얼굴 혈색이 창백해져 있는 것을 객실승무원이 발견하였다. 객실승무원은 즉시 다른 승객의 도움을 받아 객실 통로(Aisle)에 승객을 눕히고 승객들 중 의사가 있는지를 확인하였다. 그러나 의료인이 없는 것으로 확인되자 이 남성 승객에게 "어떤 병을 앓고 있느냐."고 물었고 "당뇨병을 앓고 있다."는 희미한 대답을 들었다. 이 승객이 갑자기 혈당이 떨어져 졸도한 것으로 생각하고 사탕을 먹게 했고 기내 O_2 Bottle을 가져다 산소를 제공하였다. 그리고 공항에 도착할 때까지 환자 옆에서 간호하였고, 도착지인 김해공항에 연락해 환자가 공항에 도착하자마자 구급차를 타고 병원으로 옮겨질 수 있게 했다. 이 같은 대처로 이 환자는 다행히 큰 문제없이 회복되었다. 이 객실승무원은 1주일 전 비행 중에도 공교롭게 당뇨병 환자가 저혈당으로 쓰러진 상황이 발생했으며 당시 승객으로 타고 있던 간호사가 응급처치하는 것을 눈여겨 보아두어 더욱 신속하고 정확하게 응급처치를 하게 되었다고 한다.

2. 화상

1) 화상의 정의

화상(Burns)이란 과도한 열, 화학물질, 전기, 뜨거운 공기 또는 연기, 방사능 등에 피부 및 조직이 손상되는 것을 말한다. 기내 화상으로는 증상에 따라 1도에서 3도로 구분된다. 항공기는 난기류나 요동(Turbulence) 등을 만나 흔들림이 심하게 발생할 수 있으므로 객실승무원들은 뜨거운 음료나 식사 제공을 할 때 "뜨거우니 조심하십시오!"라고 주의를 주며, 항상 조심히 서비스해야 한다.

최근 장거리 노선에서 다양한 기내식이 서비스되면서 라면, 미역국 등 뜨겁게 서비스되는 음식 종류가 늘어나고 있다. 기내 화상환자 발생 주요 원인으로는 기내에서 제공되는 커피, 차가 44%, 국 17%, 그리고 컵라면 4.7% 순이다.

2) 증상 및 징후

구분	1도 화상	2도 화상	3도 화상
손상피부 조직	외피층	표피, 진피	표피, 진피, 피하지방층까지 손상된 상태
증상	피부가 빨갛게 되고 따끔거리는 통증이 있으며 화상부위가 부어오른다. 치료하면 흉터는 없다.	물집이 생기고 붓고 심한 통증이 있으며, 감염의 위험이 있다. 화상부위가 부어오른다. 흉터가 남는다.	피부가 새하얗게 되거나 검게 타 있다. 피부신경까지 손상되어 통증이 느껴지지 않는다.
그림	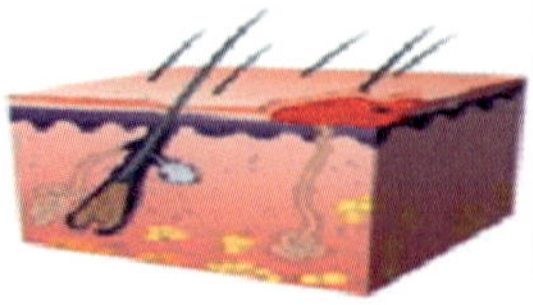	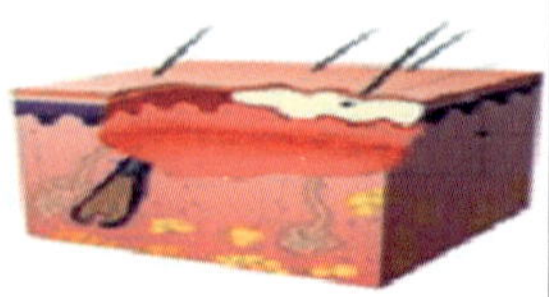	

3) 응급처치

구분	응급처치	회복 기간
1도 화상	① 화기가 사라질 때까지 충분히 화상부위를 차가운 물에 담그거나 차가운 수건으로 냉찜질한다. ② 필요한 경우, 화상연고를 바른 후 붕대를 느슨하게 맨다. ③ 화상 부위를 들어올린다.	5~6일
2도 화상	① 화기가 사라질 때까지 충분히 화상부위를 차가운 물에 담그거나 차가운 수건으로 냉찜질한다. ② 필요한 경우, 소독 후 화상연고를 바르고 붕대를 느슨하게 맨다. ③ 열과 통증이 가라앉을 때까지 붕대 위로 냉찜질을 한다. ④ 수포를 임의로 터트리지 않는다. ⑤ 화상 부위를 들어올린다.	3~4주
3도 화상	① 화기가 사라질 때까지 충분히 화상부위를 차가운 물에 담그거나 차가운 수건으로 냉찜질한다. ② 식염수 또는 EMK 내 포비든 요오드 면봉 스틱[Povidone iodine swab stick: 스틱(면봉형태)에 포비돈 요오드가 묻혀져 있는 타입] ③ 화상 부위에 붙어 있는 옷 조각 등은 그대로 둔다. ④ 화상 부위를 들어올린다. ⑤ 의식이 있는 경우 음료수를 제공한다.	4주 이상

필요 응급약품 및 장비

- Medical Bag: 면봉, 실마진 연고, 얼음주머니
- FAK: 실마진 연고, 붕대, 가위 등
- EMK: 식염수, 포비든 요오드 면봉 스틱(Povidone iodine swab stick), 멸균거즈, 바셀린 거즈 등
- Resuscitator Bag – 얼음주머니

4) 응급처치 사례

2014년 인천 출발 런던행 항공편에서 이코노미클래스 간식으로 제공되던 컵라면을 초등학생의 부주의로 하반신에 쏟았다. 이를 발견한 부사무장은 즉시 아이를 안고 화장실로 이동하여 생수 3통을 하반신에 부어 화기를 제거했다. 그리고 기내 의료진 호출(Doctor Paging)을 실시하여 2명의 의사가 아이의 화상부위를 확인하였고, Galley에 아이를 누이고 실마진을 바르고 멸균거즈를 붙이고 그 위에 얼음주머니를 이용해 냉찜질을 했다. 신속한 응급처치로 인해 큰 이상이 없음을 의사가 확인하고 하기 후 병원에 가도록 권유하였다.

이후 아이의 어머니가 항공사를 상대로 손해 배상을 요구하였다. 객실승무원이 "뜨거우니 조심하세요."라는 말을 하지 않았다고 주장하였으나 객실승무원은 컵라면을 조심하라는 말과 함께 어머니에게 직접 제공하였다고 한다. 그리고 어머니가 두 자녀에게 컵라면을 건네주었고 두 자녀의 부주의로 결국 남동생의 하반신에 쏟게 되었다. 이 상황을 주위의 승객들이 목격하여 승객으로부터 목격자진술서를 받아두었다. 사무장은 목격자진술서를 보고서와 함께 제출하였고 보호자의 부주의임이 밝혀져 항공권 제공은 하지 않았고 향후 치료비는 제공하게 된다.

무과실책임주의

무과실책임 또는 결과 책임이란 손해를 발생시킨 특정인에게 고의나 과실 여부와 상관없이 법률상 손해배상 책임을 부과하는 법리를 말한다. 고의나 과실이 없더라도 손해의 결과에 대하여 책임을 지는 것으로 과실책임에 대응하는 개념이다. 20세기에 들어와서 자본주의가 고도로 발전함에 따라 사회정의나 공평을 기하기 위하여 과실책임주의를 수정하는 무과실책임주의가 대두하게 되었다. 산업의 발전으로 많은 위험이나 공해를 배출하는 대기업들이 막대한 이윤을 취하는 반면, 그로 인하여 손해를 입는 자가 있다. 과실책임주의로는 그 손해배상을 청구할 수 없는 사회적 불공평이 생기게 되었기에 손해를 발생시킨 특정인에게 고의나 과실 여부와 상관없이 법률상 손해배상 책임을 부과하는 법리를 말한다. 이 원칙은 미국의 불법행위법이나 한국의 「민법」에서 중요한 법리이다.

몬트리올 협약

몬트리올 협약이란 기존에 있던 여러 가지 조약들을 단순화하고 각국의 차이를 통일하기 위하여 1999년에 성립되었고 2003년 11월부터 효력이 발효되었다. 그리고 이 협약에 따라 항공사의 책임을 규정하고 있다.

몬트리올 협약은 크게 2가지의 의의를 가지고 있는데, 먼저 기존의 항공운송과 관련한 많은 조약들을 통합하고 통일적인 기준을 제시했다는 점이고 다른 하나는 기존 체제와는 다른 책임법리를 구성함으로써 소비자 중심, 소비자 이익의 보호에 중점을 두었다는 점이다. 몬트리올 협약은 항공사 등 운송인의 책임 및 권한에 대한 부분을 규정한 협약으로 이 몬트리올 협약에는 항공기에서 발생한 승객의 신체적, 정신적 기타 손해에 대한 운송인의 책임 및 1억 8,000만 원 범위에서 무과실 책임을 진다고 명시되어 있다.

■ 몬트리올 협약에 따른 운송인(항공사) 책임한도

1. 사망 및 신체상해의 경우 승객의 고의가 없는 한 항공사 무과실 책임을 인정함으로써 승객의 권익을 보호한다.
   다만 기본적으로는 113,100SDR [1] 배상 한도를 가지며, 그 이상의 경우에는 항공사가 책임이 없다는 증명을 할 수 있다.
2. 수하물 파손/분실/손상 및 지연의 경우, 대부분의 경우 여객 1인당 1,131SDR(약 1,200유로, 1,800US달러 상당액)로 제한된다.

무과실책임주의 사례

2014년 3월 인천출발 파리로 향하던 아시아나항공 여객기 Business에서 라면이 쏟아져 모델출신 여성승객이 아랫배부터 허벅지, 주요 부위까지 심재성 2~3도 화상을 입었다. 심재성 화상이란 열로 표피층뿐 아니라 표피 아래 진피층까지 큰 피해를 입은 경우를 말하며, 승객은 앞으로 10년 이상 피부이식 수술 등을 받더라도 완전히 회복되기 어렵다는 진단을 받았다. 당시 의료진은 없었고 객실승무원으로부터 화상용 거즈 등 연고를 바르고 봉지에 담은 얼음찜질 등 타이레놀을 복용하는 응급처치를 받았다고 한다.

이로 인해 아시아나항공은 치료비 2천400여만 원과 향후 치료비 3천600여만 원을 더해 6천 126만 원을 주겠다고 합의를 제안했다. 그러나 승객은 “아시아나와 해당 객실승무원이 공동으로 2억 원을 지급하라”고 소송을 냈다. 이후 아시아나항공이 준비한 여객기 안에서 재판부가 참석한 가운데 현장검증을 진행하였다. 현장검증에선 승무원이 린넨을 깔지 않고 라면그릇이 놓인 Tray를 Galley에서 좌석까지 들고 올 수 있는지, 기체가 흔들려 승무원이 Tray를 제대로 놓지 못했다면 승객의 신체 어느 부위에 쏟아지는지, 라면 Tray를 손님이 손으로 칠 수 있는지 등 사고 장면을 양측 주장에 따라 재연하였다. 승객은 객실승무원이 기체가 흔들리자 중심을 잃고 라면을 쏟았다고 주장하고, 객실승무원은 승객이 Tray를 쳐서 쏟아졌다고 주장하였다.

2018년 재판부는 "대형병원에 승객의 신체감정을 의뢰하고, 아시아나 항공기에서 실제 현장검증을 한 결과 항공사 측의 책임이 인정된다"며 항공사와 승무원 공동으로 1억 862여 만 원을 배상하라고 판시하였다.

3. 급성만취

1) 급성만취 정의

단시간에 몸이 받아들일 수 있는 범위 이상의 술을 마시면, 체내에 분해되지 못한 알코올로 인해 혈중 알코올 농도가 급상승하는데 이것을 급성만취(Acute Intoxication)라고 한다. 혈중 알코올 농도는 몸 상태나 술을 마시는 속도, 섭취량 등에 따라 다르게 나타날 수 있지만 일반적으로 0.1%(약 7잔)부터는 판단력과 기억력이 저하되고 신체 균형을 잡기 어려워진다. 0.2%(약 10잔) 이상인 경우에는 운동조절능력 상실과 함께 정신적 활동에 혼란이 생기고, 0.3%(약 14잔)을 넘기면 인사불성이 되어 심신을 가누기 힘든 상태가 된다. 0.4%(약 20잔) 이상이면 호흡과 심장박동을 제어하는 뇌 연수 부위가 마비돼 혼수상태에 빠지거나 사망할 수 있다.

기내의 기압은 0.8기압으로 지상의 1기압보다 낮아 산소분압도 지상의 80% 수준으로 감소하여 한 번 숨을 들이 쉴 때 체내로 들어오는 산소량이 지상의 80% 정도가 된다. 또한 뇌량은 좌뇌와 우뇌를 연결하는 대형다리인데 이성과 감성을 조절하는 중요한 역할을 한다. 기내와 같은 저산소, 저기압일 때는 제대로 수행을 잘 하지 못한다. 이런 상황에서 알코올을 섭취하게 되면 뇌량은 더욱 제 기능을 할 수 없게 되어 빠르게 만취상태로 이어지게 된다. 따라서 객실승무원은 탑승객이 만취 상태로 가지 않도록 유의하여 서비스해야 하며, 3잔 이상 제공 시 승객 정보를 공유하고 알코올성 음료 서비스 제공을 자제토록 한다.

2) 증상 및 징후

① 술 냄새가 많이 난다.
② 자제력과 상황 판단력이 저하된다.
③ 안색이 창백해지거나 심하게 붉은색이 된다.
④ 맥박이 강하게 뛰다 점차 약해진다.
⑤ 언어장애 현상이 나타난다.
⑥ 메스꺼움을 느끼고 구토증상을 보인다.
⑦ 의식상실 상태가 발생한다.

3) 응급처치

① 카페인이 들어 간 커피나 콜라 등을 제외한 음료수를 제공한다.
② 휴식을 취할 수 있도록 수면을 권유한다.
③ 음식을 원할 경우 고단백질 음식을 권한다.
④ 구토나 발작에 대비한다.
⑤ 활력징후를 관찰한다.

필요 응급약품 및 장비

Resuscitator Bag: 전자체온계, 청진기, 자동혈압계

4) 급성만취로 인한 기내 난동 사례

2019년 7월 술에 취해 여객기 내에서 난동을 부려 미국 하와이 출발 한국행 여객기의 회항을 유발한 한국인 승객이 실형을 선고받고 거액의 배상금을 물게 됐다. 하와이 호놀룰루법원은 난동을 부린 한국인 A(48)씨에 대해 지난 3일 '업무방해 혐의'를 적용해 징역 6개월형을 선고했다. 또 법원은 여객기 회항 비용과 비행 일정 변경에 따른 숙박비 등 명목으로 17만 2천 달러(약 2억 원)를 항공사 측에 지급하라고 명령했다. 검찰 기소장에 따르면 A씨는 지난 2월 하와이발 인천행 하와이항공 여객기 기내에서 술에 취해 옆자리에 앉은 아이를 괴롭혔다. 또 이를 저지하려는 객실승무원에게 고함을 지르고 달려드는 등 난동을 부렸다. A씨는 비행기 탑승 전에 위스키를 병째 마시는 등 취한 상태로 알려졌다. 기내에 탑승한 군인들이 A씨를 제압하면서 소동은 일단락됐다. 이후 기장은 긴급 회항을 결정했으며 A씨는 하와이 공항에서 체포됐다.

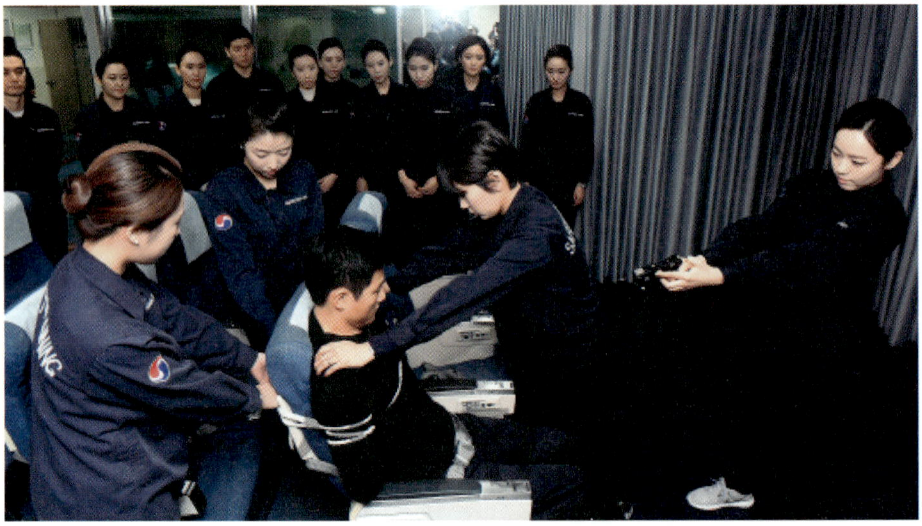

4. 비행멀미

1) 비행멀미의 정의

몸이 흔들릴 때 평형감각과 시각 자극의 불일치 등에 의하여 어지러움, 메스꺼움, 구토, 두통 등의 증상이 나타나는 것을 멀미라고 한다. 비행멀미(Airsickness)는 비행기를 탔을 때 평소 생활에서 경험해 보지 못하던 신체의 가속을 느끼기 때문에 발생하게 된다. 비행 중 잦은 요동(Turbulence)으로 평형기관을 통하여 들어오는 여러 감각이 과거 경험에서 예상되는 것과 다르다면 감각들이 통일되지 못하고 서로 충돌하면서 멀미가 생긴다. 그러나 이러한 새로운 상황에서 지속적으로 대뇌로 전달되는 신호는 이러한 충돌 신호를 감소하는 방향으로 맞추어 나가 결국에는 새로운 상황에 적응하게 된다. 적응하게 되면 어지럼이 없어진다. 그래서 비행멀미는 계속 타다 보면 없어지게 된다. 멀미는 여성이 좀 더 증세를 느끼고 나이가 들수록 줄어들며 50세 이후에는 거의 하지 않는다. 3세부터 12세까지의 어린이는 성인보다 멀미를 많이 하는 반면에 2세 이하의 유아는 멀미를 거의 하지 않는다. 전정신경과 같은 평형에 관여하는 신경은 두 발로 서서 자유로이 걸어 다니면서 발달하는데 아직 전정신경 발달이 미숙한 2세 이하의 유아는 공간을 지각할 때 주로 시각 자극에 의지하기 때문에 시각-전정신경의 충돌이 별로 없다.

2) 증상 및 징후

① 얼굴이 창백해진다.

② 메스꺼움을 호소하고 구토를 한다.

③ 식은땀이 난다.

3) 응급처치

① 벨트나 단추 등 신체에 압박을 주는 것은 느슨하게 풀어주고 심호흡을 하면서 창밖에 시선을 두게 한다.
② 찬 공기를 얼굴에 쏘이게 한다.
③ 얼음을 입에 물고 있도록 한다.
④ 시원한 물수건으로 이마와 목 뒷부분을 닦아준다.
⑤ 구토대를 준비한다.
⑥ 보나링 A를 제공한다.
⑦ 잠을 자게 되면 멀미를 하지 않기 때문에 수면을 취하는 것도 한 방법이다.

필요 응급약품 및 장비

Medical Bag: 보나링 A

4) 요동으로 인한 비행멀미

1990년 하와이로 향하던 여객기가 태평양을 지나던 중 태풍으로 인해 지속적으로 항공기가 요동(Turbulence)치기 시작했다. 객실승무원들은 기내식 서비스를 중단하고 Galley를 정돈한 다음 Belt를 매고 Jump Seat에 앉아 있어야 했다. 비행기 흔들림은 멈추지 않아 많은 승객과 일부 객실승무원들까지 구토를 하며 심한 비행멀미를 일으켰다. 항공기는 하와이에 도착할 때까지 지속적으로 심하게 요동치어 안전을 위해서 서비스를 전혀 할 수 없었다. 객실승무원들의 얼굴은 창백해지고 기진맥진한 상태가 되었다. 하와이에 무사히 착륙하였지만 20년 이상 비행한 사무장은 이런 비행은 처음이었다고 할 정도로 승객과 객실승무원 모두 너무도 힘든 비행이었다.

5. 이코노미클래스 증후군

1) 이코노미클래스 증후군의 정의

좌석 간의 간격이 넓지 않고 장시간 다리를 제대로 펼 수 없는 비행기의 일반석(Economy Class)에서 불편한 자세로 장시간 비행하면 혈액이 제대로 순환되지 않아 다리가 붓고 저려 오게 된다. 이러한 시간이 지속되면 혈액응고로 사망에까지 이르게 된다는 신종 증후군이다. 누워서 다리를 펼 수 있는 '일등석(First Class)' 또는 '이등석(Business Class)'과는 달리 협소한 '일반석(Economy Class)' 승객에게만 주로 나타나기 때문에 '이코노미클래스 증후군(Economy Class Syndrome)', '일반석 증후군' 혹은 '3등석 증후군'이라고도 한다.

비행기 안은 기압과 산소 농도가 지상의 80%에 불과하고 습도는 10~20%로 낮은 편이다. 이런 곳에 오래 있게 되면 피의 흐름이 둔해진다. 비행기 객실 내의 압축공기가 혈액을 더욱 점액성을 띠게 해 혈액이 쉽게 뭉칠 수 있다. 가장 큰 원인은 좁은 공간에서 장시간 움직임 없이 앉아 있는 환경이 원인이다. 좁은 공간에서 다리를 못 펴면 혈액순환이 안 되고, 심장으로 가야 할 다리의 피가 정체되면서 응고돼 '혈전(혈액 덩어리)'이 생기고 이것이 혈관을 막아 피가 흐르지 못해 우리 몸에 문제가 발생하는 것이다. 하반신에 피가 굳어 혈전이 생기면, 다리에서 혈관을 타고 이동해 온 혈액 응고 덩어리가 심장을 막는 심정맥혈전(DVT: Deep Vein Thrombosis)으로 사망에 이를 수 있다.

심정맥혈전(DVT)이란 다리와 대퇴부 깊숙한 곳을 지나가는 정맥으로 혈전이 형성되면 다리에 통증과 부종이 나타나며 만약 혈전이 떨어져 나가 혈관을 타고 돌다가 심장이나 폐혈관을 막으면 심장마비 등 치명적인 결과가 발생할 수 있다.

2) 증상 및 징후

① 다리가 붓고 저려온다.

② 피가 고이면서 갑자기 다리가 걷기 불편해질 정도로 탱탱해지고 저리게 된다.

③ 증상이 악화되면 숨이 차고, 가슴이 답답하며, 흉통이 발생할 수도 있다.

④ 피부가 붉은색이나 파란색으로 변하기도 한다.

3) 응급처치

① 편하게 다리를 펴고 눕힌다.

② 꽉 조인 허리나 바지인 경우 느슨한 옷으로 갈아입도록 한다.

③ 수분을 보충해 주며 종아리 근육을 반복적으로 수축시켜 혈액 순환을 촉진시킨다.

④ 산소가 필요하면 제공한다.

필요한 기내 응급약품 및 장비

O_2 Bottle

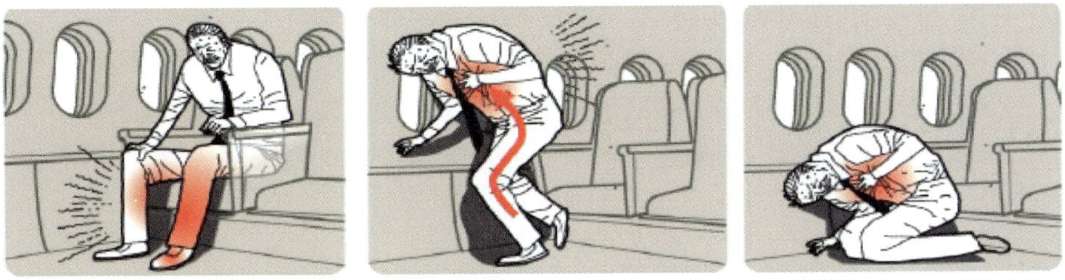

- 장시간 움직이지 않고 앉아 있는 경우
- 다리 정맥에 피가 돌지 않고 정체됨
- 고인 피가 젤리처럼 굳어 혈전(血栓)이 생김
- 일어나 움직이면, 혈전이 정택을 타고 심장 쪽으로 이동
- 심장에서 폐로 가는 동맥을 막아버림
- 급성 호흡부전으로 심장마비 발생

▲ 혈전증(血栓症)으로 사망에 이르는 과정

4) 치료 및 예방법

① 심부정맥 혈전증 증상이 가벼울 땐 혈전을 녹이는 항응고제를 사용하는 약물요법으로 치료한다.

② 증상이 심하다면 가느다란 관(카테터)을 문제가 발생한 혈관에 삽입해 혈관을 막고 있는 혈전을 녹이거나 제거하는 혈관 중재술을 받아야 한다.

③ 이코노미클래스 증후군을 예방하려면 수시로 물을 마시고 스트레칭을 자주 하며 통로(Aisle)를 걷는 등 지속적으로 움직임을 주어야 한다.

⑤ 발목 운동이나 스트레칭 등을 통해 종아리 근육을 반복적으로 수축시켜 혈액 순환을 촉진시키도록 하며, 1~2시간마다 비행기 통로(Aisle)를 걸으며 혈액의 정체를 막도록 한다.

미 항공우주의학협회의 심부정맥 혈전증 예방을 위한 권장사항

좁은 좌석에서 장시간 움직이지 않고 앉아 있으면 다리의 정맥이 압박되어 혈액의 흐름이 원활하지 못해 혈전이 발생할 수 있다.

- 다리를 자유로이 움직일 수 있도록 좌석 아래에 짐을 두지 않는다.
- 좌석에 앉아 있는 동안 일정한 간격으로 발목과 다리를 충분히 스트레칭을 한다.
- 몸을 조이는 자세로 수면을 취하지 않도록 하며, 수면제를 복용하지 않도록 한다.
- 기내에서는 충분한 물을 섭취하는 것이 좋으며 탄산음료나 커피, 술 등을 절제하도록 한다.

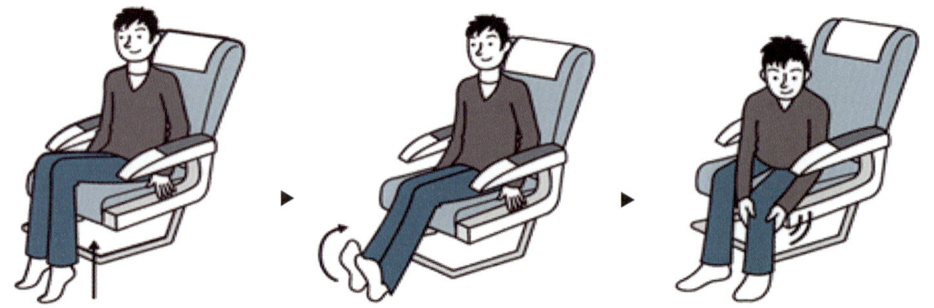

■ 발가락을 바닥에 댄 채로 다리를 올린다. ▶ ■ 발끝을 들어올린다. ▶ ■ 종아리를 가볍게 마사지 해 준다.

▲ **이코노미클래스 증후군 예방 스트레칭**

Chapter

08

기내 출산

1. 출산

정상적인 자연 분만은 임신 37~42주 사이에 분만하는 것이다. 미숙아 자연 분만은 임신 24~36주 사이에 정상적으로 분만하는 것을 말한다. 일반적으로 초산부는 3~4분 간격의 규칙적인 진통이 있으면서 자궁경부가 3cm 정도 벌어진 경우에 병원에 간다. 경산부는 규칙적 진통이 있는 경우에 병원에 가면 되는데, 양수가 터졌을 때는 진통과 상관없이 입원하게 된다. 그러나 항공기내에서 갑작스럽게 진통을 호소하며 출산이 임박해질 경우 산모와 아기는 심각한 문제를 일으키지 않고 출산 절차를 스스로 진행해 나갈 수 있으므로, 출산 시 객실승무원의 역할은 산모가 출산을 잘 할 수 있도록 돕는 것이다.

1) 출산 진통

(1) 출산 시 진통 증상

증상은 규칙적으로 통증이 일어난다. 일반적인 가진통은 1시간에 1~2회 정도이며, 하루에도 수차례 일어난다. 반면 진통은 지속적이며, 처음 시작은 약 10~15분 간격으로 시작되나 점차 간격이 좁아져서 2~3분에 이른다.

① 등과 허리 사이에 통증이 심해지며 하복부로 그 통증이 옮겨진다.
② 피가 섞인 점액이 나온다.
③ 자궁 수축으로 통증이 시작되며 진통이 규칙적으로 10~15분 간격으로 30~60초간 유지된다.
④ 양수가 서서히 새어 나오거나 갑자기 분출될 수 있다.

(2) 양수

태아는 얇은 막에 둘러 싸여 있는데, 이 얇은 막을 양막이라고 한다. 양막 안에는 양수가 차 있으며 태아는 이 양수 속에 떠서 자라게 된다. 양수는 완충 작용을 하여 외부의 충격으로부터 태아를 보호하고, 세균 감염을 막을 뿐만 아니라 태아의 체온 조절을 돕는다. 또한 분만할 때는 자궁의 입구를 여는 힘으로 작용한다. 임신 초기에 양수가 정상보다 적을 경우 태아의 근육과 뼈가 제대로 자라지 못해 태아의 성장 속도가 느려질 수 있으며, 임신 후기에 양수가 적으면 자궁의 입구를 여는 힘이 약해서 제왕절개로 출산하게 된다. 양수가 너무 많으면 산모의 호흡이 고통스러우며 조산이 일어나기 쉽다.

(3) 출산 응급처치

산모의 진통주기가 10분 이상인 경우에는 착륙을 위한 충분한 시간이 있으므로 기장에게 산모에 대한 사항을 제공하여 EMCS로 연락을 취하고, 가까운 공항에 착륙하여 공항에 준비된 구급차를 타고 신속하게 병원으로 이송한다.

EMCS 시 준비사항

① 산모의 성명 및 연령
② 초산 여부
③ 출산 예정일
④ 진통주기, 진통 시간, 진통 횟수
⑤ 구체적 증상
⑥ 양수의 분출 여부와 분출 시간

착륙 시 응급처치

① 착륙 후 기내에 탑승할 의료진이 신속한 조치를 취할 수 있도록 산모를 객실 앞쪽으로 이동한다.
② 산모가 불안해하지 않고 안심할 수 있도록 곁에서 안정시킨다.
③ 산모의 화장실 출입을 제지한다.

2. 기내 출산 준비

산모의 진통 주기가 2~3분 간격으로 줄어들면 기내에서 출산을 위한 필요한 물품을 준비한다.

1) 기내 출산 준비

(1) 기내 출산 준비물

① 여러 장의 새 담요, 린넨, 신문, 쿠션
② EMK: 라텍스 장갑(Latex Gloves), 위생장갑, 탯줄 집게

③ FAK

④ UPK

⑤ 따뜻한 물(섭씨 35~40도)

⑥ 생리대, 화장지

⑦ 플라스틱 컵, 구토대

2) 기내에 의료진이 없을 경우 기내 출산 준비

산모가 출산을 마음 편히 할 수 있도록 Galley로 이동한다. Galley 바닥에 체온 유지를 위해 담요를 깔고 여러 개의 쿠션으로 머리와 어깨를 받쳐 주고 눕도록 한다. 출산 시 필요한 모든 장비를 Galley에 준비해 둔다. EMCS으로 도움을 받는다.

(1) 출산 자세

① 산모는 무릎을 세워 발바닥을 바닥에 대고 다리를 벌리게 한다.

② 출산을 용이하게 하기 위해 엉덩이 밑에 담요를 접어 받쳐 준다.

③ 엉덩이 부위 분비물을 받칠 수 있도록 담요를 추가로 깐다.

④ 산모의 하반신을 담요를 펼쳐서 가려준다.

(2) 출산 진행

① 승무원은 산모의 머리 쪽에서 분만과정에 대한 상황을 지켜보며 분만과정 전반에 걸쳐 진행사항을 모니터링하고 산모가 안정할 수 있도록 도우며 출생한 아기의 정확한 시간을 기록한다.

② 산모에게 힘을 주도록 하되 회음부의 조직이 상할 수 있으니 무리하게 힘을 쓰지 않도록 말한다.

③ 태아가 자연스럽게 나오는지 확인한다.

④ 태아가 나오면 자연스럽게 나오도록 유도하면서 손과 팔로 아기를 받쳐준다. 아기를 잡아당겨서는 안 된다.

⑤ 태아의 머리가 양막 안에 들어 있는 상태로 나오게 되면 양막이 터지도록 태아의 머리뒤쪽을 긁어준다.

⑥ 태아의 목에 탯줄이 감겨 있으면 머리 위로 천천히 감긴 것을 풀어준다.

⑦ 태아가 나오면 머리를 몸보다 약간 낮게 하고 옆으로 눕힌다. 이러한 자세는 혈액과 양수, 점액 등이 태아의 코와 입에서 빠져 나가도록 돕는다.

⑧ 태아의 입과 코를 닦아준다.

⑨ 천천히 힘 있게 태아의 등을 문지르거나 검지로 아기의 발바닥을 두들겨 아기가 첫 숨을 쉬도록 유도한다.

⑩ 태아가 숨을 쉬지 않거나 울지 않으면 1회/초 속도로 숨을 2회 불어 넣는다. 가슴이 올라오는지 확인한다. 가슴이 올라오지 않으면 머리를 젖히고 턱을 올린 후에 두 번의 구조호흡을 다시 실시한다.

⑪ 탯줄은 자르지 않는다. 탯줄이 태반에 연결되어 있어도 산모와 아기에게 위험하지 않기 때문에 자르지 않아도 된다. 그러나 기내에 의료진이 판단하여 자르는 경우 EMK 내의 소독된 가위로 절단할 수 있다.

(3) 출산 후

① 탯줄을 자르지 않은 경우 태아를 린넨으로 감싸고 담요로 감싸서 산모의 허벅지 상단부에 머리를 아래쪽으로 하고 옆으로 눕힌다. 탯줄의 길이가 30cm 정도이기 때문이다.

② 태아가 나오고 몇 분이 지나면 산모의 태반이 나오기 위해 다시 진통이 시작된다.

③ 태반 분만은 출혈을 수반하게 된다.

④ 자궁의 위부분과 배꼽 근처를 부드럽게 마사지하면 자궁수축을 도와 출혈을 줄이게 된다.

⑤ 태반이 나오면 플라스틱 백에 넣어 의료진에게 전달한다.

⑥ 태반은 아기의 탯줄과 연결되어 있으니 조심히 다루어야 한다.

⑦ 태반 분만 시 생리대를 산모에게 대어준다.

⑧ 산모에게 따뜻한 음료를 제공하고 최대한 편안하게 해 준다.

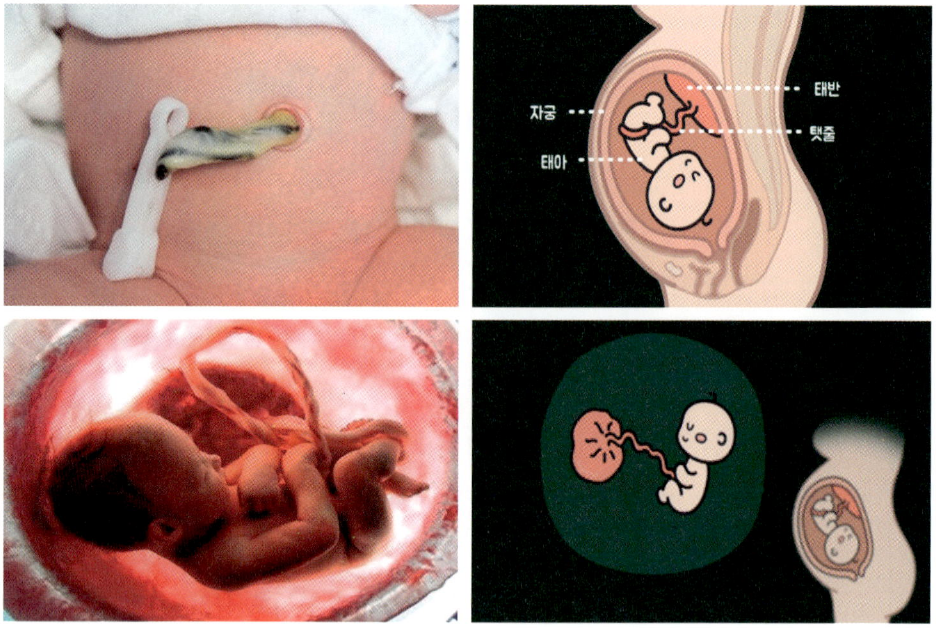

▲ 탯줄

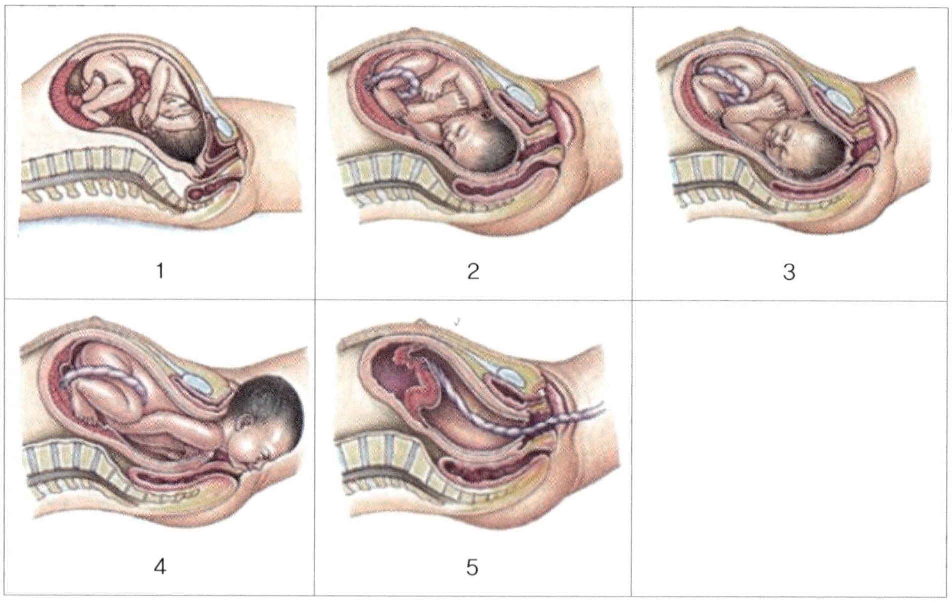

▲ 분만과정

3. 신생아 관리 및 국적

1) 신생아 관리

기내에서 출산 시 의료진이 없을 경우 객실승무원이 탯줄은 자르지 않도록 한다. 탯줄이 태반에 연결되어 있어도 산모와 아기에게 위험하지 않기 때문에 자르지 않아도 된다. 출생 후 10일이 지나면 자연적으로 몸에서 분리가 되고 태반에 있는 영양분을 최대한 아기가 흡수하기 바라는 마음에서 태반을 자르지 않기도 한다. 실제로 출생 직후 탯줄을 바로 자르는 것은 신생아에게 좋지 않다고 한다. 약 35분 정도 기다렸다가 자르는 것이 좋다고 하는데 이 시간 동안 호르몬과 항체, 줄기세포, 혈액, 비타민K 등의 유용한 영양소를 태반으로부터 공급받는다고 한다. 그러나 기내에 의료진이 판단하여 자르는 경우 객실승무원은 EMK 내의 소독된 가위로 절단할 수 있도록 장비를 제공한다.

태아를 깨끗한 린넨이나 담요로 싸서 산모의 허벅지 상단부에 머리를 아래쪽으로 하여 옆으로 눕힌다. 아기의 탯줄과 연결 되어 있는 태반이 나오면 플라스틱 백에 넣어 조심히 아기 옆에 두었다가 도착하면 지상의료진에게 전달하도록 한다.

태아가 울면 산모의 모유를 준다. 직접 모유수유를 하게 되면 수유하는 동안 엄마의 접촉을 통해 스킨십과 엄마의 심박동을 들으며 정서적으로 안정될 수 있다.

2) 신생아 국적

(1) 국적법

「국적법」이란 대한민국의 국민이 되는 요건을 정함을 목적으로 하는 법률로 국적의 취득과 상실의 요건을 규정하고 있다. 우리나라 「국적법」 제2조(출생에 의한 국적 취득)에 의하면 다음 각 호의 어느 하나에 해당하는 자는 출생과 동시에 대한민국 국적을 취득한다.

① 출생 당시에 부(父)또는 모(母)가 대한민국의 국민인 자
② 출생하기 전에 부가 사망한 경우에는 그 사망 당시에 부가 대한민국의 국민이었던 자
③ 부모가 모두 분명하지 아니한 경우나 국적이 없는 경우에는 대한민국에서 출생한 자

또한 대한민국에서 발견된 기아(棄兒)는 대한민국에서 출생한 것으로 추정한다.

제4조(귀화에 의한 국적 취득) 제1항에 따르면 대한민국 국적을 취득한 사실이 없는 외국인은 법무부장관의 귀화허가(歸化許可)를 받아 대한민국 국적을 취득할 수 있다.

한국인에게서 출생한 아기는 어디에서 태어나든 상관없이 한국 국적을 취득하게 된다. 그러나 비행 중인 항공기에서의 출산은 상황이 다르다.

미국은 국제사법상 해당 영토 안에 있는 사람은 국적에 관계없이 자국의 법을 따라야 하는 속지주의[1]를 따르므로 항공기가 미국영공을 지날 때 출산하게 되면 수정헌법[2] 제14조에 의해 미국 시민권을 얻을 수 있다. 따라서 이렇게 출생한 아기는 한국「국적법」제2조 제1항에 의해 한국국적을 취득하게 되고 동시에 미국 시민권을 얻게 되어 이중국적을 갖게 된다.

그러나 반드시 미국영공을 지날 때 출산해야만 미국 시민권을 얻을 수 있는 것은 아니다. 공해상의 선박이나 항공기는 국적을 가진 국가의 배타적 관할권에 속한다는 국제법상의 원칙인 기국주의에 의해 그 항공기가 달고 있는 국기의 관할권을 따라 항공기 내부도 목적지 국가의 영토로 간주되어 상황에 따라 재판 또는 심의를 통해 미국국적을 획득할 수도 있다.

1980~90년대에 American Dream을 꿈꾸던 시절 기내에서 원정출산을 시도하는 임산부들이 간혹 있었다. 항공기 탑승 임산부 규정을 속이고 출산이 임박한 상태로 미국행 항공기에 탑승하여, 미국영공을 지날 때 출산을 하려고 힘을 가하여 출산을

---

1) 한 영토 안에 있는 사람은 누구나 국적에 관계없이 그 나라의 법률을 따라야 한다는 주의. 출생지주의라고도 한다.

2) 1789년 발효된 미국 헌법은 이후 시대의 변천에 맞게 새로운 조항을 추가했는데, 이를 가리켜 수정헌법 또는 수정조항이라 한다.

하기도 하였다. 그러나 우리나라와 미국 등의 국가에서는 원정출산을 강력하게 제재하고 있으며, 미국에서도 최근 원정출산을 막는 강경 이민제도를 추진하고 있다.

임산부 항공기 탑승규정

임신기간	규정
임신 32주 미만	• 임신성 고혈압, 당뇨 등 합병증이 있는 임산부는 탑승수속 시 의사진단서 및 건강상태 서약서 제출 • 임신 32주 미만은 제한 없이 자유롭게 여행 가능
임신 32~36주	• 탑승수속 시 건강상태 서약서 제출이 필요 • 증빙서류: 탑승일 기준 7일 이내에 작성된 진단서나 의사소견서 원본 1부, 사본 2부 • 기재내용: 항공여행의 적합 여부 • 출산 예정일(임신 주수 포함) • 초산 여부 • 분만 징후 및 임신 관련 합병증 유무 • 기내 주의사항에 대한 확인
임신 37주 이상 (다태임신 시 33주 이상)	• 임신부와 태아의 건강을 위해 탑승할 수 없다. • 다태임신의 경우 국제항공운송협회의 임산부 탑승 가이드라인(IATA Medical Guideline)에 의거해 단태임신과 탑승 기준을 구별하고 있다.

(2) 신생아 국적

국적이 정해지는 기준에는 속지주의(屬地主義)와 속인주의(屬人主義)가 있다. 미국, 캐나다 등이 적용하는 속지주의는 태어난 장소에 따라 국적이 부여되는 것이고, 우리나라는 태어난 장소와는 상관없이 부모 국적에 따라 국적이 정해지는 속인주의에 해당된다.

2009년 12월 31일 네덜란드를 출발하여 미국 보스턴 공항으로 향하던 노스웨스트항공 기내에서 임신 8개월의 우간다 여성이 이륙 후 6시간이 지났을 무렵 캐나다 영공을 지날 때 여자 아기를 출산한 것이다. 이 아기의 국적은 우간다, 캐나다, 미국 중 어디일까? 미국행 비행기에서 캐나다 영공을 통과할 때 태어난 우간다 엄마를 둔 아기의 국적은 우간다는 물론 속지주의 원칙에 따라 미국 국적을 부여할 수도 있고, 캐나다 국적을 가질 수도 있다. 그러나 결국 캐나다 정부는 2010년 1월 8일

캐나다 영공도 속지주의 적용 대상이라고 판정하고, 아기에게 캐나다 시민권을 부여했다. 상황에 따라 심의를 거쳐 원칙이 다르게 적용될 수 있다.

I can do it

1. 응급환자 발생 시 상황별로 적합한 응급처치를 할 수 있다.

2. 기내에서 응급환자 발생 시 탑승의사나 의료진의 응급처치에 필요한 적합한 장비를 제공할 수 있다.

3. 응급환자가 발생 시 탑승의사나 의료진의 응급처치를 함에 있어 곁에서 보조할 수 있다.

응급처치 Role Play Script

- **상황:** 심근경색 환자 발생, 52G 남자승객(55세), 일행 없음
- **등장인물:** 최초 발견 객실승무원
  도움을 요청 받은 객실승무원 B
  도움을 요청 받은 객실승무원 C
  객실승무원 D
  객실 사무장
  기내 의사

■ 최초 발견 객실승무원이 화장실 앞에서 쓰러진 환자 발견

• **최초 발견 객실승무원 A:** 손님! 괜찮으십니까?(승객을 R3 DOOR 앞에 반듯이 눕히고, 승객의 반응과 호흡 상태를 확인한다. 호흡 없음)
B씨는 AED와 인공호흡기를 가져다주시고, C씨는 사무장님께 보고해 주십시오!(의식이 없더라도 환자에게) 저는 안전 교육을 받은 ○○○ 승무원입니다.
(가슴압박을 시작한다.)
하나, 둘, 셋...

• **도움을 요청 받은 객실승무원 B:** 네. 알겠습니다.
(AED와 수동식인공호흡기를 가져온다)

■ 객실승무원 A는 심장압박을 30회, 객실승무원 B는 인공호흡 2회를 1 Set로 반복 실시하고, AED의 패드를 환자에게 부착한다.

• **도움을 요청 받은 객실승무원 C:** 사무장님!, 지금 C Zone R Side 화장실 앞에서 승객이 의식을 잃고 쓰러져 A씨가 지금 CPR을 시행하고 있습니다.

• **사무장:** 그래요?! 알겠습니다.

(환자를 확인 후 1차 Doctor Paging을 실시한다.)

「안내 말씀 드리겠습니다.

지금 기내에 응급환자가 발생했습니다.

손님 중에 의사 선생님이 계시면 저희 승무원에게 말씀해 주십시오.

Ladies and gentlemen,

we have a passenger in need of emergency medical care.

If there is a medical doctor on board, please contact one of our crew.」

(기장에게 응급환자 발생 상황을 보고한다.)

■ **사무장이 Doctor Paging을 실시하면 객실승무원 전원 Aisle로 나가 의료진이 있는지를 확인한다.**

■ **CPR 현장**

최초 발견 승무원 A씨와 도움을 요청 받은 승무원 B씨는 심폐소생술을 계속 진행하고 있다.

• **사무장:** (CPR을 돕는다.) B씨 전자체온계, 청진기, 자동혈압계, O_2 Bottle을 가지고 오세요.

• **객실승무원 C:** (주변 승객들을 진정시킨다) 손님! 좌석으로 돌아가 주시기 바랍니다.

(환자의 좌석에서 약품이나 의사소견서가 있는지 소지품을 확인한다.)

(확인 후) 사무장님, 이 환자분은 약을 소지하거나 의사소견서를 소지하고 있지 않습니다.

(환자의 시간대별 조치사항을 Check List에 작성한다.)

■ **Doctor Paging 방송을 들은 의사 출현**

- **의사:** 제가 의사입니다.
- **객실승무원 D:** 의사 선생님이십니까? 실례합니다만, 우선 저희가 의사 신분 확인이 필요합니다. 의사신분을 확인할 수 있는 신분증이나 의사 면허증을 소지하고 계십니까?
- **의사:** (신분증을 보여주며) 여기 있습니다.
- **객실승무원 D:** 감사합니다. 이쪽으로 안내하겠습니다.
- **의사:** 저는 의사입니다. 현재 환자 상태 어떻습니까?
- **사무장:** 조금 전 화장실에서 나오시다가 가슴통증을 호소하며 의식을 잃고 쓰러졌습니다. 승무원이 CPR을 실시하여 현재는 의식이 돌아왔습니다.
- **객실승무원 B:** Resuscitator Bag 내 전자체온계, 청진기, 자동혈압계, O_2 Bottle을 가져온다.
- **의사:** 환자분! 괜찮으십니까? (환자 상태를 확인한 후 청진기를 이용해 심장상태를 확인한다. 체온과 혈압을 측정한다.)

■ **환자가 의식을 찾은 상태**

- **의사:** 환자분이 누울 수 있는 좌석으로 옮겨 안정을 취할 수 있도록 하는 것이 좋겠습니다.
- **사무장:** (객실 뒤쪽에 비어 있는 C, D, E, F 좌석으로 환자를 부축하여 이동한

다. 좌석팔걸이를 완전히 젖혀 편히 누울 수 있도록 하고 담요를 덮어 준다. 환자를 이동할 때 의료장비를 함께 옮긴다.)

- **사무장:** 손님! 괜찮으십니까? 긴급한 상황이어서 기내의료진의 도움을 요청하였습니다. 이분은 심장 전문의십니다. 도착할 때까지 저희가 최선을 다해 도와드리겠습니다.
- **환자:** 네, 감사합니다!
- **의사:** 혹시 드시고 있는 약 있으신가요? 이전에도 이런 적이 있으셨나요?
- **환자:** 아니오. 처음입니다. 특별히 먹는 약은 없습니다.
- **의사:** 불편한 곳은 없으신가요?
- **환자:** 네, 없습니다.
- **의사:** 불편한 곳이 있으시면 즉시 말씀해 주세요! 너무 걱정 마시고 이제는 좀 편히 쉬도록 하십시오.

■ **Galley로 이동하여 의사와 대화**

- **사무장:** 앞으로 도착시간까지 2시간 정도 남았는데 환자분이 괜찮으시겠습니까?
- **의사:** 다행히 위험한 상황은 넘겼으나 환자분께서는 도착할 때까지 절대 안정이 필요합니다. 승무원분들께서 항시 돌봄이 필요합니다. 그리고 공항에 도착하는 즉시 병원으로 이송하는 것이 좋을 것 같습니다.
- **사무장:** 그럼, 도움이 필요하면 언제든 말씀드려도 되겠습니까?
- **의사:** 네, 그렇게 하십시오. 가능하다면 제가 환자분 옆자리로 이동이 가능할까요?
- **사무장:** 물론입니다. 이렇게까지 도움을 주셔서 대단히 감사합니다.
  (기장에게 상황을 보고하고, 공항에 응급차 대기를 요청한다.)

■ 환자 옆으로 의사선생님 좌석이동

- **사무장:** 손님! 도착할 때까지 의사선생님께서 옆에 계실 테니 염려하지 마시고 편히 쉬십시오. 도착하는 즉시 가까운 병원으로 이송을 도와드리겠습니다.
- **환자:** 감사합니다.
- **사무장:** (의사선생님께) 더 필요하신 것은 없으십니까? 도움이 필요하시면 언제든 저희 승무원을 불러주십시오. 감사합니다!

PART

4

항공객실승무원의 건강관리

학습목표

1. 항공객실승무원의 탑승 근무에 적합한 신체 및 건강 조건을 알 수 있다.
2. 항공객실승무원으로서 평상 시 건강관리를 할 수 있다.
3. 항공객실승무원으로서 비행 시 건강관리를 할 수 있다.
4. 계절별 건강관리 필요성을 알고 건강계획을 세울 수 있다.
5. 해외지역 체류 시 건강관리를 할 수 있다.

Chapter 01

항공객실승무원의 건강관리

1. 항공객실승무원의 탑승 근무에 적합한 건강 및 신체 기준

1) 항공객실승무원의 건강 및 신체 기준

항공객실승무원은 항공기 탑승 근무에 적합한 신체 및 건강 조건을 유지해야 하며 그 조건이 미비하거나 미달될 경우에는 승무원 자격이 일시 정지 또는 상실된다. 따라서 객실승무원은 근무에 적합한 건강을 유지할 수 있도록 관리해야 한다.

① 발병이나 부상 등 신체 건강상의 사유로 근무에 적합치 않은 경우 승무원 자격이 일시 정지 또는 상실되며, 회복 후 근무 복귀 시에는 항공보건의료원의 점검을 반드시 받은 뒤에 비행 여부를 결정한다.

② 얼굴은 타인에게 혐오감을 주는 외적 손상 또는 병리적 훼상이 있을 경우 회복 시까지 그 자격이 일시 정지된다.

③ 개인별 적정 체중의 판단 기준인 '객실승무원 항공 신체 기준'에 의한 적정 체중을 유지하도록 해야 한다.

2) 항공객실승무원의 항공 신체 기준

과소체중 및 초과체중 대상자는 항공보건의료원과 개별 상담하여 신체조건에 부합한 개별 체중조절 스케줄을 작성하고 체중조절 계획을 성실히 이행하도록 해야 한다. 신체검사 결과 적정 체중으로 분류되었지만 외견상 비만으로 인정될 경우에는 수시로 항공보건의료원의 점검을 받아 관리를 하는 것이 좋다.

(1) 여승무원 신체 기준(자료제공: 대한항공 항공보건의료원)

신장(cm)	과소체중(kg)	적정체중(kg)	과체중(kg)	초과체중(kg)
160	43.1 이하	43.2~50.2	50.2~54.2	54.2 이상
161	43.6 이하	43.7~50.7	50.7~54.7	54.7 이상
162	44.1 이하	44.2~52.2	52.2~55.2	55.2 이상
163	44.6 이하	44.7~52.7	52.7~55.7	55.7 이상
164	45.1 이하	45.2~53.2	53.2~56.2	56.2 이상
165	45.6 이하	45.7~53.7	53.7~56.7	56.7 이상
166	46.1 이하	46.2~54.2	54.2~57.2	57.2 이상
167	46.6 이하	46.7~54.7	54.7~57.7	57.7 이상
168	47.1 이하	47.2~55.2	55.2~58.2	58.2 이상
169	47.6 이하	47.7~55.7	55.7~58.7	58.7 이상
170	48.1 이하	48.2~56.2	56.2~59.2	59.2 이상
171	48.6 이하	48.7~56.7	56.7~59.7	59.7 이상
172	49.1 이하	49.2~57.2	57.2~60.2	60.2 이상
173	49.6 이하	49.7~57.7	57.7~60.7	60.7 이상
174	50.1 이하	50.2~58.2	58.2~61.2	61.2 이상

신장(cm)	과소체중(kg)	적정체중(kg)	과체중(kg)	초과체중(kg)
175	50.6 이하	50.7~58.7	58.7~61.7	61.7 이상
176	51.1 이하	51.2~58.7	58.7~62.2	62.2 이상
177	51.6 이하	51.7~59.7	59.7~62.7	62.7 이상
178	52.1 이하	52.2~60.2	60.2~63.2	63.2 이상
179	52.6 이하	52.7~60.7	60.7~63.7	63.7 이상
180	53.1 이하	53.2~61.2	61.2~64.2	64.2 이상

(2) 남승무원 신체 기준(자료제공: 대한항공 항공보건의료원)

신장(cm)	과소체중(kg)	적정체중(kg)	과체중(kg)	초과체중(kg)
165	50.6 이하	50.7~65.7	65.7~68.7	68.7 이상
166	51.1 이하	51.2~66.2	66.2~69.2	69.2 이상
167	51.6 이하	51.7~66.7	66.7~69.7	69.7 이상
168	52.1 이하	52.2~67.2	67.2~70.2	70.2 이상
169	52.6 이하	52.7~67.7	67.7~70.7	70.7 이상
170	53.1 이하	53.2~68.2	68.2~71.2	71.2 이상
171	53.6 이하	53.7~68.7	68.7~71.7	71.7 이상
172	54.1 이하	54.2~69.2	69.2~72.2	72.2 이상
173	54.6 이하	54.7~69.7	69.7~72.7	72.7 이상
174	55.1 이하	55.2~70.2	70.2~73.2	73.2 이상
175	55.6 이하	55.7~70.7	70.7~73.7	73.7 이상
176	56.1 이하	56.2~71.2	71.2~74.2	74.2 이상
177	56.6 이하	56.7~71.7	71.7~74.7	74.7 이상
178	57.1 이하	57.2~72.2	72.2~75.2	75.2 이상
179	57.6 이하	57.7~72.7	72.7~75.7	75.7 이상
180	58.1 이하	58.2~73.2	73.2~76.2	76.2 이상
181	58.6 이하	58.7~73.7	73.7~76.7	76.7 이상
182	59.1 이하	59.2~74.2	74.2~77.2	77.2 이상
183	59.6 이하	59.7~74.7	74.7~77.7	77.7 이상
184	60.1 이하	60.2~75.2	75.2~78.2	78.2 이상
185	60.6 이하	60.7~75.7	75.7~78.7	78.7 이상

2. 항공객실승무원의 평상 시 건강관리

1) 규칙적인 식생활

항공객실승무원들은 세계 각국을 다니며 장거리 비행을 하는 직업의 특수성상 불규칙적으로 식사를 하게 되므로 위장 장애를 많이 호소하기도 한다. 비행 중 식사 시간도 여유 있게 하기보다는 급하게 하는 편이며, 근무환경이 좁으니 서서 식사를 하는 경우가 많다. 한국 시간에 맞추어 세끼 식사를 하기는 힘들더라도 최소한 규칙적으로 하도록 노력하는 것이 필요하다. 현지 시간 아침일 경우에는 소화하기 쉬운 음식을 섭취하도록 하며, 늦은 밤 시간에는 과식하지 않도록 하는 것이 좋다. 배고픔이 오래 가지 않도록 식사를 잘 챙겨 먹도록 한다.

2) 충분한 휴식과 수면

시차로 인해 생체 리듬의 장애로 불면증이 생길 수도 있으며, 이로 인하여 정신적으로나 신체적으로 능률이 저하되고 피로가 증가될 수 있다. 현지 시간에 맞추어 생활을 하는 것이 좋으며, 호텔 객실 내에서 쉴 때는 충분한 수면을 취할 수 있도록 빛이 들어오지 않게 커튼으로 완전히 차단한다. 다른 승무원들의 수면을 방해하지 않도록 급한 용무가 아닌 이상 객실 내 전화는 하지 않도록 한다. 객실 내 온도도 적합하도록 설정하고 건조하지 않도록 젖은 수건을 활용하는 것도 좋다. 관광 및 쇼핑 등 무리한 스케줄은 계획하지 않도록 하며, 비행 전날에는 충분한 휴식을 취하도록 한다. 약물 복용이나 음주는 시차적응에 도움이 되지 않으므로 삼가도록 한다.

3) 규칙적인 운동

즐겁고 원활한 비행을 위해서는 건강한 체력이 기반이 되어야 한다. 따라서 건강을 유지할 뿐만 아니라 체력을 보충하기 위해 1주일에 3~5회 30~60분씩 운동을 하는 것이 좋다. 가벼운 조깅이나 호텔 내에서의 수영, 휘트니스 센터에서 근력 강화 운동을 할 수 있도록 운동복과 운동화를 가지고 다니며 꾸준히 체력 관리를 하도록 한다.

4) 정기 건강 검진 실시

내 몸에 이상 증상을 느끼거나 나타나면 즉시 병원을 내원하여 진료를 받아 보도록 한다. 항상 건강을 체크하며, 식단 조절 등으로 적절한 체중유지와 해외에서의 불규칙적인 영양섭취에 대해 충분한 영양소를 섭취하도록 한다. 매년 정기검진을 통해 내 몸의 상태를 점검한다.

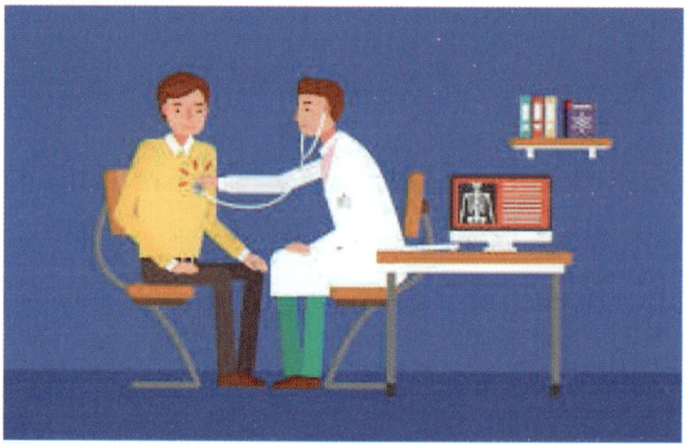

3. 항공객실승무원의 비행 전 · 중 건강관리

1) 비행 전 · 비행 중 건강관리

객실승무원은 비행 전 24시간 이내에 스쿠버 다이빙을 해서는 안 된다. 감압증이 생길 수 있으므로 각별히 준수해야 한다. 또한 비행 전 수혈 행위를 금하며, 비상시나 가족의 요청에 의한 수혈을 했을 경우에는 72시간 이내에 비행을 해서는 안 된다. 비행 전 출발 12시간 이내에 알코올 성분이 함유된 음료를 마셔서도 안 된다.

(1) 비행 전 스트레칭 실시

스트레칭은 당일의 몸 상태를 체크하거나 굳어 있는 부분을 풀어 줄 때, 몸의 유연성을 유지하고자 할 때 도움이 된다. 따라서 비행 전 신체의 움직임을 조절하는 근육의 긴장을 풀어줌으로써 객실 서비스의 안전사고와 요통발생을 예방할 수 있다.

(2) 비행 중 식사 습관

공복 시간을 오래 가지지 않도록 제 시간에 식사를 하도록 하며, 서서 먹지 않으며 다급한 식사가 되지 않도록 한다. 에어프랑스 항공기에는 Galley 내 Compartment에 테이블과 의자가 내장되어 있어 꺼내어 펼치면 객실승무원들이 식사를 할 수 있는 테이블이 만들어진다고 한다. 또한 그들은 식사 시간이 1시간 보장되어 아주 여유 있게 식사를 한다. 프랑스인의 식사 문화가 대화를 하며 아주 오랜 시간 식사를 하니 항공기 객실에서도 허용이 되는 것 같다.

근무 중 식사 시간을 보장받는 것은 당연한 것인데 실제 우리나라 객실승무원들은 짧은 시간에 식사를 끝내고 상위클래스를 제외하고는 서서 식사를 하는 경우가 많다. 하물며 요즘은 Folding Chair(접을 수 있는 의자)도 잘 실리지 않는다고 한다. 새로운 신기종이 많이 도입되고 있는데 국내 항공사에도 객실승무원이 앉아서 식사를 할 수 있는 시설이 조성되었으면 한다.

(3) 충분한 수분 섭취

항공기 객실 내의 습도는 10% 내외이므로 안구, 후두의 보호점막, 피부가 건조해지기 쉽다. 우리 몸의 70%는 물로 이루어져 있으니 수분 섭취를 충분히 하여 신체 필요수분양이 충족될 수 있도록 한다. 피부에 직접 분사하는 수분 스프레이로 건조함을 느끼지 않도록 사용하는 것도 도움이 된다.

(4) 상해 및 산업재해 예방

항공기 공간은 객실승무원이 업무를 수행함에 있어 매우 협소하다. 또한 요동(Turbulence)이 발생할 수도 있기에 이렇듯 제한적이고 특수한 공간에서 무거운 물건을 들거나 뜨거운 음료를 다룰 때는 각별한 주의를 기울이도록 한다. 또한 객실 안전 수칙을 준수하여 어떠한 상해나 재해가 발생되지 않도록 예방하도록 한다.

2) 비행 중 안전 수칙

(1) 기내 계단 이용 시

① 항공기 내 계단은 좁고 가파르므로 계단을 내려가던 중 발을 헛디뎌 발가락이나 허리 등 부상이 발생하지 않도록 주의하고 물건을 들고 계단을 이용 할 때는 시선은 계단을 보면서 주의해서 발을 디디며 그 이외 다닐 때는 손잡이를 잡고 이용하도록 한다.

② 서두르지 말고 천천히 오르내리도록 한다.

③ 계단에 구두굽이 걸리지 않도록 주의한다.

(2) Cart Handling

① Galley에 있던 Cart가 밀려와 허리에 부딪히거나 Cart가 넘어져 다치지 않도록 항상 Locking과 Latching을 철저히 하도록 한다.

② Galley 작업 중에도 Cart가 방치되지 않도록 주의하며, Cart는 지정된 장소에 보관토록 한다.

③ Cart를 뺄 때 바퀴꼬임 및 Lock Pedal Release 여부를 잘 확인하여 Cart를 Compartment로부터 무리하게 빼지 않도록 한다.

④ Cart를 뺄 때는 Cart의 손잡이를 양손으로 잡고 허리를 편 상태에서 체중을 뒤로 이동하면서 천천히 당기도록 한다.

⑤ 동료 승무원과 Cart를 Galley로 이동할 때는 손목과 팔꿈치 등이 부딪히지 않도록 맞은편 상황 및 주위를 살피며 진행 방향으로 끌면서 천천히 이동하도록 한다.

⑥ 통로(Aisle)에서 Cart를 이동 시에는 반드시 두 명의 승무원이 움직이며 앞에서 끄는 승무원이 전방의 승객 무릎이나 발이 부딪히거나 끼지 않도록 "실례합니다!, 조심하십시오!, Cart 지나가겠습니다." 등의 말을 하며 주의해서 끌도록 한다.

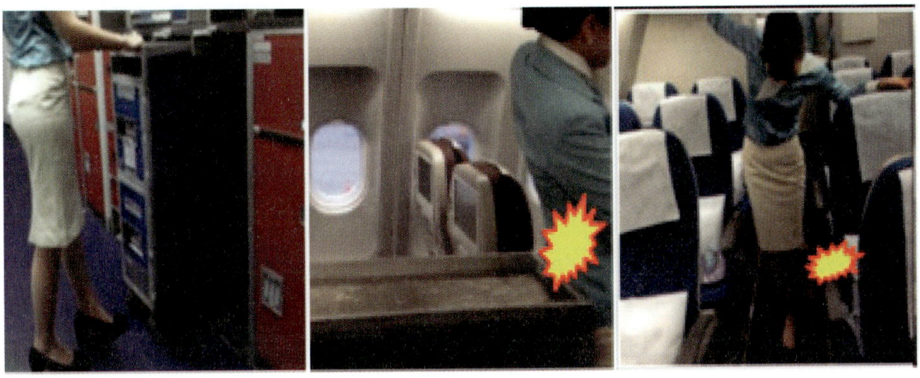

(3) 승객 짐 Handling

선반(Overhead Bin)을 닫을 때나 승객의 짐을 Handling 시 손목에 부상을 입을 수 있으므로 손목에 무리가 가지 않도록 두 손으로 천천히 닫으며 혼자서 Handling 하기 힘들 경우 다른 사람의 도움을 요청하도록 한다.

비행 전 · 후 선반(Overhead Bin) 유실물 점검 시 좌석에서 내려오다 균형을 잃어 넘어져 발목 부상이 발생할 수 있으므로 좌석에서 내려올 때 지지물을 잡고 주의해서 발을 디디도록 한다.

최근 3년간 기내부상의 원인분석결과 화상, 선반(Overhead Bin) 수하물 낙하, 요동(Turbulence)으로 인한 부상이 전체 부상의 85%를 차지하였다. 그래서 대한항공에서는 비행 중 선반(Overhead Bin)을 열 때는 "표준 동작 3단계"를 시행하여 각별히 주의를 기울이고 있다.

▲ 1단계: 사전 안내

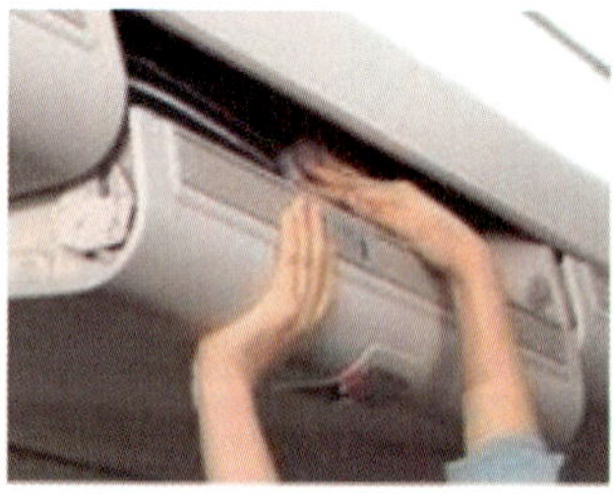

▲ 2단계: 좌우 촉수 확인

▲ 3단계: 천천히 Open

- 1단계: 선반(Overhead Bin) 아래에 착석한 승객에게 선반을 여는 것에 대한 사전 양해를 구한다. "손님! 실례합니다만, 선반을 잠시 열겠습니다. 조심하십시오!"
- 2단계: 선반(Overhead Bin)을 약 10cm 정도만 살짝 열어 한 손으로는 선반을 받치고 다른 한 손은 선반에 넣고 좌우로 움직이며 떨어질 물건이 없는지를 확인한다.

- 3단계: 선반(Overhead Bin)을 천천히 열고 조심히 휴대수하물을 꺼낸다.
- 승객에게 "감사합니다!"라고 인사한다.

(4) 뜨거운 기내식 서비스

뜨거운 기내식(Hot Water, Coffee, Tea, 미역국, 라면 등)을 서비스할 때는 반드시 뜨겁다는 안내를 실시하고 정확하게 전달하여야 한다. 특히 식사 서비스 시 갑작스런 기체요동에 대비하여 Hot Pot은 Cart 위 안전한 위치에 보관하도록 하며, 앞좌석 승객의 갑작스러운 등받침 움직임으로 서비스한 뜨거운 기내식이 쏟아져 화상을 입을 가능성이 있으므로 식사 서비스 시 등받침을 세우도록 반드시 안내를 해야 한다.

(5) 도어 작동(Door Operation)

① 승객 탑승 후 또는 지상 조업 후 Door를 닫을 경우 Door 틈새에 손가락이 끼거나 부딪히지 않도록 주의하며 천천히 닫는다.

② 우천 시에 계단을 이용하여 탑승 및 하기할 경우 Door 입구의 물기로 인해 미끄러지지 않도록 주의하도록 한다.

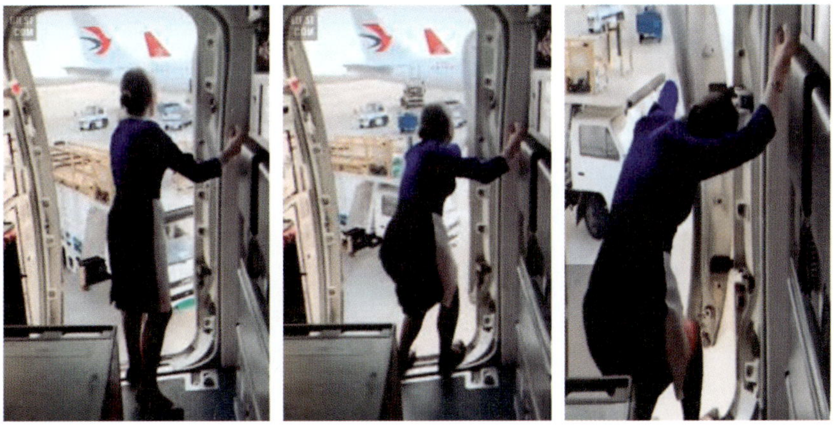

(6) 기타

① 이동 중 지상 조업사나 동료와 부딪혀 넘어지지 않도록 시야를 확보하고 천천히 이동하도록 한다.

② 화장실 바닥의 물기로 인해 미끄러지지 않도록 주의한다. 바닥의 물기는 종이타월을 사용하여 즉시 제거한다.

Chapter 02

해외체류 시 건강관리

1. 계절별 건강관리

1) 봄철 건강관리

계절이 변하는 환절기인 봄과 가을에는 아침과 저녁의 일교차가 10℃ 이상 크게 나타나게 된다. 이로 인해 봄의 면역체계가 무너지고 작은 외부요인에도 질환이 발생할 수 있다. 특히 봄이 되면 겨울 동안 자제했던 외부 활동이 늘어나면서 여러 요인에 더 많이 노출하게 된다. 봄철에 혈압이 불안정해지거나 기관지가 약하거나 면역이 약한 노약자 등은 특히 병에 걸리기가 쉽다.

(1) 봄철 질환

① 알레르기 질환

알레르기 질환은 보통 사람에게는 문제가 되지 않는 외부 특정물질이 특정한 사람에게 비염, 피부염, 천식, 알레르기 결막염 등의 반응으로 나타나는 현상을 말한다. 따라서 알레르기 질환이 발생하면 그 원인을 분석하여 치료와 함께 예방관리를 스스로 하는 것이 필요하다. 봄철 알레르기 질환을 일으키는 주요 원인 물질로는 꽃가루 알레르기가 있다. 꽃가루가 바람을 타고 공기 중에 오랫동안 떠다니고, 황사로 인한 미세먼지가 많은 날은 외출을 삼가하고 마스크 착용 등 철저한 예방관리를 해야 한다.

② 독감

봄철 감기는 일반 감기와는 다르게 인플루엔자 바이러스에 의해 발생하는 유행성 열성 호흡기 질환이다. 독감은 전염성이 매우 강한 질병이기 때문에 예방 접종하는 것이 좋다.

③ 춘곤증

춘곤증이란 겨울에서 봄으로 넘어가는 시기에 특별한 질환이 없는데도 몸이 나른하고 피로를 느끼는 상태를 특징으로 한다. 봄이 되어 따뜻해지면 추위에 익숙해 있던 인체의 신진대사 기능들이 봄의 환경에 적응하는 이 기간에는 신체의 생리적 불균형 상태로 쉽게 피로를 느낄 수 있다. 오후가 되면 졸리며, 소화도 잘 안 되고, 업무나 일상에도 의욕을 잃어 쉽게 짜증이 나기도 한다. 춘공증은 신체의 일시적인 환경부적응증으로 보통 1~3주가 되면 없어진다.

또한 활동량의 변화도 춘곤증의 원인이 될 수 있는데, 봄이 되어 낮의 길이가 길어지면서 수면 시간은 줄어들고, 저녁 늦게까지 야외 활동량이 많아져 피로를 느낄 수 있다.

(2) 봄철 건강관리

출퇴근이나 외출 시에는 당연히 마스크를 착용하고 외출 후에는 손, 발을 깨끗이 씻어야 한다. 따뜻한 물을 수시로 마셔 수분을 충분히 보충하여 코 점막이 건조하지 않도록 해야 한다.

실외활동은 줄이고 실내에서 가볍게 걷는 것이 도움이 된다. 실내에서라도 느리게 걸으면 보행 시 필요한 근육을 느껴보며, 평소 잘 느끼지 못했던 몸의 균형감각을 키우고 근육이완을 하는 데 도움이 된다. 콘택트렌즈보다는 안경이나 선글라스를 착용하여 눈을 보호하는 것이 좋으며, 실내는 공기청정기를 활용하여 집안 내 미세먼지를 줄이도록 한다.

바람이 부는 날은 외출을 삼가며, 알레르기 원인물질을 최대한 피하도록 한다. 규칙적인 생활을 하고 단백질, 비타민, 무기질 등 충분한 영양소를 섭취하도록 한다. 커피, 과음, 흡연 등을 절제하는 것이 좋다.

2) 여름철 건강관리

폭염이 지속되는 여름에는 무덥고 습도가 높아 땀의 증발이 잘 되지 않는다. 이로 인해 체온조절이 잘 되지 못하여 체온이 상승하고 몸에 이상을 초래하는 열사병 또는 일사병이 생길 수 있다. 이러한 일사병에 걸리면 피로감, 두통, 어지러움, 근육경련, 구토, 의식소실 등이 나타난다.

(1) 여름철 질환

① 식중독

여름철 고온 환경에는 음식물도 쉽게 상하여 식중독을 일으키기 쉽다. 또한 찬 음식을 너무 많이 먹어 위장관[1] 증상이 많이 생기기도 한다. 식중독이란 병원성 미생물이나 독성 화학 물질이 함유되었거나 혹은 오염된 식품을 섭취한 후 구토, 오심, 복통, 설사 등이 단시간 내에 발생하는 것을 말한다. 이러한 것을 예방하기 위해서는 현지에서 생수를 사 먹도록 하고 음식물도 반드시 익힌 것으로 섭취하도록 한다.

식중독으로 설사를 심하게 하는 경우에는 가능한 한 음식 섭취를 하지 않도록 하고 탈수를 막기 위해 이온음료나 보리차 정도만 마시도록 하여 장을 우선 쉬게 하는 것이 일차적인 방법이다. 그러나 계속 설사가 멎지 않으면 병원에 내원하여 검사 및 치료를 받도록 하여야 한다.

② 유행성 각결막염

여름철에 많이 발생하는 질환 중 유행성 각결막염으로 각막과 결막에 생기는 염증이 있다. 이 질환은 직접 접촉에 의해 발생하는데 특히 물수건, 풀장 등이 좋은 매개가 될 수 있고 전염력이 강하다. 특히 아폴로 눈병이라 불리는 이 질환은 눈물과 이물감이 있고 통증이 심하며, 눈이 붓는 것이 특징으로 그 이외에 출혈점이나 눈이 부시는 증상이 나타날 수 있다. 이러한 질환은 바이러스에 의해 생기는 눈병

1) 위와 창자를 포함하고 있는 소화계통의 한 부분이다.

이기에 항생제는 도움이 되지 않으므로 치료보다 예방이 더 중요하다. 이 증세로 진단을 받았을 시에는 비행을 해서는 안 된다. 주위에 이런 환자가 있으면 접촉을 피하고 수건이나 세면도구 등을 따로 쓰고 눈을 함부로 비비지 말아야 한다. 이 바이러스는 열에 약하므로 환자의 물건 중에서 수건 같이 삶을 수 있는 것은 삶는 것이 좋으며, 감염 후 일주일간이 가장 전염력이 강하므로 이 기간에 환자는 사람이 많이 모이는 곳에 가지 않도록 하여야 한다.

③ 냉방병

냉방시설이 잘 되어 있는 항공기 내부와 호텔에서 활동하고 생활하는 경우가 많은 객실승무원들은 냉방병에 걸리지 않도록 주의해야 한다. 냉방병이란 실내온도와 실외온도와의 차이가 심하여 체내의 조절기능에 이상을 초래하여 나타나는 것으로 감기증상 같은 두통, 신경통, 요통, 위장장애 등이 일어나게 된다. 또한 내부의 습도 저하도 냉방병을 일으킨다. 냉방장치는 공기 중 수분을 응결시켜 기온을 떨어뜨리는데, 1시간 동안 계속해서 틀면 습도가 30~40% 수준으로 내려간다. 이로 인해 호흡기 점막이 마르면서 저항력이 떨어져 호흡기 질환에 쉽게 걸리게 되므로 각별히 주의하도록 한다.

냉방병을 예방하기 위해서는 호텔 내 기온이 섭씨 25도 이하로 내려가지 않도록 한다. 가능한 한 실내외 기온차가 5도를 넘지 않도록 하고 냉기를 직접 받지 않도록 하며, 따뜻한 물이나 차를 마셔 수분을 충분히 섭취하는 것이 좋다.

④ 일사병

일사병은 열에 노출되어 심부의 온도가 섭씨 37도에서 40도 사이로 상승한 상태로 뜨거운 태양 볕 아래 오랫동안 노출되면 체온조절이 어려워져 발생하게 된다. 심박동이 빨라지고 극도로 위약해지며, 어지럼증과 두통이 있으며 땀을 많이 흘리면 즉시 가장 서늘한 곳으로 옮겨 옷을 벗어 체온을 떨어뜨리도록 한다. 다리를 머리보다 높게 하여 바르게 눕는다. 약간의 정신 혼란이 있을 수 있으나 서늘하게 휴식하면 30분이 지나면 완전히 정상으로 돌아온다. 수분을 섭취하도록 하며 이온음료 섭취가 효과적이다. 오심, 구토, 복통이 나타나기도 하는데 구역감이 있거나 구토를 하는 경우에는 억지로 전해질 음료를 마시게 해서는 안 되고 정맥 주사를 통한 수액 보충이 필요하다.

(2) 여름철 건강관리

여름철 미주나 유럽노선으로 비행하여 현지에서 외부 활동할 때는 강한 햇빛을 차단할 수 있는 모자나 양산을 사용하여 직사광선을 피하고 눈 보호를 위해 선글라스를 착용하는 것이 좋다.

너무 더운 나라로 비행을 갔을 때는 가능한 한 냉방이 잘 되는 시원한 곳에 있고, 실외 활동 전후에 많은 양의 물을 마시고 실외 활동 중간 중간에 휴식을 취하도록 한다.

유럽이나 지중해의 여름철 햇빛은 상당히 강렬하고 공기가 맑아서 자외선에 쉽게 노출되게 되어 자외선에 의한 질병이 쉽게 발생할 수 있다. 자외선에 의한 급성 반응으로는 피부에 나타난 홍반 및 광화상, 색소 침착 등이 있고, 만성 반응으로는 지속적이고 반복적인 노출로 인한 피부의 노화 현상 및 피부암을 유발하기도 한다. 따라서 물놀이나 밖에서 노는 일 등은 자외선의 노출이 제일 심한 10시에서 3시 사이에는 피하고, 자외선 차단제를 사용하도록 한다.

현지에서는 생수를 구입하여 마시고 음식물도 반드시 익힌 것으로 섭취하도록 한다.

3) 가을철 건강관리

(1) 가을철 질환

야외활동이 늘어나면서 가을철 3대 전염병(제3종 법정전염병)으로 불리는 유행성 출혈열, 쯔쯔가무시병과 렙토스피라증과 같은 열성질환이 많이 발생한다.

① 유행성 출혈열

유행성 출혈열은 급성열성감염증이다. 늦가을(10~11월)과 늦봄(5~6월) 건조기에 들쥐의 배설물이 건조되면서 호흡기를 통해 전파되며, 치명률도 7% 정도로 높다. 야외활동이 많은 사람에게 잘 감염되고, 잠복기는 평균 약 2~3주 정도이다. 증상은 발열, 출혈, 신장 병변이 특징이며, 심한 경우 폐부종, 출혈, 신부전 등으로 사망할 수도 있다. 환자를 격리할 필요는 없으며 감염 후에는 항체가 생기고 항체는 수십 년 후까지 유지되어 재감염되지는 않는다. 다발지역에 접근하지 않는 것이 최선의 예방법이며, 특히 들쥐의 배설물에 접촉하지 말고, 늦가을(10~11월)과 늦봄(5~6월) 건조기에는 잔디 위에 눕거나 잠을 자지 않도록 한다.

② 쯔쯔가무시병

쯔쯔가무시병은 동남아시아 및 극동지역에서 발견되는 감염증이며, 우리나라도 전국 각처에서 발생되고 있다. 국내에서는 농부, 군인, 야외활동을 하는 사람들이 주로 감염된다. 쥐 등에 기생하는 진드기에 물려서 감염되는데 진드기의 유충이 사람의 피부를 물 때 쯔쯔가무시균이 인체 내로 들어가서 그 부위에서 증식한다. 1~2주의 잠복기를 거쳐서 고열, 오한, 두통, 피부 발진 및 림프절 비대가 나타나며, 진드기가 문 곳에 피부 궤양을 볼 수 있다. 기관지염, 간질성 폐렴, 심근염이 생길 수도 있으며 수막염 증세를 나타내기도 한다. 환자를 격리시킬 필요는 없다. 아직까지 개발된 백신이 없으므로 야외활동 시 진드기에 물리지 않도록 주의하는 것이 최선의 예방법이다.

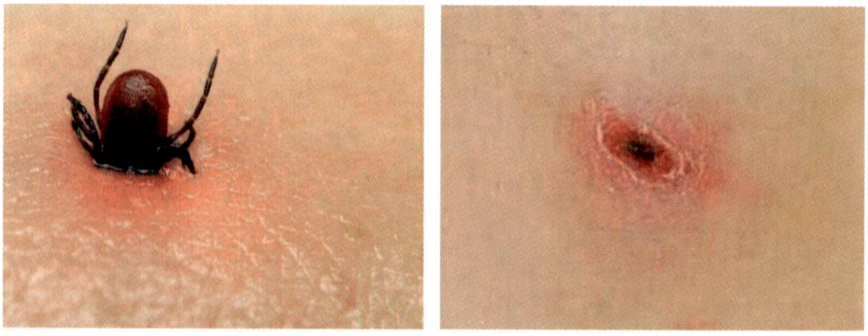

③ **렙토스피라증**

렙토스피라증은 급성 전신감염증으로 특히 9, 10월에 많이 발생한다. 감염된 동물(주로 쥐)의 오줌에 오염된 젖은 풀, 흙, 물 등과 점막이나 상처 난 피부의 접촉을 통해 감염되며, 주된 증상은 급성 열성 질환, 폐출혈, 뇌막염, 간 · 신장 기능장애 등이 나타난다. 환자를 격리할 필요는 없으며, 농부, 하수도 종사자 등 흙이나 물과의 직접적인 접촉을 하는 사람은 장화 등을 사용하면 효과적이다.

(2) 가을철 건강관리

가을철 열성 질환에 걸리지 않기 위해서는 유행지역의 산이나 풀밭에 가는 것을 피하고, 잔디 위에 누워 있거나 잠자지 않으며, 야외활동 시 가능한 한 피부노출을 적게 하며, 호텔로 귀가 시에는 옷에 묻은 먼지를 털고 목욕을 하며, 발열 등의 증상이 발생되면 빨리 병원에 내원하도록 한다.

4) 겨울철 건강관리

(1) 겨울철 질환

겨울에는 면역력이 떨어져 감기, 독감 등 유행성 질환뿐만 아니라 외부 온도에 민감하게 반응하는 척추질환, 혈관수축으로 심근경색, 뇌경색 등 순환기계 질환이 발생할 가능성이 높다.

① 감염에 의한 질환

겨울에는 낮은 온도에서 바이러스가 왕성하게 활동할 수 있고, 실외와 실내 온도차가 커지면서 면역력이 떨어져 감염에 의한 질환에 걸리기 쉽다.

② 빙판길 낙상에 의한 염좌

출퇴근 시 빙판길에서 무거운 카트를 끌고 나닐 때는 미끄러지지 않도록 각별히 주의한다. 빙판길에서 넘어지면 허리, 발목, 손목 등에 염좌가 발생할 수 있다. 넘어질 당시에는 통증이 경미하다고 느끼다가 조금씩 통증이 심해지며 나중에는 움직이기 힘들 정도의 통증을 호소하는 경우가 많다. 최소 2주 동안 근무를 할 수 없을 수도 있으므로 높은 구두를 신고 빙판길을 걸을 때는 조심하도록 한다.

(2) 겨울철 건강관리

겨울에 면역력을 높이기 위해서는 스트레칭을 꾸준히 하며, 규칙적으로 운동을 하는 것이 좋다. 실내온도는 20~25℃가 이상적이며, 실내습도를 올려 비염이나 급성 기관지염 등 호흡기 질환을 예방하는 것이 좋다. 겨울철 호텔 객실 안은 매우 건조하게 느껴지므로 젖은 수건으로 실내습도를 높이도록 한다. 또한 현지 호텔 내에 있는 휘트니스 센터에서 가볍게 운동을 하는 것도 좋다. 객실 내 비치된 따뜻한 차를 자주 마시며, 적절한 체온을 유지하도록 한다.

겨울철에는 미끄러운 도로에서 발생한 교통사고로 후유증을 호소하는 경우가 많다. 교통사고 증상은 근육과 인대 등에 손상이 오고, 심하면 디스크나 신경에도 영향을 줄 수 있으며, 두통, 어지럼증, 이명, 권태감 등 내과적 증상도 발생할 수 있으니 특히 새벽에 출근 시 빙판길에서 안전 운전하도록 한다.

2. 지역별 건강관리

1) 타국에서의 건강관리

- 식수는 항상 위생적인 물만 마시며, 생수를 구입해서 마시도록 한다.
- 민물고기 또는 채소류는 완전히 익히지 않은 것은 먹어서는 안 된다.
- 과일은 가능한 한 씻어서 먹고 껍질은 벗겨서 먹는다.
- 식사 전에 반드시 손을 씻고 파리가 많은 환경에서는 오염가능성이 높으므로 금식하는 것이 좋다.
- 운항승무원과 객실승무원은 원칙적으로 같은 음식물 섭취를 금하고 있다.

2) 더운 지역에서의 건강관리

- 더운 지역의 특성은 연중 섭씨 18도 이상이고 기온 차가 적으며 고온 다습하고 계절구분이 없이 우기와 건기로 나뉜다.

- 심한 운동은 삼가고, 오전 10시~오후 2시에는 활동을 삼가도록 한다.
- 땀을 많이 흘릴 경우 물을 많이 섭취하여 탈수되지 않도록 주의한다.
- 열사병, 일광화상 등이 발생되지 않도록 장시간 일광욕을 하지 않으며, 자외선 차단 제품을 사용하고 모자나 선글라스, 양산 등을 사용하도록 한다.

3) 추운 지역에서의 건강관리

- 추운 지방의 특성은 최저기온 영하로 떨어지고, 찬바람이 불며, 폭설이 오기도 한다.
- 동상 및 감기에 대비하여 체온 유지를 위해 두꺼운 옷보다 얇은 옷을 여러 벌 착용하는 것이 좋다.
- 동상 발생가능성에 대비하여 외출을 삼가도록 한다.

4) 해외지역 체류 시 진료 절차

- 해외체재 또는 비행 중 재해 발생 시 도착 후에 반드시 해당 지점이나 공항 사무실로 연락하여 지정병원을 안내 받는다.
- 상태가 심할 경우 지점장과 협의하여 구급차를 요청한다.
- 부득이하게 지정병원 이외의 병원에서 진료 받을 시 사전 또는 사후에 지점에 보고한다.
- 진료 후 해당 승무원은 귀국 후 Cabin Report를 작성하고 진단서 및 영수증을 함께 제출한다.

5) COVID-19(코로나-19)

전 세계적으로 확산되며 항공 산업을 비롯한 세계 경제를 위협하고 있는 전염병인 신종코로나 바이러스 감염증(COVID-19)은 코로나바이러스 계열의 변종인 SARS-CoV-2에 의해 발병하는 급성 호흡기 질환으로, 2019년 12월부터 퍼져 전 세계적으로 확산된 범유행성전염병이다. 세계보건기구(WHO)는 2020년 1월 31일, 국제적 공중보건 비상사태를 선포했고, 2020년 2월 28일부로 COVID-19의 전 세계 위험도를 '매우 높음'으로 격상하고, 2020년 3월 11일 COVID-19가 범유행성전염병(Pendemic)임을 선언했다.

COVID-19는 주로 기침이나 재채기로 인한 감염자의 비말이 호흡기나 눈, 코, 입의 점막으로 침투될 때 전염된다. 전염속도는 매우 빠른 편이다. 이로 인해 해외여행자수와 항공편수는 감소하여 많은 항공사들이 큰 위기를 맞았다. 이례적으로 객실 및 운항 승무원이 확진 판정을 받기도 하였으며, 비행 중에는 전 승무원들은 마스크와 보호 안경 및 방호복을 입고 서비스를 하며, 공항에서 발열검사도 강화되어 비행기 탑승 전까지 탑승객들이 공항에 들어서자마자 한 번, 보안구역 심사대 앞에서 또 한 번, 비행기에 탑승하기 직전 마지막으로 또 한 번, 열화상 카메라로 체온을 확인한다. 발열검사에서 체온이 37.5℃ 이상으로 확인되면 공항 내 검역조사실에서 최근 해외여행 등을 다녀온 적이 있는지 기초 역학조사를 받게 된다. 승무원들은 30초 손 씻기를 할 뿐만 아니라 해외 체류 시 외출을 삼가며, 외출 시에는 생활 속 거리두기 지침을 준수하고, 반드시 마스크 착용을 하도록 한다.

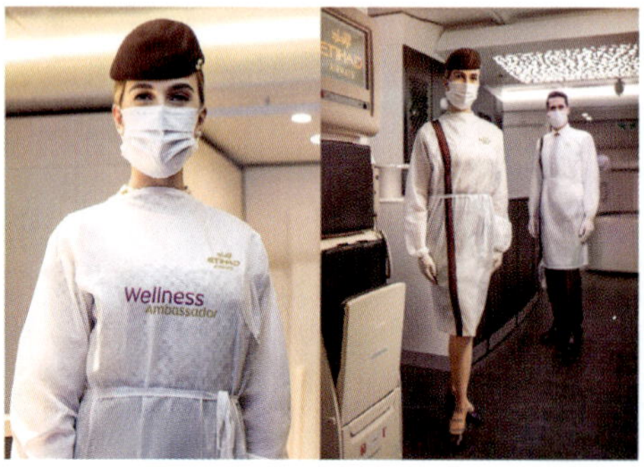

I can do it

1. 항공객실승무원의 탑승 근무에 적합한 신체 및 건강 조건을 갖추기 위해 꾸준한 운동을 위한 계획표 작성하기

2. 항공객실승무원이 되기 위해 건강관리를 할 수 있다.

3. 전염병 예방 규칙에 대해 말할 수 있다.

부 록

- 평가 Check List
- 평가 시 질문 List

평가 Check List

팀	학번	성명	상태 확인 (3점)	자신 소개 (2점)	도움 요청 (2점)	AED (4점)	흉부 압박 (9점)	인공 호흡 (5점)	의사 응대 (3점)	환자 응대 (3점)	팀워크(5점), 기타 (Doctor Paging, 기장 커뮤니케이션)	script (4점)	총 40점

평가 시 질문 List

1. 심폐소생술(CPR: Cardio-Pulmonary Resuscitation)이란?

심장마비가 발생했을 때 인공적으로 혈액을 순환시키고, 호흡을 돕는 응급 치료법

2. 심정지 상태의 생존 가능성

4분: 완전 회복
4~10: 뇌사
10분 이상: 사망

3. 심폐소생술의 법적인 측면

「응급 의료에 관한 법률」 제4조: 국민의 기본 권리(대응 방법을 알 권리)
「응급 의료에 관한 법률」 제5조: 응급 환자 발생 시 신고 의무와 협조 의무
「응급 의료에 관한 법률」 제5조 wp2항: 선의의 응급 의료에 대한 면책, 선한 사마리아법

4. 심폐소생술의 나이의 정의

영아: 만 1세 이전의 아기
소아: 만 1세부터 만 8세까지
성인: 만 8세 이상

5 성인 심폐소생술 단계

① 반응 확인 ② 도움요청 ③ AED 요청 ④ 흉부 압박 ⑤ 기도 유지 ⑥ 인공호흡

6. 흉부압박과 인공호흡 비율: 30:2

7. 가슴 압박 소생술: 인공호흡은 하지 않고 가슴 압박만을 하는 심폐소생술

8. 심폐소생술: 심장과 폐를 소생하는 방법

9. AED: 자동심장충격기는 규칙적인 심장 박동을 회복시키기 위해 흉벽을 통해 전기충격을 심장에 전달하는 장치

10. AED 패드부착위치:
    패드 1: 오른쪽 쇄골 바로 아래
    패드 2: 왼쪽 유두 바깥쪽 아래 겨드랑이 중앙선

참고문헌

강경화, 한현미, 백숙교, 채덕희, 박일미, 권은주, 이은숙(2011). 항공간호. 소화.

국민건강보험 홈페이지

네이버 백과사전

대한항공 홈페이지

서울대학교병원 의학정보 제공처

찾아보기

저 / 자 / 소 / 개

■ 김윤숙

한국항공대학교 일반대학원 경영학박사
전) 대한항공 객실 부사무장
강남대학교 초빙교수
인천재능대학교 겸임교수
인하공업전문대 외래교수
현) 한국관광대학교 항공서비스과 조교수
한국항공경영학회 이사
항공서비스교육연구회 이사
한국항공보안학회 편집위원

■ 홍영식

한국항공대학교 대학원 항공경영석사
전) 대한항공 객실수석 사무장
대한항공 객실 승원 팀장
현) 인하공업전문대학 항공운항과 교수
한국 항공 경영 학회 이사
국제 관광레저 학회 이사
항공의날 건교부 장관상 수상
2014 인천 아시안 게임 관련 대통령 표창
NCS 항공객실서비스 분야 개발 및 대표 집필자

항공응급업무론

1판 1쇄 인쇄 ─ 2021년 3월 5일
1판 1쇄 발행 ─ 2021년 3월 10일

저 자 - 김윤숙 홍영식
발 행 인 - 강철원
발 행 처 - 양성원
주 소 - 경기도 파주시 검산로 173번길 29-20
전 화 - 031-946-3861(代)
팩 스 - 031-946-3864
이 메 일 - tnwpub@naver.com
홈페이지 - tnwpub.co.kr
출판등록 - 2015년 8월 31일 제 2015-000211 호

ISBN 979-11-6126-331-1

정가 20,000원